# ベニー・グッドマンとグレン・ミラーの時代

人種差別と闘ったスウィングの巨人たち

Benny Goodman
Glenn Miller

# ベニー・グッドマンとグレン・ミラーの時代　目次

※各章の扉写真は、それぞれの章の内容に関連する作品です。ご参考ください。

# はじめに——スウィング・ミュージックはどのように興ったのか

## 世界言語として成長してゆくジャズ

この本では19世紀の末にアメリカ南部地方で勃興したジャズが、1930年代に至り一般の人々に、ビッグバンドが演じる〈スウィング・ミュージック〉として受け入れられていく過程と隆盛、そして流行音楽としての衰退の様を描いていく。

「21世紀のこの時代に、何でいまさらスウィングを?」という方もいらっしゃると思う。確かに古い時代の話である。ベニー・グッドマン、グレン・ミラー? なるほど今の時代にそぐわないかもしれない。スウィングが最盛期を迎えたのが1935年としても今から87年前なのだから。しかも本書ではスウィング形成のさらに前の時代にも触れるつもりなので、100年以上前の出来事も出てくる。しかしこれは現在のジャズを知る上で、とても大切な方法なのだ。

私はビッグバンドが華々しく活躍したあの時代がなければ、その後のジャズの姿は現在の我々が知るものとは別の姿になっていたと考えている。この意味でビッグバンド・スウィングが大流行した10年間（1935～45年）の歴史時間はジャズにとってとても重要だ。

初めに結論めいたことを言ってしまえば、スウィングについて書くということは、ジャズがアフリカン・アメリカンの民族や民俗文化的なローカリズムを脱して、誰にでも親しめる普遍性を獲得し、国際性のある音楽に成熟してゆく有様を書くということだ。より俯瞰的に言うなら、アフリカン・アメリカン固有の文化が生んだジャズが、誰にでも参加できる文明になってゆく過程とも言えよう。ではなぜそうなったのか。

現在我々が耳にすることができる20世紀以降の音楽の大半にジャズの痕跡が残されている。今日世界中で聴かれている大衆音楽、すなわちロックやポップスには必ずジャズの影響がある。生成過程が異なるシャンソン、日本の昭和歌謡、ジャパニーズ・ポップス、TVやラジオで流れるCMソングにもジャズの影響は流れ込んでいる。それというのもスウィング期に活躍した人々によって、ジャズという黒人固有の文化から生まれた音楽に、楽理を学べば広範囲の人々に理解できる〈体系〉が打ち立てられたからだ。初期のジャズは学べば誰にでも演奏できるというものではない。芸は共同体のなかで身体的に受け継がれてきたのだ。汎用的な方法ではないが、だからこそ偉大なジャズが生まれたともいえよう。初期のニューオリンズ・ジャズのように。スウィングはここに〈学べば誰でもできる〉という側面を付け加えたのだ。

この過程の一例をあげよう。1940年代にスウィングから派生し、よりポップな方向に進んだジャンプやジャイヴが、第二次世界大戦中にリズム&ブルース（R&B）を生み出し、それが50年代にはロックン・ロールへと広がりをみせる。チャック・ベリーやエルヴィス・プレスリーらの活躍は何方もご存知と思う。日本のある種の歌謡曲や和製ポップスと呼ばれた擬似的な洋風音楽は、R&Bを模倣して日本風にポップ化したものだ。学べば似せることができたのだ。そしてそのわかりやすさによって、学ぶ人受け入れる人が拡大し、一時期大流行したと言える。

こうした音楽現象のルーツはすべてブルースである。ブルースはジャズを育んだ土壌で、アフリカン・アメリカンの民族／民俗文化に深く根差したものゆえ、原理的には誰でも簡単に模倣することはできないが、これは初期のジャズと同じだ。なぜならアフリカ系の民族文化そのものだから。しかしブルースを土壌とするジャズの発展過程に、スウィングというエポックがあったことによって、その後ジャズは世界中に広がり受け入れられ、大きな影響力を持つことができたのだ。

ブルース自体にしても同じことで、労働歌（フィールド・ハラー）や黒人霊歌（スピリチュアルズ）から生まれた素朴な時代の〈カントリー・ブルース〉、都会の観衆を前にピアノも使われる〈シティ・ブルース〉、南部らしさを復活させた〈シカゴ・ブルース〉、エレクトリック・ギターを取り入れた〈アーバン・ブルース〉までの時代は歌手も演奏家も殆どすべて黒人であった。聴き手もそうだった。しかし戦時中（1943年頃）にスウィングの要素も取り込んで現れるR&Bは一気に大衆化し、戦後になるとここから白人も演奏するロックン・ロールが登場したことは前述の通り。これが全世界に広がっていったことはジャズにおけるスウィング現象と同じである。

このようにジャズとブルースに白人が介入することによって大衆化する構図は、歴史上2回起きている。この現象には賛否があり、ジャズ及びブルースのファンダメンタリストからは以下のような否定的な意見も多く聞かれる。

《スウィング（30年代）とR&B（40年代）という流行現象が、ジャズとブルースに普遍化（大衆化）をもたらしたため本質が稀釈化された》

本書ではこの問題にも「文化の異種交配こそが歴史を動かすパワーだ」という立場から触れていくつもりだ。

繰り返しになるが、ジャズがアフリカン・アメリカンの民族／民俗文化的なローカリズムを脱して誰にでも親しめる普遍性を獲得し、国際性のある音楽に成熟してゆくためにはアフリカ系以外の人種民族が関与するスウィングという歴史時間が必要だったのだ。

## プレ・ジャズに興味をもった人々

ジャズの祖型を作ったアフリカ系の人々は、奴隷貿易（1619年に最初の黒人奴隷20人がヴァージニアに上陸。以降19世紀半ばまで続いた）が始まって240年を経た南北戦争直前には444万人に達していた。そしてジャズが勃興する19世紀末には750万人になっている。これはアメリカ国内の人口比でいうと12%にあたる。無視できない数字である。この頃までに、スペイン、フランス、イギリス、アイルランド、オランダなどからやってきた入植者との混血が進み、南部地方では独特の文化圏を作り上げられていた。アメリカ建国の礎を築くＷＡＳＰ（White Anglo- Saxon Protestant イギリス系白人の新教徒）がボストンに入植したのが1620年だから、それよりも早くアフリカ系の人々はアメリカに到達し特有の文化を作り、そこから故地である西アフリカにもなかった音楽を生み出していたのである。

彼らはアフリカで営んでいた生活、文化を根こそぎにされ、否も応もなく暴力的に新大陸に連れてこられた。そこで過酷な奴隷労働を強いられ、故郷西アフリカとの気候風土との違い、所有者であるヨーロッパからの入植者が持つ文化との衝突を体験する。金で買われた労働力だから奴隷には一切の自由はなく、家畜のように扱われ、反抗や逃亡を企てる者は鎖に繋がれ、鞭打ちの処罰も合法とされていた。アメリカ建国の父と言われる初代大統領のジョージ・ワシントン、第三代大統領トーマス・ジェファーソンも奴隷の所有者であった。ジェファーソンは妻の死後、家事奴隷の女性との間に子供をもうけている。

夜明けから日没まで、男たちはサトウキビやタバコ、綿花畑での重労働、女性は家事の下働きで、食べて寝るだけの生活。所有者は奴隷の教化のために英語を教え、従順たらしめるためキリスト教に入信することを強制し、18世紀末には黒人教会も生まれた。こうしてヨーロッパ文化に触れていくうちに、無一物でアメリカにやって来た彼らは、ヨーロッパ由来の舞踊音楽やマーチを、これもヨーロッパ由来の楽器を使って演奏し、英語で宗教歌や労働歌、ブルースを歌うようになっていく。アフリカ系の人たちが体内に持っていた音感とヨーロッパの音感の出会いである。

ジャズはこの混血文化の中から現れる。この意味でジャズは初めから多元的、複層的な音楽であり、宿命的に世界音楽となってゆく要素を胚胎していたのだと言えよう。初期のジャズを聴いたヨーロッパの白人にはどこか既視感のある、しかし珍しい民謡のように聴こえたに違いない。

日本に帰化して小泉八雲と名乗った文学者のラフカディオ・ハーンは、1877年から90年に来日する直前までニューオリンズや西インド諸島に暮らし、ジャーナリズムの仕事に就いて黒人文化や風俗、宗教などを取材した。

「（黒人音楽の）不可思議な魅力については西洋の偉大な音楽家たちも讃嘆の辞を呈しているほどだ」

これはハーンの小説でフランス領マルティニーク島を舞台にした『ユーマ（Youma, the Story of a West-Indian Slave）』（河出書房新社　平川祐弘訳）の一節。観察者の視点で書かれている。讃嘆の辞を呈したのが誰かはわからないが、『ユーマ』が発表された1890年以前のこととすれば、ハーンに僅かなフランス滞在の経験があったことから推察すると、若き日のクロード・ドビュッシーであったかもしれない。後にドビュッシーはピアノ曲集『子供の領分』（1908年）のなかの「ゴリウォーグのケークウォーク」や『前奏曲集』のなかで「ミンストレル」という曲も発表（1910年）している。これらは黒人たちのユーモラスな音楽やダンスをヒントに書かれたものだ。ヨーロッパの伝統音楽からは絶対に生まれ得ない、特異な黒人音楽に好奇の目を向けた人々の記録である。

白人（特に南部に多かったフランス系）との混血が進み、クリオールと呼ばれる混血者の中には高い音楽教育を受ける人も少なくなかった。読譜力を身につけ、吹奏楽器、弦楽器、ピアノを流暢にあやつり、ダンス音楽を奏する黒人オーケストラまであったのだ。

当時の黒人ミュージシャンの中で最もアクティヴな活動を行ったのがジム・ユーロップ（1880～1919年）だ。彼は1910年にニューヨークのハーレムで成功していた〈クレフ・クラブ〉で、黒人演奏家による〈クレフ・クラブ・オーケストラ〉を結成。オーケストラは125人のメンバーを擁し、ヴァイオリン等の弦楽器、木管金管など通常の管弦楽団と同じ楽器編成に加えて、ピアノ、マンドリン、ギター、バンジョーの奏者、男声合唱まで持っていた。彼はこのオーケストラを率いて1912年にカーネギー・ホールで演奏している。また当時人気のあったヴァーノンとアイリーンのキャッスル夫妻（近代的なペア・ダンスの開祖と言われるダンス・チーム。1910年代に活躍し、ラグタイムやジャズの伴奏で踊り人気を博した。彼らが考案したステップ、フォックトロットは現在の社交ダンスの基礎となっている）のためのダンス曲「キャッスル・ウォーク」などを作曲した。

第一次世界大戦が始まるとユーロップは中尉として黒人部隊〈ハーレム・ヘル・ファイターズ〉の軍楽隊を率い、フランスに渡って米英仏の兵士や、フランスの民間人のために演奏している。当時にあっては革命的ともいえる活動をしたユーロップに対し、六歳年下のピアニストで「あなたの想い出」などの名曲を残したユービー・ブレイクは、ユーロップを称えて「音楽界のマルティン・ルーサー・キング（公民権運動の活動家として著名なキリスト教牧師でノーベル平和賞受賞者）」と呼んだ。

この音楽に興味をもった白人音楽家も現れる。ドラマーであるパパ・ジャック・レイン（1873〜1966年）という人物が1885年にニューオリンズでバンドを結成した。彼はアレンジができ、バンドに多くのミュージシャンを雇用し育てた。この中には1917年に、ジャズ史上最初の録音を行うニック・ラロッカなど〈オリジナル・ディキシーランド・ジャズ・バンド〉のメンバーも含まれていた。このほか彼が雇用したミュージシャンにはイギリス系、フランス系、ドイツ系、アイルランド系、イタリア系などのほかアフリカ系とユダヤ系もいた。

彼のバンドはブラス・バンドのようなものでスペイン戦争（1898年）から第一次世界大戦の頃まで活躍。レインは人種混在を非難する隔離主義者に対して「音楽は人々を融和させる」という考え方を主張した。この多様性がジャズを作っていくのである。

このようにジャズが宿命的に世界音楽たらんとする兆しが、20世紀の始まる頃にあったことを覚えておいてほしい。混血は新しい遺伝子の組合せを作り出すため社会的・文化的にも交配種となり、異文化間の融合を体現するものとなったのだ。

音楽は時代の変化と伝播により、少しずつ姿を変えていくが、アフリカ系とヨーロッパ系の人々が新大陸で出会ったことによる変化は、音楽の歴史上、空前絶後のことであった。

アメリカの小説家で音楽評論も書いたラルフ・エリソンは、アメリカの文化様式の特徴はアフリカン・アメリカンの関与によって形成されてきたとした上で、ジャズの特徴をこう述べている。

**「突然の方向転換であり、衝撃であり、そしてまた速度の急激な変更である」**（『スウィング』デー

ヴィッド・W・ストウ著　湯川新訳　法政大学出版局）

## 白人によるジャズの模倣

素朴だったジャズがアフリカ系の人々の音感、リズム感や即興性などによって進化するようになると、今度はこの特徴に魅了され、模倣する白人が現れてくる。彼らは同じ吹奏楽曲でも、白人バンドの演奏と黒人バンドの演奏とは、何かが違うことに気付く。荒っぽいけれど黒人バンドの方がリズムが生き生きとしているではないか。荒いのは演奏技術の未熟によるものではなく、アフリカ系の音楽観ひいては美感覚の表れなのではないか。

この点に気付いた彼らは単に鑑賞して楽しむばかりではなく、自らが背負ってきた音楽文化との親和性を感じ、主体的に演奏を試みようとした。その多くは、西欧系の人より遅れて1900年前後に東欧やロシアから移民してきたユダヤ系の人々であった。彼らがジャズに関わることによって混血性はさらに高まっていく。後に詳述するが、ベニー・グッドマンをはじめとする白人ミュージシャンの多くはヨーロッパから移民してきたユダヤ系である。

彼らはイギリス、オランダ、フランスなど西欧からの移民と異なり、居住する国から受ける差別や迫害、貧困から逃れてくる場合が多く、むしろその「軛《くびき》」から自由になるためにアメリカに渡って来たと言った方が正確だろう。ユダヤ系の人々はヨーロッパのキリスト教の教義、生活慣習や秩序とは異なる、ユダヤ教独自の戒律を守っているため白眼視されることが多かったからだ。

彼ら新移民（初期入植者と比較して、19世紀末〜20世紀初頭にロシア、東欧、南欧から移民した人々）が米国内において、偏見の目で見られていたアフリカ系の人々の音楽に親近感を抱いたところから、文化的な交配が始まる。黒人ほどではないにせよ、新移民たちもまた差別の対象であったからだ。ユダヤ系の人々が、アフリカ系の人々に出会ったときの印象は「ここにも我々と同じ境遇の人たちが居いたのだ！」という感慨と共感、親近感が混じり合ったものではなかったか。

この歴史を一つの曲が象徴している。1927年にユダヤ系の作詞家オスカー・ハマースタイン二世と同じく作曲家ジェローム・カーンによって作られたミュージカル『ショウ・ボート』（舞台を備え演劇演芸を見せた外輪汽船）のなかの「オール・マン・リヴァー（Ol' Man River）」である。このミュージカルは1880年代から1920年代に時代設定された一種の大河ドラマで、ミシシッピ川を上下するショー・ボートで働く芸人たちの恋愛模様などが描かれている。このミュージカルのなかで最も有名になった曲が、蒸気船の機関室で働く黒人ジョーが歌う「オール・マン・リヴァー」であった。初演はバス・バリトンのオペラ歌手、ポール・ロブソン。

ミシシッピと呼ばれるオール・マン・リヴァー。すべてを呑みこみ滔々《とうとう》と流れていく。川は植えもせず刈りもしないが、静かに流れ続ける。俺たちは汗まみれの苦役に痛み、荷船を曳き荷物を陸に上げる。酒をくらえば牢屋にぶち込まれる。生きるのも辛いが死ぬもの怖い。オール・マン・リヴァーはただ流れるだけ。

ユダヤ系であるハマースタイン二世が苦役に苦しむ黒人の心に寄り添った詞を書き、カーンがそれに渾身の旋律を与えたこの曲は、ロブソンの圧倒的な歌唱力によって、ミュージカル史上の金字塔となった。

この一例が象徴するものは、アフリカン・アメリカンの共同体から生まれた音楽が世界的な音楽言語になる最初の工程である。いわば地元民にしか理解できなかった方言が、異文化（主としてユダヤ文化）と交配することによって訛りを洗われ、広域でも理解され遣われる言葉になったのである。現在ジャズが世界中の人種、文化圏で聴かれ、様々な地域に優れた音楽家が現れ、大きな影響力を持っているのも、この段階で世界言語として成長していく礎を築いたからだ。

スウィングはこうした文化の交配と歩調を合わせ、アフリカン・アメリカンとジューイッシュ・アメリカンの混血音楽として成長していく。この異種交配の消息については後に一項目を立てて詳述する。

## ジャズの発生についての簡単なおさらい

ジャズの前駆的な音楽は黒人霊歌、労働歌、ブルース、カリブ海沿岸や島嶼《とうしょ》地方のラテン系の音楽、ブラス・バンド、ミンストレル・ショーが運ぶ流行歌、そしてラグタイムなどである。特にジャズの主要楽器となるトランペット、トロンボーン、クラリネット、打楽器を含むブラス・バンド、黒人のリズム感を活かして前例のない音楽を作ったラグタイムが重要だ。

ディープ・サウスの中心的な都市であるニューオリンズはブラス・バンドが盛んな街であった。市民の冠婚葬祭時にはブラス・バンドが繰り出すなどして、頻繁に街中をパレードしていた。これを見ていた黒人たちも、叩き売られていた南軍軍楽隊払い下げの楽器を手にいれて自分たちのバンドを作り始める。初代ジャズ王といわれるバディ・ボールデン（1877〜1931年）もこうしたバンドを率いていた。黒人ブラス・バンドは盛んに捻りを効かせたアドリブもまじえて演奏した。即興こそが彼らの自己発現であった。ここからニューオリンズ・ジャズの特徴であるコレクティヴ・インプロヴィゼイション、即ち集団的即興演奏が始まった。そのスターとなったボールデンのコルネットはミシシッピ川の対岸まで聞こえたという伝説が残っている。

ラグタイムは1895年前後からミズーリ州で流行した黒人によるピアノ音楽である。ピアニストで作曲家のトム・ターピン（1871〜1922年）、スコット・ジョプリン（1867〜1917年）はいずれも他州の生まれだが、ミズーリ州セント・ルイスやシダリアに移住し作曲演奏活動を行った。「ハーレム・ラグ」（1897年ターピン作曲）、「メイプル・リーフ・ラグ」（1899年ジョプリン作曲）が初期の有名曲で、彼らはヨーロッパの舞踊曲などの影響下から出発し、そこに黒人的なリズム感を加えたため、その楽曲には強弱拍が入れ替わるシンコペーションに特徴があった。ダンスのために弦楽入りのバンド用にアレンジされることもあった。どこかユーモラスでウキウキするような音楽である。このようにラグタイムには聴く者の身体を動かすようなリズムがあったが、アドリブは用いられなかった。すべて記譜された音楽だったからである。

そしてジャズ生成にとって最も重要な先行音楽がブルースである。ブルースはアフリカ系独特の音感〈ブルー・ノート〉を使って黒人たちの生活の喜怒哀楽のすべてを表現する声楽である。この生活感情は奴隷解放（リンカーンの奴隷解放宣言は1862年9月）から生まれた。彼らの全人的な感情は自由を得てから発動したのだ。

奴隷生活のなかでは彼らには一種の生活保障があった。肉体労働に耐えさえすれば食うにはこまらない。むしろ頑健な肉体を維持するだけの食物は十分に与えられていた。しかし解放によって自由を得た代償として自立せざるを得なくなった。ここに生活人としての苦悩や葛藤が生まれる。職業を求めても白人が優先される過酷な現実。人種差別は彼らが自由を得、一個の人間として社会に立ち混じるところから始まるのである。厳しい社会の中で生老病死という人間としての運命のすべてを個人が引き受けなければならない。ブルースは人間が生きるとはなにか、という根元的な問いから生まれた音楽だと言えよう。聴かせるためというより、個人の内心の思いを吐露する音楽だから、演者は自己表現のために自由にアドリブをまじえて歌った。傍で聴いた者は、当意即妙の芸がいかにも自然であることに感銘を受けたに違いない。

ブラス・バンドの楽器、ラグタイムのリズム、ブルースの個人的感情の吐露のための表現力。これらが混淆《こんこう》してジャズとしてのおぼろげな姿を現すのが19世紀末である。当時の一般の人々にとって民族色豊かなジャズは珍奇で異様な音楽に聴こえたと思う。前掲のラルフ・エリソンが言う「突然の方向転換であり衝撃である。そしてまた速度の急激な変更である」はこの驚きを指している。

「衝撃」「急激な変更」など強い言葉が連なるが、一体どれほどのことが起こったのだろうか。エリソンは1914年生まれなので、物心つく頃のアメリカはまさにジャズ・エイジ（1919〜29年）。第一次世界大戦後のアメリカは旧モラルが打ち捨てられ、特に大都会では流行し始めたジャズに乗って、享楽的な都市文化が発達した時代だ。彼はオクラホマの黒人家庭の生まれだが、彼にとってジャズの出現は大きな衝撃であり、近い将来の大変革を予感させるものだったのだろう。エリソンに衝撃を与えたのはキング・オリヴァーやルイ・アームストロングの音楽で、彼が小学校のバンドでトランペットを吹き始めた10歳の頃だった。

初期のジャズの祖型となる音楽がもてはやされたのは、ニューオリンズなど南部諸都市である。とりわけ歓楽の巷で注目を浴び、その多くは娼館の客を喜ばせる音楽として使われていた。ラグタイム・ピアニストで多くの曲を作曲したスコット・ジョプリンも、「ジャズは俺が作った」と豪語したジェリー・ロール・モートンも活動の初めは娼館のピアニストだった。陽気で賑やか、風変わりでちょっと妖しいところが酔客、通人を喜ばせたのだろう。

南部ローカルの黒人コミュニティの音楽だったジャズが、産業形態の変化や第一次世界大戦という大きな社会変動の影響で次第に広域にひろがり、ジャズの第二の首都となるシカゴに到達した頃、アメリカは禁酒法下にありギャングが大手を振って秘密酒場を経営する時代だった。シカゴでもジャズはマフィアや酔客が入り乱れる歓楽の巷でもてはやされた。

時は1920年代。シカゴの若い白人たちは、キング・オリヴァー、ルイ・アームストロングらがニューオリンズから運んだジャズの魅力に取りつかれる。それまで多くの白人たちが聴いていた、甘く取り澄ました大衆音楽となんと違うことか。この青年たちは南部の黒人たちが演奏しているジャズの荒々しく、生命力あふれるサウンドに魅了されたのだ。まさにエリソンの言う「速度の急激な変更である」音楽の新鮮さから受けた感動である。

1930年代、この一群の白人の青年たちが中心となってビッグバンドによる新しいジャズのスタイルを形成することになる。人々はそれをジャズと呼ばずに「スウィング」と呼んだ。

「Swing」は元来【揺れる、揺らす】という動詞で、名詞としては【ブランコ】という意味もある。この新しい音楽は確かにスウィングする（リズミックに揺れる）ものだったが、ジャズという呼称が持つ娼館や秘密酒場の音楽という退廃的なイメージを払拭するためには、ジャズという言葉はふさわしくないと考えられたのだ。

## 日本のスウィング・ブーム

スウィングは、1930年代半ばから1940年代までほぼ10年間にわたり全米はおろか、日本、中国（当時中華民国）を含む東アジアやイギリス、フランスなどにも普及する。それまでアメリカ南部の土着的な音楽だったジャズに、ユダヤ系を中心とする新移民の若い白人青年たちが、彼らの解釈による新たな感覚を付け加えて演奏したため、人種や国境を越えて受け入れられる普遍性が芽生えたからだ。

時恰《あたか》もレコード（平円盤式レコードの商用化は19世紀末）、ラジオ放送（アメリカのラジオ放送開始は1922年）、映画（初の商用トーキー映画の発表は1927年）など音楽の普及に重要な役割を果たす技術が開発段階を終えて商用化され、急速に普及し始めていた。

では日本ではこれがどのように受け入れられたのか。初めてジャズらしき音楽が日本に上陸したのは、明治から大正にかわる1912年頃とされている。同年七月、横浜港からサンフランシスコに向かう東洋汽船の〈地洋丸〉にサロン・ミュージックを演奏するため東洋音楽学校出身の波多野福太郎（ヴァイオリン）ら五人の演奏家が乗り込んでいた。彼らはサンフランシスコのシャーマン・クレー楽器店でダンス曲の楽譜を買い求めた。曲は「アレクザンダース・ラグタイム・バンド」「ホイスパリング」「恋人と呼ばせて」「ダーダネラ」など。波多野らは東洋汽船専属のバンドで大正七年まで太平洋航路で働いていたが、下船すると銀座の洋画専門映画館、帝国ホテルのサロン、大正十年（1921年）からは横浜鶴見の花月園遊園地に開設された日本最初の常設ダンス・ホール花月園舞踏場などで演奏した。波多野はこう回想する。

「花月園では、船時代にアメリカで買ってきたフォックス・トロットやワン・ステップ、ラグ・タイムの譜面をそのまま演奏した。アドリブをすることなどだれも知らなかった」（『日本のジャズ史戦前戦後』内田晃一著　スイングジャーナル社）

また日本洋楽の先覚者としては大正年間にマサチューセッツ工科大学大学院に留学し、西洋音楽に魅せられ『洋楽の知識とレコード名曲解説』など多くの著作を書き、1941年に（国策に沿って）「音楽之友」を創刊した堀内敬三（1897年～1983年）がいる。彼はクラシック音楽のみならず1927年に発表された「My Blue Heaven」を「私の青空」と題し「夕暮れに仰ぎ見る輝く青空」と訳すなど、初期のジャズにも理解を示している。

彼が1935年に発表した『ヂンタ以来（このかた）』に「ジャズ鳥瞰」という短文がある。その副題に「ジャズは低級か」という文章があり、昭和前期にジャズが一般人にどのように捉えられていたかを記している。一部を引用する。

「ジャズを低級視し、異端視し、正しき音楽趣味を傷つけると見る考え方は相当に勢力があるが、これは全く正しいとはいへない。ジャズに高級なもの、藝術的なものを生じつゝあるし、いはゆる高級音楽の中にジャズの分子が侵入しつゝあるからである。」（『ヂンタ以来（このかた）』堀内敬三著　アオイ書房　復刻版：音楽之友社）

推測するに堀内はアメリカ留学の経験から、ポール・ホワイトマンのシンフォニック・ジャズやジョージ・ガーシュウィンの活躍を知っていたと思われる。このように海外の空気を知る堀内は開明的な文化人として活躍するが、日中戦争が英米蘭を相手とする太平洋戦争に拡大すると体制側に付和雷同する。音楽界全体の国家協力体制を構築しジャズを米国風の享楽的な音楽として弾圧に直接手をくだすのである。この時代に青春時代をおくった評論家の瀬川昌久は堀内敬三の変節こう言っている。

「（彼は）戦争中に、音楽の大政翼賛会みたいのをつくって、その長になって禁止令を出した。彼は（音楽に詳しいので）どうやれば音楽がジャズになるかをわかっていた」（『日本ジャズの誕生』瀬川昌久、大谷能生著　青土社）

瀬川が指摘するとおり、堀内は野村光一（音楽評論家）、服部良一（作曲家）らとともに、英米音楽の排除政策立案を担当する愛国翼賛組織の一員だったのである。1944年の彼の発言を記録しておく。

「ジャズを演奏していれば気持ちまで敵国風になるのは当然だ。そんな人間を日本に生かして置く必要はないのである」（『音楽文化』1944年2月号所収。『近代日本の音楽百年第四巻　ジャズの時代』細川周平著　岩波書店）

次に堀内とは反対にジャズを積極的に評価し、戦前からこれを称賛する評論に健筆を振るった野口久光（1909年〜1994年）の文章を引用する。

「1939（昭和14）年における最も著しい傾向と云えば、宝塚、松竹両少女歌劇のオーケストラを始め、レヴューやショーのバンドが、スイング・スタイルの演奏を始めたことである。（中略）云い変えればレコードや映画によって紹介されて来た〈スイング・ミュージック〉が、ホールのバンド・メンのみならず、スペクタクル方向（大劇場におけるレヴュー等のステージ・ショー）の楽人、指揮者に少なからぬ刺激となって、鑑賞や研究から実践に行動を起こした訳である」（『ジャズ・ダンディズム』野口久光著　講談社）

野口はこうした情勢分析と並行して「演奏者（指揮者）が、スイングが何であるかを理解していないようでは、いくら〈スイング曲〉を持ってきても、スイングにはならない」（同誌）と至極もっともな苦言を呈している。いまから80年以上前に、日本の（欧米文化に詳しい）先進的な知識人は、早くもこのような正論を述べるまでにアメリカン・スウィングに親炙《しんしゃ》していたのである。昭和前期におけるジャズの（太平洋を隔てた）極東への影響力、伝播力の強さを感じさせる。

この39年7月28日には松本伸（テナー・サックス）、谷口又士（トロンボーン）、宮川はるみ（ヴォーカル）ら9人編成のバンドが演奏する「タイガー・ラグ」などの曲がNHK短波放送に乗ってアメリカに届けられており、日米交流も既に始まっていた。

ただしこれらは盧溝橋事件があった1937年から始まる国民精神総動員運動、38年の国家総動員法公布の後のことだから、ジャズにはじわじわと弾圧の手が伸びてきていた。日独伊三国同盟が調印（40年9月27日）された直後の11月1日にはダンス・ホールが閉鎖され、41年12月の太平洋戦争開戦からはジャズは敵性音楽とされ、公然とは聴けなくなり、レコードは供出廃棄を強いられた。

「米国系音楽の代表とみられるジャズや、これに類する軽音楽の大部分は、卑俗低調で、退廃的、扇情的、喧噪的なものであって、文化的にも少しの価値もないものでありますから、この機会にこれを一掃することは極めて適切であり、まだ絶対に必要なことであります」（内閣情報局週報43年1月27日付）

しかしジャズの魅力に取りつかれた日本人は、レコードを隠匿してこっそりと聴くなどしたたかに抵抗する。押し入れに入って布団をかぶって聴いたなどの話は、けっして誇張ではない。それだけスウィングに熱中していた日本人は多かったのだ。

ビッグバンド・ジャズの愛好家で研究者でもある前出の瀬川昌久は太平洋戦争開戦の日（１９４１年12月7日）に17歳だった。彼はこの日に自宅でトミー・ドーシー楽団の「カクテル・フォー・トゥー」を大音量で聴いていて父君からたしなめられたという。

この時代、ミュージシャンはアメリカの楽曲が使えないならと、オリジナル曲を作り、日本の民謡をスウィング風にアレンジして演奏した。スウィングの楽理を応用して日本風のジャズを作れたということは、既に30年代末にジャズは日本人にも理解し演奏できる文明になっていた証だと言える。

昭和前期の日本にはこうしたスウィングの流行があった。しかし太平洋戦争が始まると、官憲から堕落退廃の極みと決めつけられたジャズが、意外なことに国のために役立つことになる。当時唯一の放送局だったＮＨＫが参謀本部の指導、アメリカ兵捕虜の協力で、対敵謀略放送のためにスウィングのレコードを流す音楽番組『ゼロ・アワー』の制作を始めたのだ。短波放送だったので遠く離れた太平洋各地でも聴くことができた。ここで活躍したのが日系アメリカ人二世の女性たち〈東京ローズ〉（米兵がつけた愛称）である。彼らを魅了したのは音楽だけではなく彼女たちの甘い声であった。この番組ではグッドマンやミラーのレコードが流されたのだ。

米国海軍に従軍しスウィング・バンドを率いて太平洋各地を慰問していたアーティ・ショウは『ゼロ・アワー』で自らのヒット・レコード「ビギン・ザ・ビギン」が流されるのを聴いたと言っている。こうして〈東京ローズ〉は人気者となり、米兵の戦意を挫くはずの番組が彼らを喜ばせることになった。

謀略放送の一環として生演奏を聴かせる番組も制作される。NHKが一流の日本人ジャズ・ミュージシャンに呼びかけると、彼らは率先して内幸町（当時のNHKの所在地）のスタジオに集まった。そこだけが公然とジャズを演奏できる場だったからである。

コロムビア・ジャズ・バンド、松竹軽音楽団出身の精鋭、渡辺良（ベース）、角田孝（ギター）、橋本淳（サックス）、芦田満（同）、フランシス・キーコ（ピアノ）、柴田喬（同）、小畑益男（トランペット）、レイモンド・コンデ（クラリネット）らによって結成され、森山久が総責任者、野川香文（ジャズ評論家）が監修するバンドは、おそらくアメリカの二流バンドよりは優れた音を出していただろう。生演奏番組『サンデイ・プロムナード・コンサート』を太平洋各地の米兵たちはとても楽しみにしていたそうだ。

以下は当時のNHK国際局謀略宣伝班員でピアニスト柴田喬の弟の柴田慶の回想。

「放送当日は、完全に禁止されたジャズもこの日ばかりは大っぴらにできると、喜び勇んで鉄帽、防空頭巾、ゲートル巻きというものすごい恰好でスタジオに集まり、大変に張り切って演奏した」（『日本のジャズ史戦前戦後』内田晃一著　スイングジャーナル社）

終戦後、占領下日本の各地にできた米兵向けのクラブでジャズ・ミュージシャンの大需要が起きたとき、すぐに供給体制が整えられた背景にはこうした事情があった。

このように日本で、そして国際的にも浸透していったビッグバンドによるジャズ、スウィングの時代の物語を、本書では代表的な音楽家の動静を軸に描いていきたい。それにはこの二人こそ適役だろう。

**●ベニー・グッドマン（1909年5月30日〜1986年6月13日）**

**●グレン・ミラー（1904年3月1日〜1944年12月15日）**

グッドマンはクラリネット、ミラーはトロンボーンを主楽器とし、共に1930年代後半に人気を競い合うバンド・リーダーとなった。ではまだ二人が若かった1920年代後半の時点から物語を始めていこう。

# 第1章――ビッグバンド・ジャズの始まり

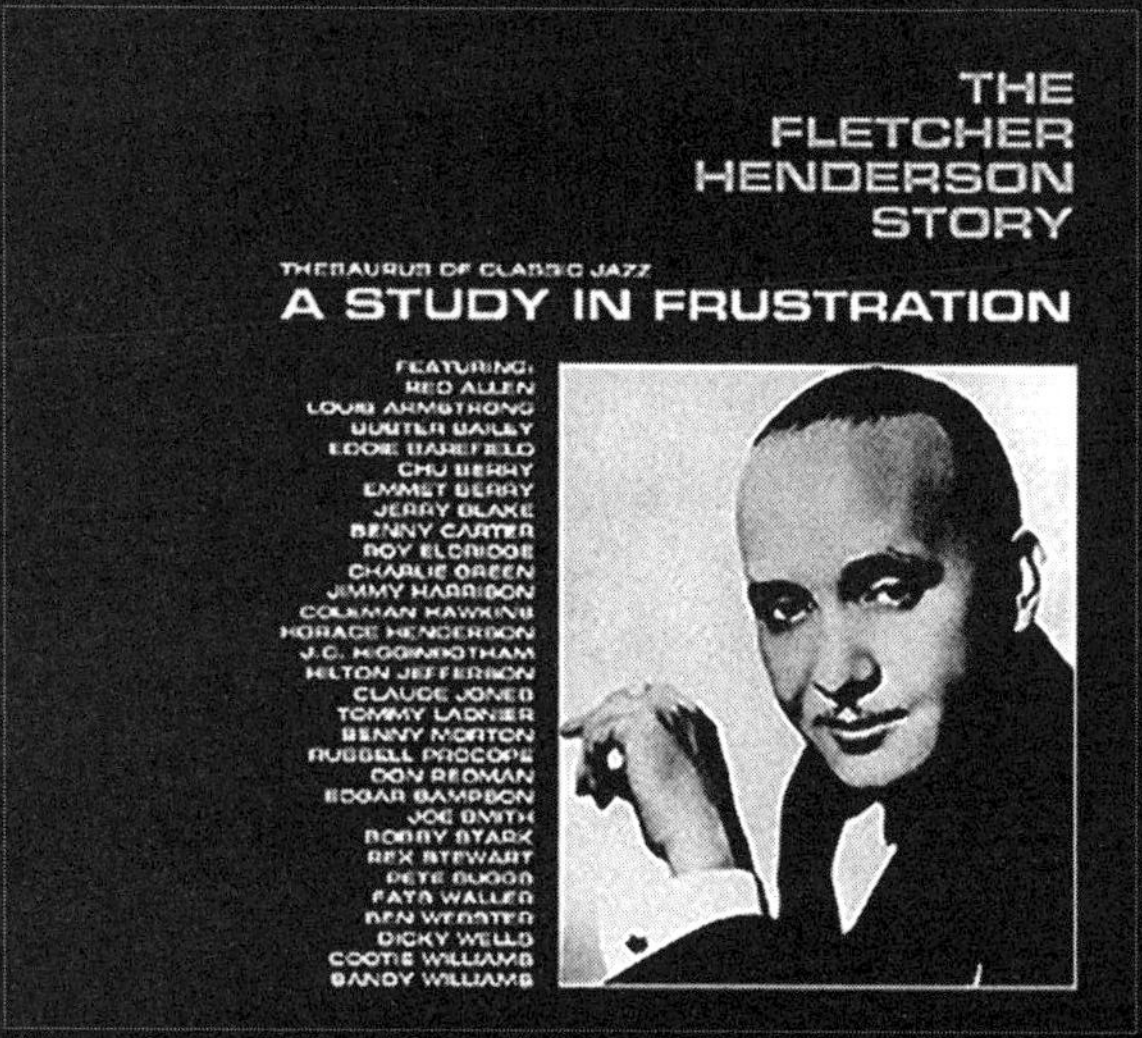

## バンドの大型化と楽理の急速な発展

ベニー・グッドマンとグレン・ミラーをはじめとするビッグバンドが水際立った仕事を残した1930年代中葉から40年代の前後10年ほどは、ジャズ史上ではスウィング時代と区分される。

この時代に第一線で活躍したのは白人バンドではベニー・グッドマン、グレン・ミラー、トミー・ドーシー、グレン・グレイ、アーティ・ショウ、ウディ・ハーマン、スタン・ケントン、レス・ブラウン、クロード・ソーンヒルなどで、黒人バンドではデューク・エリントン、フレッチャー・ヘンダーソン、アール・ハインズ、キャブ・キャロウェイ、カウント・ベイシー、ジミー・ランスフォード、チック・ウェッブ、アンディ・カークなどである。

各々15人前後のメンバーを擁した。標準的にはトランペット3〜4人、トロンボーン2〜3人、木管（サキソフォン、クラリネット、フルート）4〜5人、リズム（ピアノ、ギター、ベース、ドラムス）3〜4人。時代が進むにつれて拡大傾向にあり、ここにシンガー、コーラス・グループ、弦楽器が加わることも多かった。

スウィングが絶頂期を迎える1930年代後半には、このようなバンドが主なものだけでも300グループ、二線級三線級のローカル・バンドまで含めれば全国に千ほどのバンドと一万人を超えるミュージシャンがいた。前述の人々はその中で音楽的にも人気の点でもトップ・クラスで、レコードやラジオ放送、全米をツアーしデューク・エリントンなど人気のあるミュージシャンはヨーロッパからの招請を受けて大西洋を渡ることもあった。

ビッグバンドの、それ以前のジャズとの違いを解くための要諦は、演奏方法と並んでアレンジにあった。アレンジャーには音程、音階、旋法、和音、和声、対位法から使用楽器のキーや音域等の機能、スコアの記譜法を知悉する必要が生じた。自然と彼らはヨーロッパ古典音楽の、20世紀までに完成されていた楽理を援用してジャズの編曲法を開拓していった。

畢竟、ビッグバンド・ジャズとは合奏と独奏のバランス、あるいは葛藤を聴く音楽である。ジャズに最初に編曲という概念を持ち込んだジェリー・ロール・モートンはニューオリンズ・スタイルと同じ楽器編成、メンバーも7人程度だが編曲によってグループとしてのトータルなサウンドを追求していた。モートンは奇矯な性格の持ち主で舌禍により疎んじられたが、近年ではアレンジによってジャズの表現の幅を広げた功績が高く評価されている。

このようにジャズに西洋音楽理論が導入されたことにより、スウィング時代はジャズが初めて国際的な評価を受けた時代だった。物珍しさだけではなく、多くの国や地域で、そこに暮らす人々の生活感のなかに受け入れられ溶け込んでいった。ジャズがローカリズムやエキゾティシズム、奏者の名人芸といった観点から限られた愛好家、特定の地域もてはやされた時代を脱し、体系と普遍性を備えた音楽に成長してゆく歴史過程に当たっていたのだ。前述の人々の中から特に先駆的な活動をした二人の重要人物について述べていこう。

## フレッチャー・ヘンダーソンとデューク・エリントンの役割

アトランタ大学とコロンビア大学で薬学、化学を学んだフレッチャー・ヘンダーソン（1897〜1952年）は黒人故に化学分野の仕事に就けず、ピアノの腕を活かしてブラック・スワン・レコードに就職。ハウス・ピアニストの仕事を通じて作編曲の腕を磨いた。彼は西洋音楽理論の完璧な知識を持っており1923年にビッグバンドを結成する。

ヘンダーソンはただ大人数を集めただけではなく、音色やアーティキュレーションが異なる金管と木管など、楽器ごとのセクションを作り、これを対比葛藤させて弁証法的な表現が可能な機関として育てあげた。アレンジによって隅々まで整理されたアンサンブルと、一流奏者によるアドリブ独奏を融和させたサウンドを創造したのである。

それは個人技の集積であるニューオリンズ由来のジャズから大きく踏み出したスタイルで、コールマン・ホーキンズ（テナー・サックス）をはじめヘンダーソンのアレンジを理解できる、譜面に強い有能な若手が続々と入団した。1924年秋、シカゴでキング・オリヴァーのバンドで働いていた23歳のルイ・アームストロングを呼び寄せると、ヘンダーソンのアレンジとアームストロングの天才的なアドリブ能力が融合して、ここに過去に類をみないビッグバンド・ジャズが誕生した。

アームストロングの天才をアメリカの音楽史家ギルバート・チェイス（1906～92年）はこう言っている。

「彼の演奏は、創造的な要素としてのソリストの出発点となった。彼は独奏を技術や創意の試金石としただけではなく、想像力と感情に満ちた表現を行う機会としたのである」（『アメリカ音楽の誕生』奥田恵二著　河出書房新社）

アームストロングが参加すると、個の自発性と集団の統制が機能的に噛み合い、偶然性よりは調和が重視されるビッグバンド・ジャズが誕生した。

アメリカの英文学者でジャズ評論家のバリー・ウラノフは1952年に出版された『A History of Jazz in America』でヘンダーソン楽団の特徴を以下のように分析している。

「〈ドライヴ〉がヘンダーソンの音楽の圧倒的な特徴であった。このためメンバーたちは互いに腕を競い合ったが、ヘンダーソンはセクションの動きにもアレンジを施して、ブラス（金管）とリード（木管）のフレーズが自然にソロを盛り上げるようにした。この手法はスウィングが登場する頃にはジャズの一般的な風潮となったが、ヘンダーソン以上に書ける者はいなかった」

（『ジャズ 栄光の巨人たち』バリー・ウラノフ著　野口久光訳 スイングジャーナル社）

ヘンダーソン楽団の組織としての特徴は、水準以上の技量と読譜力を持つ者ならば誰にでも参加可能な音楽であった点だ。従ってメンバーは頻繁に入れ替わった。在籍しても一定の年季を終えると、巣立ってそれぞれに一流を立てるケースが多かった。

アームストロングを筆頭にコールマン・ホーキンズ、ベン・ウェブスター、チュー・ベリー、ベニー・カーター、ヒルトン・ジェファーソン、ドン・レッドマン、バスター・ベイリー、レスター・ヤング、ラッセル・プロコープ（以上リード楽器）、トミー・ラドニア、レックス・スチュアート、ロイ・エルドリッジ、クーティ・ウィリアムズ（以上トランペット）、J・C・ヒギンボッサム、ベニー・モートン、ジミー・ハリソン、ディッキー・ウェルズ（以上トロンボーン）等々。ヘンダーソン楽団を卒業すると皆々大成してジャズ史に名を残した。これらの名手を活用してヘンダーソン楽団は汎用性が高いシステムを作りあげたのだ。

一方デューク・エリントン（1899〜1974年）はラグタイムやストライド・ピアノを好み、16歳で作曲の才能を開花させた、裕福な家庭に育った気品のある少年だった。しかし彼には音楽家よりも画家を志望していた時期があった。プラット・インスティテュート（ニューヨークの教育機関。特に美術、建築、デザイン教育に優れている）の奨学金を受けるほどの将来性もあった。この資質のためだろうか、エリントンは、ヘンダーソンのようなセクション単位の音の分類整理ではなく、一人一人の奏者が持つ特有の音を混ぜ合わせることによって生まれる色彩感を好んだ。例えばクラリネットとミュートしたトランペット、トロンボーンの三つの管楽器だけで玄妙極まりないハーモニーを作った。ドレミファの一つ一つに固有の色を感じるという音感、あるいはハーモニーの一つ一つに輝きやくすみ、硬さや柔らかさを感じる音感の持ち主がいる。エリントンはこのタイプだ。したがってメンバーには何でもこなせる職人ではなく、自分が思い描く素描（作曲作品）に彩色をする絵具であることを望んだ。

初期のメンバーであるババー・マイレイ（トランペット）、トリッキー・サム・ナントン、ローレンス・ブラウン（トロンボーン）、ファン・ティゾール（ヴァルヴ・トロンボーン）。マイレイの後任クーティ・ウィリアムズ（ヘンダーソン楽団から移籍）、レイ・ナンス（トランペット）。リード・セクションのバーニー・ビガード（テナー・サックス、クラリネット）、ジョニー・ホッジス（アルト、ソプラノ・サックス）、ハリー・カーネィー（バリトン・サックス、クラリネット、バス・クラリネット）、ポール・ゴンザルヴェス（テナー・サックス）。ベースのジミー・ブラントン。ドラムスのソニー・グリア。そしてビリー・ストレイホーン（ピアノ、作曲、アレンジ）など、彼はエリントン・サウンド構築にふさわしいミュージシャンを見つけると長期間雇用し続けた。10年在団などは短いほうで、20年、30年と続く勤続者はざらだった。カーネィーなどは16歳で入団して40年間一途にエリントン楽団の重低音を担い続けた。１９７４年5月にエリントンが亡くなると、後を追うようにカーネィーも半年後に逝った。殉死のようなものである。エリントンとメンバーの間の情誼《じょうぎ》とはこのようなものだった。

エリントンはメンバーの個性に即して作曲し編曲し、思う存分自分の絵を描いたのである。言い換えればこれらのメンバーが揃わなければ本当のエリントン・サウンドは出せない。彼が描きたかった絵は、ジャズを生み出すことになる黒人コミュニティの極彩色の歴史絵巻だったのだから。

エリントンは南部ではなく首都ワシントン出身。音楽家となってからはニューヨークを拠点に国際的に活動した。彼の音楽はこの点からみても十分に洗練されたものだが、もっとも本質的な部分は、17世紀から始まるアフリカン・アメリカンの歴史の集団的記憶を拠り所として作られている。黒人たちの内面性や精神性を表現することが彼の創作上の主な動機である。

例えば「サテン・ドール」（ビリー・ストレイホーンとの共作）のようなポピュラーな曲には無数のカヴァーが存在するが、誰がやろうと演者の音楽になるだけでエリントンの本質とは程遠い。この点、ヘンダーソンと違ってエリントンの音楽の汎用性は著しく低い。

いわばエリントンはジャズのサウンドを文化として洗練し、ヘンダーソンはジャズの言語を文明として普遍化への道を拓いた。ヘンダーソンには彼に連なる大山脈ができたのに対し、エリントンは一際高い独立峰をなした。後続の人々はヘンダーソンからジャズのシステムを学び、エリントンからはジャズの精神を学んだのだ。

スウィングはジャズ120年史の中のわずか10年を画する流行現象だったが、この二人の存在がなければその芸術性はおろか、継続性も担保されなかっただろう。彼らは1923～24年に相次いでビッグバンドを結成、スウィング流行のはるか以前から活躍していた。彼らが10年間にわたって研鑽したものがスウィングの土台となっていくのである。

## スウィング・マーケットの出現

先にスウィング時代の黒人、白人の代表的なバンド・リーダー名をあげたが、人種差別が色濃く残る当時の時代性もあって、人種間のミュージシャンの交流は、一部の例外を除くと表立って行われることはなかった。しかし白人バンド間、黒人バンド間の人事交流はビジネスの規模に応じて非常に活発になった。スウィングの流行が兆す1930年代半ばともなると、目まぐるしいほどの異動が日常化した。その動向を伝えるジャズ・ジャーナリズムが興ったのもこの時代である。

『メトロノーム』誌は19世紀末創刊の吹奏楽雑誌だったが、1935年に編集方針を刷新してジャズ専門誌になった。34年創刊の『ダウン・ビート』誌は、初めはミュージシャン組合の機関誌の体裁だったが、スウィング台頭とともにこれも専門誌化した。

この二誌に代表されるジャーナリズムがこれらのバンドのリーダーやスター・プレイヤーの音楽を取材し、批評し、読者は彼らの出演スケジュール、インタヴュー記事、ゴシップ、楽団間の人事異動の情報を追ったのである。それは映画スターの動向を伝えるファン雑誌と同じ様相を呈した。この時代の優れたジャズメンは、映画スターと同じように大衆のヒーローだったのだ。

そもそもこの時代にジャズ・ジャーナリズムが興ったのも、そこにマーケットの存在が認められたからだ。ラルフ・エリソンが「突然の方向転換、衝撃、速度の急激な変更」とおどろいた新奇な音楽であったジャズが脱皮して、加速度的に受容層を広げていった時代。音楽の送り手にとっては広報と市場動向の把握のため、受け手にとっては正しい選択眼を養うための公的な（つまり噂話のレヴェルを超えた）情報が必要とされた。

前掲の二誌だけではなくアメリカには『スウィング』『テンポ』『ミュージック・アンド・リズム』などが創刊され、フランスでは『ル・ジャズ・オット』、イギリスの『メロディー・メイカー』などの専門誌がジャズのトピックを積極的にとりあげた。日本では映画専門誌『スタア』やダンス専門誌『ダンスと音楽』といった雑誌が村岡貞、野口久光などが執筆するスウィングの記事を掲載した。

より重要なことは『タイム』『ニューヨーカー』など一般紙もスウィング現象について膨大な紙面を費やし、音楽の専門家だけではなく思想、社会や経済、政治問題はては宗教問題を扱う書き手が、当否いずれかの立場から考察を発表した。

ジャズが演奏と聴取の二つの立場で成り立っていた時代から踏み出して、ジャズを評価する〈報道〉という立場が生まれたのだ。これはスウィングと呼ばれたジャズが少年期を終えて青年期に入ったことを意味する。大衆が成人に達しつつあるジャズの成立過程、存在意義、そこから発信されるメッセージを理解しようとする時代が到来したのである。

では音楽を批評したり報道したりするというのはどういうことなのか。端的に言えば音楽の質の良し悪しを検証し伝えることだが、文学や美術と比べて音楽の場合、対象を客観視しにくいという問題が立ちはだかってくる。聴覚を通して知覚される音楽は、視覚や論理的思考と違って、対象と同一化しないと十分に咀嚼することができない。つまり音楽の批評は、作品や演奏と同化した状態から出発せざるを得ない。ここに難しい点がある。

脚本家、作詞家で『マイ・フェア・レディー』など多くの傑作ミュージカルを世に送り出したアラン・ジェイ・ラーナーにこんな言葉がある。

「音楽評論家のとりわけ不幸な病として、ある作品をその作曲家の以前の作品と比べずにはいられないということがある」（『ミュージカル物語　オッフェンバックから『キャッツ』まで』アラン・ジェイ・ラーナー著　千葉文夫、星優子、梅本淳子訳　筑摩書房）

これはジョージ・ガーシュウィンが「ピアノ協奏曲ヘ調」（1925年）を発表したとき、批評家たちが前年発表の「ラプソディー・イン・ブルー」との比較論を持ち出したことを指して言った言葉だ。「前作に比べて今回の新作は技巧的には進歩がみえるが云々」という論法は、適切な評言が出てこない評論家の陥穽《かんせい》である。評価の定まった作品と、新しい作品との距離の遠近を測って優劣を論ずる手法だ。一見もっともらしくはあるが批評として本質的とは言えない。作曲家も生きている以上、前作の創作時とは別の境地に在るはずである。そうでなければ新作を発表する必要がない。本来は批評家も作品との同一化を通して作曲家の進境を察知し、新作構想の動機や作品の構造、表現に込められた精神性や社会性、時代性を分析し、その上で客観に立ち還り良否を判断すべきなのだ。

しかし「対象と同化しないと十分に咀嚼できない」音楽の場合、まず聴き手の情動に訴えて来るから言葉も「気分的」なものになる傾向がある。「気分的」な言葉では、作曲者と作品に直面したことにはならない。よく使われる表現として「言葉にならない感動を受けた」という「言葉」をしばしば見かけるが、これでは筆者が興奮したことがわかるだけで、読み手を納得させることはできない。

## 当時のジャズ評論二例

ジャズに関わる音楽批評の例として創刊間もない頃の『ダウン・ビート』の記事を引用してみる。ジョージ・ダニング（1940年代以降に映画音楽界で活躍しジョシュア・ローガン監督の『ピクニック』などを作曲）が、超絶的なテクニックで知られたピアニストのアート・テイタムのライヴを取材し、1935年10月号に執筆した記事だ。ダニングはテイタムを聴いたシカゴの〈スリー・デューセズ〉の雰囲気、プログラム、個性的な奏法に触れ、次いで彼の音楽性に言及する。

「テイタムの演奏を聴いて鳥肌が立たない人間は心がないのだ。美しいソフトなレガートのタッチ、スリリングなピアニッシモ、ファースト・コーラスの絶妙なテンポとメロディー、セカンド・コーラスでは左手の伴奏でフル・ハーモニーを添えながら右手で装飾音付きのメロディーを奏でる。三番目のコーラスでは変則リズムに乗せてさらにハーモニーを多様化させ装飾を加えたテーマが演奏されるが、それでもメロディーははっきりと聴きとれるのだ。4番目のコーラスはほんの少しハーレム・スタイルで、そこから始まるインプロヴィゼーションには〈二人でお茶を〉を織り交ぜ、ここに至って我々観客はこの若者が本物のショーマンであり、自分のプレイすべきナンバーの選び方を心得ていると確信するのである。何と圧倒的な信頼感、テイタムは完璧な手と指のコントロールを見せつけ、スケールによるパッセージとアルペジオは切れ味鋭くクリアー且つ素晴らしくクリーンだった」（『JAZZ Legends ダウン・ビート・アンソロジー』シンコーミュージック）

音楽家の分析らしく、一つの曲の進行、展開、聴きどころ、テイタムの超人的なテクニックが詳しくリポートされている。しかしこれだけではリポートであっても批評ではない。それにある程度専門用語や楽理に通じていないと解りにくい。しかし音楽の展開を言葉で伝えようとするにはこの方法しかない。あるいは思い切り比喩表現を使って情緒的に伝える方法も考えられるが、正確な伝達にはならない。読み手によってまちまちに解釈されてしまうだろう。これを補うためにダニングはテイタム本人の言葉を引用する。

「別にテクニックとか、特別なことは何もないんだ。僕はただモダン・ピアノが弾きたいだけなんだ。他の人とは違う、新しいものがやりたい。そのための努力をしている。皆が求めているのはそういうものだから」(同)

当人の発言を加えることでピアニスト、テイタムの1935年現在における立場、心構えと目指す方向性がわかってくる。ラグタイム、ハーレム・ストライド、ホーン・ライク・ピアノなど初期のジャズで形成されてきた様々なピアノ・スタイルを総合し、新しい次元に進みたいという意気込みが伝わる。テイタムの遠慮がちな言葉遣いを紹介することによって、彼の人柄までが伝わってくる。そしてこう締めくくる。

「この鍵盤の魔術師が最も敬愛してやまない二人の人物は、コンサート・ピアノの世界ではウラディーミル・ホロヴィッツ、ジャズではファッツ・ウォーラー。さらに彼はルイ・アームストロングの大ファンだそうだ」(同)

ダニングの筆はテイタムの人物、奏法分析、立場、思考法、音楽観に及び、仮にテイタムを知らない人が読んでも興味を持てるように書かれている。当時の読者にとっては、彼の演奏を聴いてみたいという動機付けにもなっただろう。優れた音楽評論の好例である。

もう一つ、同誌の35年11月号にジョン・ハモンド（黒人ジャズを称揚した評論家、ベニー・グッドマン、ビリー・ホリデイ、カウント・ベイシーらを世に出したプロデューサー）がデューク・エリントンを取り上げ、音楽評というよりも彼の人物や性格を論じた記事を書いている。熱意が先行し、客観性を欠いた例としてあげておく。

ハモンドはエリントンを「私が会った最も完璧に魅力的な人物、最も才能とオリジナリティに恵まれた男」と激賞した上で、彼が黒人差別や不当な搾取に対して抵抗の気構えがないと批判する。

> 「彼は迫害と搾取を、超然とした冷静さと不屈の精神で耐え忍び、最低限の基本的人権のためにすら立ち上がろうとしない。世の中のあらゆる種類の不快な事柄から逃げ回っている。（中略）それはひとえに彼の敗北者的人生観の故であり、彼と同じ民族に属するアーティストたちの首をも絞めているのだ」（同）

ハモンドは黒人ジャズメンや彼らが作り出す音楽に心酔し、時にその嗜癖《しへき》がバランスを欠くほどに昂《たかぶ》ることがある。だからこそと言うべきか、この文章では黒人差別に対するエリントンの超然とした姿勢と、ハモンドの正義感が齟齬を起こしている。エリントンに対して敬意を持っているだけに食い違いが許せず、その憤懣《ふんまん》がこの文章を書かせたわけだ。ハモンドはこのとき25歳。ユダヤ系財閥の名門に生まれイェール大学に進んだ彼は、決して知性の劣る人物ではないが、黒人差別や搾取に対してドン・キホーテ的な正論しか吐いていない。黒人であるエリントン自身の痛みや苦衷、悲憤や祈りが、彼の言動ではなく音楽作品として差し出されていることに気付いていない。エリントンから見れば有難迷惑のようなものだろう。

ハモンドがこの評論を書いた35年、エリントンは〈コットン・クラブ〉で確立した名声で世に知られるようになり、渡欧して国際的な評価も得ている。グッドマンやミラーのひと世代上の名士だ。そんな彼の後押しをするつもりでハモンドは「あなたの影響力を行使して抗議の声をあげてください」と言いたかったのだろう。

エリントンはそんな青年客気《かっき》の声に単純に耳を傾けるような性格ではない。表面的には人をそらさぬ社交性、洗練されたマナー、優雅な物腰で装飾しているが、真情は韜晦《とうかい》して容易に本心を明かさない。当時の流行語で言えばソフィスティケイションの持ち主だ。「あなたにとってアメリカとは?」という問いに「母が7歳になった私をようやく地面に降ろしてくれた場所」と答える人物である。このレトリック! ここには恵まれた家庭に生まれ、両親から潤沢な愛情を受け、大切に育てられたという意味の他に、黒人としての矜持を持つ彼の、アメリカへの愛憎半ばする感情がこめられている。

その後エリントンは『ジャンプ・フォー・ジョイ』(1941年)、『ブラック、ブラウン・アンド・ベイジュ』(43年)、『ニュー・ワールド・ア・カミング』(47年)、『リベリア組曲』(47年)、『ア・トーン・パラレル・トゥ・ハーレム』(50年)『夜の生き物』(55年)など黒人文化や彼らの生活、希望、思想、祈りに基ずく大曲を次々に発表。晩年にはキリスト教会で演奏するための宗教曲『セイクレッド・コンサート』シリーズ(65、68、73年)を作曲している。黒人の立場からジャズという言語を通してアメリカ音楽史に加えられた名作群だ。

音楽評論とは創作者と聴き手の間に立って、こうした事象を看取する仕事だ。時には演者、作曲者すら気付いていない対象作品の微妙な味を発見し、社会に向けて発表する仕事である。ダニングはテイタムの音楽と一体化しながらも、執筆段階ではこれを客体視し冷静に分析している。若いハモンドはその正義感ゆえに、勢いあまって筆が走りすぎている。

ジャズは現在に至るまで、聴くだけではなく大いに語られ、論じられてきた音楽だ。それはジャズを深く聴くために知的な努力を惜しまない人が多かったことの証しである。つまりジャズにはジャズの言語があり、その含意するところはジャズ以前の音楽の文法では解けない性質のものだった。然ればこそ、この未知の音楽を解くための言論が生起し、数多の論客が登場したのもスウィング時代の特徴だった。そしてジャズがモダン化して、より難解になっていく１９４０年代以降、この傾向はさらに深化していくことになる。この点ジャズはジャズに関わる言説とセットになって存在する音楽だと言える。何万人集めたコンサート、何万枚売れたレコードという単純な商業的物差しで計られるのではなく、言論が関与することによって作品は時空を超えて共有され、時には伝説にすらなっていくものなのだ。

# 第2章——白人によるジャズの可能性

## 白人ジャズの先覚者たち

スウィング時代はジャズが米国深南部地方で勃興してからおよそ50年後にあたる。その萌芽は1920年代に、白人青年たちがジャズに魅了され、黒人たちのジャズの奏法を学び始めたところから始まる。

アフリカン・アメリカンのコミュニティの中で育まれたローカルな音楽が、その新奇性と力強さによって徐々に広く社会に浸透し、新鮮なものに敏感な白人の若者の心をとらえたのだ。

この現象はニューオリンズからシカゴに進出したキング・オリヴァー（コルネット）やルイ・アームストロング（コルネット、トランペット、ヴォーカル）らの影響によるもので、その衝撃を受けた一人、ビックス・バイダーベック（コルネット）の存在がとても大きい。

彼は1903年アイオワ州ダヴェンポート生まれ。子供の頃から独学でコルネットとピアノを学んだ。高校卒業後に陸軍士官学校に入り、在校中はスクール・バンドに属し、シカゴのサウス・サイドで黒人たちのジャズに熱中した。士官学校からドロップ・アウト後の23年に〈ウォルヴェリンズ〉というディキシーランド・バンドに入る。25年にバンドが解散するとシカゴのコマーシャル・バンドで働きながらアームストロングらの演奏に接し多くを学ぶ。アームストロングを聴いて帰宅すると、自ら吹奏してみるという練習法をとり、ホットな黒人のジャズとは異なる語法を編み出していった。

ヴィブラートの少ない明るく澄んだ音色、微かに哀調を感じさせる軽やかなフレージング、そしてスマートなスウィング感。同じ楽器を吹くジミー・マクパートランドはバイダーベックの演奏に惚れ込んだ一人だ。

「僕にとってのビックスは、なんとも言えないビューティフルなトーン、メロディーのセンス、すごくドライヴする、間をとる、そのすべてが好きだ。彼はジャズを、まさしくラヴリーに吹いたんだ」（『私の話を聞いてくれ』ナット・シャピロ、ナット・ヘントフ編著　筑摩書房）

優れた音楽家同士にあっては当然のことだが、対照的な音楽性を持つバイダーベックとアームストロングは互いに敬意を持つ間柄だった。ビックスと親しかった作曲家のホーギー・カーマイケルは、二人でキング・オリヴァーを聴きにいったときのビックスの驚きを覚えている。1923年の夏のことで、オリヴァー・バンドのセカンド・トランペットを吹いていたアームストロングのソロが始まると「ビックスは立ち上がって、その眼は弾けんばかりだった」という。しかしカーマイケルによれば「ルイ・アームストロングはビックスのアイドルだったが、彼はルイのイミテーションではなかった」と断言する。

バイダーベックから偶像視されたアームストロングは「初めてビックスを聴いたとき、私と同じくらい音楽に真剣な男がいる」と感じた。そしてビックスのレコード「シンギング・ザ・ブルース」「イン・ア・ミスト」を購入し、自分とは対照的な彼の音楽を研究した。二人の交遊についてアームストロングはこのように語る。

「ビックスは夜の仕事が終わると、私が出演しているクラブにやって来て最後まで聴いていた。お客が帰ると我々はクラブの扉を閉め、ジャム・セッションをやった。お互いの音やコードを持ち寄って、互いの音楽をブレンドして試してみた。一息いれているときにビックスはピアノに向かって最高にスウィートな〈イン・ア・ミスト〉を弾いてくれた。レコーディングするつもり

だったんだろう。彼のこの曲を愛さないミュージシャンなんてこの世に一人もいないと思う」(同)

名人は名人を知る。ジャズ創世記時代の神話のような情景だ。

その後ビックスはジーン・ゴールドケット、フランキー・トランバウワー、ポール・ホワイトマンなどのバンドで活躍。31年8月に肺炎のため28歳で亡くなっている。

早逝したビックスの演奏はわずかだが残されている。1927年録音の「シンギン・ザ・ブルース」「アイム・カミング・ヴァージニア」、ピアノ独奏による「イン・ア・ミスト」などは、当時の奔放ともいえるニューオリンズ由来のジャズとは異なり、抑制のきいた合奏と、そこに点綴《てんてい》されるビックスその他の独創的なソロは白人によるジャズの可能性を切り拓いた。

ピアノ曲「イン・ア・ミスト」にはフランス印象派音楽に魅了された痕跡が濃厚である。このように白人がジャズを演奏する際のロール・モデルとなったのがビックス・バイダーベックだったのだ。彼の方法を用いれば、白人的な個性に基づくジャズを作ることが可能になる。後続の青年たちがこの点に気付いたことは、ジャズ史上に残る大発見といえるだろう。

白人的になったとはいえ、ビックスらのジャズは基本的にはニューオリンズ・ジャズの形式を持つもので、革新の焦点はソノリティと独奏の洗練化にあり、この点ビックスや彼のリーダーでありパートナーであったフランキー・トランバウワー(Cメロディー・サックス)の功績は顕著だ。澄んだ軽快な楽器の音色、選び抜かれた音で綴られるアドリブは、その後モダン・エイジの白人プレイヤー、例えば「テイク・ファイヴ」の作曲者、アルト・サックスのポール・デズモンドにまで及ぶ影響力を持ったのである。このトランバウワーがビックスの音楽について語った言葉が残されている。

「彼のプレイを文字に記すのは、ちょうど、我々の心にぬぐい難い印象を残す周囲の美しい花々や、空に浮かんだ美しい雲、秋の色とりどりの木の葉を描写するようなものだ」（『ジャズ 栄光の巨人たち』バリー・ウラノフ著　野口久光訳 スイングジャーナル社）

ウラノフはこのトランバウワーの言葉を「印象派の語法を用いて、マネやルノアールの風景画の余香の描写」だとしている。ビックスの天賦を寿《ことほ》ぐ言葉だ。

ここで回り道になるが、サッチモとビックスと並ぶ、もう一つの黒人と白人ジャズメンの交流エピソードに触れておく。それはフランキー・トランバウワーが黒人プレイヤーのレスター・ヤングに与えた影響だ。

ヤングはヴァイオリンから始めてトランペット、ドラムス、クラリネット、テナー・サックスと楽器を変えたが、サックスを手にしたときアイドルとしたのがトランバウワーだった。ルイ・アームストロングら黒人ジャズメンの影響力が圧倒的だった時代に、早くも白人にしかできない方法でジャズに取り組んでいた人々がおり、それがアフリカ系のプレイヤーに逆影響を及ぼしたということは意味深長だ。はるか後年、ヤングはこう言っている。

「トランバウワーは僕の憧れだった。彼のレコードは全部持っていた。今でも彼のソロは全部吹ける。彼のソロはちょっとした物語のようだった」（『ダウン・ビート』誌1956年3月号掲載のナット・ヘントフによる取材記事）

ヤングはファミリー・バンドで巡業することが多かったので、通信販売でトランバウワーのレコードを注文し、巡業先に配送されるよう手配していた。手のかかる方法をとってでもヤングがトランバウワーから学びたかったものは、軽く明るい透明感のある音色と物語性だ。ヤングはここからスタートして、微妙なニュアンス、説得力に富んだアドリブの構築法を確立した。彼には天性の歌謡性が備わっていたが、その沸きあがる歌心を乗せるには、黒人的奏法ではなく、トランバウワーの音色とアーティキュレーションが必要だったのだ。

ビックスやトランバウワーは偉大だが、白人の音楽性に触発される感受性を持っていたヤングも素晴らしい。ヤングによって起こった異種交配の成果は10数年後のスタン・ゲッツら白人プレイヤー、チャーリー・パーカー（ヤングのレコードの回転数を上げアルト・サックスのピッチに変えてコピーしたと言われている）以降の黒人プレイヤーに継承されビバップ以降のジャズを発展させる礎となっていく。

サッチモとビックスの交友、トランバウワーとレスターの音楽上の交流。この時代に既に黒人ジャズメンと白人ジャズメンの間に連帯が生まれていた。これも青年期にさしかかったジャズの躍動する精神の所産だろう

## 白人家庭から出たジャズ好きの子どもたち

白人ジャズの開祖ビックス、トランバウワーに追随するかたちで、1920年代半ばからシカゴの若者たちの間で盛んになっていくジャズをシカゴ・スタイルという。

彼らは初めはアームストロングらの音楽に憧れ、その模倣から入った。コルネットだけではなくクラリネットにはジョニー・ドッズやジミー・ヌーン。トロンボーンのキッド・オリー、ジョン・トーマス、フレッド・ロビンソン。ギターのジョニー・サン・シール。ドラムスのベイビー・ドッズなど

学ぶべき名手はシカゴのサウス・サイド（黒人街）で活発に演奏していたのである。従って白人たちの演奏も、当初は完全なニューオリンズ・スタイルのコピーだったが、文化や辿ってきた歴史の違いから黒人のジャズを完璧に模倣することに限界を感じたときに、その手本となったのがビックスらの音楽だった。

この一群の若者たちをオースティン・ハイスクール・ギャングと呼ぶ。彼らはオースティン高校の生徒たちで、親や教師の承諾のもとにアマチュア・バンドをつくり、自校のダンス・パーティや他校に招かれて演奏することもあった。

初期の顔ぶれはジミー・マクパートランド、ジミーの弟のディック・マクパートランド（バンジョー、ギター）、ジム・ラニガン（ベース）、バド・フリーマン（Cメロディー・サックス、テナー・サックス）、フランク・テシュメイカー（ヴァイオリン、クラリネット）などである。

彼らは当時人気のあった白人グループ、ニューオリンズ・リズム・キングスのレコードから刺激を受け、ジャズの奏法を会得していった。彼らを中心に集まってきたジャズ好きの青年のなかにはエディー・コンドン（ギター）やジーン・クルーパ（ドラムス）もいた。

さらに周縁にひろげればジャック・ティーガーデン（トロンボーン）、マグシー・スパニア（コルネット）、デイヴ・タフ（ドラムス）、ジェス・ステイシー（ピアノ）、ジョー・サリヴァン（ピアノ）、レッド・マッケンジー（カズー、ヴォーカル）、渾身ジャズの塊のようなピー・ウィー・ラッセル（クラリネット）と黒人ジャズにとことん惚れ込んだメズ・メズロウ（クラリネット）も忘れてはならない。そしてジミー（アルト・サックス）とトミー（トロンボーン）のドーシー兄弟など。初めはアマチュアのような者も多かったが、その後習熟してそれぞれジャズ史に名を残すことになる。

ジャズは初め南部地方の黒人コミュニティにひろがり、次いで酒場や娼家のＢＧＭ、禁酒法時代（１９２０〜１９３３年）にはギャングが経営する秘密酒場の音楽として認知されていったことは前述した。つまり一般的には悪所のいいかがわしい音楽と理解されることが普通だった。それが白人の普通の家庭の子供たちの間に浸透した事実は大きい。そしてここにウクライナのキエフからの移民で、シカゴで洋服の仕立て屋を営むユダヤ人夫婦の9番目（12人兄弟）の子供として生まれたベニー・グッドマンがいたことが重要である。

ジミー・マクパートランドはグッドマンとの出会いをこのように記憶している。彼がミシガン湖の遊覧船で働いていた１９２３年頃の話だ。

「私が乗っていた遊覧船とは別の船のバンドに、ビックス・バイダーベックとベニー・グッドマンという若者がいることを聞いたことがある。噂ではバイダーベックは最高のコルネット奏者とのことだった。グッドマンの名前はそのとき初めて聞いた。実際に出会ったのはシカゴ郊外のシセロのナイトクラブだった。まだ15歳にもならない小柄な子供だったが、彼は〈リオグランデのバラ〉を吹いた。この曲のコード・チェンジは難しいのだが、彼は16コーラスも吹いたんだ。憎らしいくらい上手かった。オースティン・ハイのセッションに誘うと彼は喜んでやってきた」（『私の話を聞いてくれ』ナット・シャピロ、ナット・ヘントフ編著　筑摩書房）

彼らはその後オースティン・ハイのバンドで、ノース・ウェスタン大学のパーティなどの仕事をとり、頻繁に共演するようになる。週に80〜１００ドル稼いだというから、当時としては大金だ。パーティで知り合った大学生は彼らをキング・オリヴァー・バンドが出演するクラブに連れていってくれたそうだ。そこで聴くルイ・アームストロングは最高にスリリングだったという。

歴史が動くとき、このような邂逅が起こるものなのだろう。グッドマンはこうした経験を糧として、10年後に前述の幾人かとともに、ニューオリンズ由来のジャズから大きく踏み出した全米規模のジャズ〈スウィング〉を作るほどに成長していく。

# 第3章——スウィング時代に顕著になったユダヤ系アメリカ人の影響

## ユダヤ人の優れた能力と文化の特異性

スウィングがアメリカの音楽界に与えた影響の大きさを考えるとき、そこに浮上してくるのがユダヤ系白人ミュージシャンの存在である。

一口にユダヤ人と言っても、彼らは長い歴史のなかで広範囲に離散している。故地イスラエルに近い中近東、西アジア、北アフリカ等だが、ここで扱うユダヤ人とは主としてドイツ、ポーランド、ロシアなど中東欧の民族と混血したアシュケナジームだ。コーカソイド系の外貌を持つ、いわゆる白人である。

ユダヤ人というと多くの方は1933～45年にアウシュヴィッツなどの強制収容所で600万人が虐殺されたナチス・ドイツの迫害、あるいは帝政末期のロシアや東欧各国で起きたポグロム（破滅、破壊を意味するロシア語。1881～1906年にかけて反ユダヤ主義者による暴動でユダヤ人が略奪、殺戮された）を想起されるだろう。歴史的には旧約聖書の「出エジプト記」（エジプトで奴隷として使役されていたユダヤ人たちが、モーセに率いられ紅海を渡りイスラエルへ還る記述）をお読みになった方も多いと思う。

こうした差別迫害の歴史とともに以下のような人物を輩出してきた。

アルベルト・アインシュタインのような天才物理学者、ロスチャイルド家のような財閥、フランツ・カフカ、ジェローム・D・サリンジャーのような文学者。フェリックス・メンデルスゾーン、ジャック・オッフェンバック、グスタフ・マーラー、アルノルト・シェーンベルク、アーロン・コープランドのような作曲家。画家のマルク・シャガール、アメデオ・モディリアーニ。そしてアブラハムやモーゼ、ヨハネ、キリストのような宗教者。

現代人ではGoogleを創業したセルゲイ・ブリン、ラリー・ペイジ、Facebookの創業者マーク・ザッカーバーグ、同CEOのシェリル・サンドバーグがユダヤ系であることにも関心が向くだろう。被差別民族の中から、きわめて優秀な頭脳が生まれることは昔から注目されてきた。そこに何らかの意味や特殊な条件があるのだろうか。

フランス現代思想の研究家、哲学者、武道家で、神戸女学院大学名誉教授の内田樹《たつる》は著書『私家版・ユダヤ文化論』（文春新書）でユダヤ人のアメリカン・ポップスへの貢献をこう書いている。

「キャロル・キング（シンガー・ソング・ライター）とリーバー＆ストーラー（作詞作曲家。「ハウンド・ドッグ」「監獄ロック」などエルヴィス・プレスリーの曲で有名）抜きのアメリカン・ポップスを想像することができない」

内田が解りやすくポップスのミュージシャンを引いて説明したかったことは、ポップス界と同じように、現代思想の潮流もユダヤ人の頭脳がなければ想像することもできないということだ。彼があげるのはカール・マルクス、ジークムント・フロイト、エマニュエル・レヴィナス、クロード・レヴィ＝ストロースで、すべてユダヤ系の学者、思想家である。

同じ論法でアメリカの映画界もユダヤ人抜きでは語れないとして内田は、ハリウッド・メジャーの映画会社MGM（ルイス・B・メイヤー）、ユニヴァーサル（カール・レムリ）、パラマウント（アドルフ・ズーカー）、ワーナー・ブラザーズ（ワーナー4兄弟）、20世紀フォックス（ウィリアム・フォックス、ダリル・F・ザナック）、コロンビア（ハリー・コーン）などの創業者を挙げている。

映画監督ではウィリアム・ワイラー、ビリー・ワイルダー、オットー・プレミジャー、ウディ・アレン、ロマン・ポランスキー、スティーヴン・スピルバーグ。

俳優ではチャーリー・チャップリン、マルクス兄弟、ケイリー・グラント、トニー・カーティス、マリリン・モンロー、ポール・ニューマン、ダスティン・ホフマン、ハリソン・フォード、バーブラ・ストライサンド。

このリストはさらに長いもので、如何にハリウッドがユダヤ系の資本やアーティストによって作られ、あるいは支配されてきたかがわかるようになっている。

20世紀のアメリカがこのような状況に至ったことを、歴史の流れのなかで概観してみたい。

ヨーロッパではキリスト教が深く根付いていく中世以降、反ユダヤ主義が広がっていった。ユダヤ人はキリスト教を信じず、ユダヤ教を奉じていたためだ。キリスト教もユダヤ教に起源を持つ宗教だが、イエス・キリストの磔刑《たっけい》による死と復活昇天の後、弟子たちが広めたイエスを神の子とする愛と赦しの宗教にユダヤ人は反発した。愛という人類にとって普遍的な心性よりも、ユダヤ教では固有のしきたり、即ち行動や生活様式、民族的祭事を守ることが重視されるからだ。したがってキリスト教の普及に伴い、ユダヤ教徒との間に違和が生じ、疑念が広がって行く。

中世前期までは、ユダヤ人は農工業の職業につくことができたが、12世紀頃から迫害が広がりユダヤ人の活動は大幅に制限されていく。職能別の組合から追放され、土地の所有も禁じられた。一次産業、二次産業に就くことが難しくなった彼らは金融（キリスト教で忌まれていた高利貸）、金や宝石の売買、流通、通信、情報産業などに進出していった。そして芸術、芸能の世界である
殆どの人間が農工業に就いていた時代、そこから締め出されたユダヤ人はこういった職業に就かざ

るをえなかった。そこで彼らは迫害されても収奪されないもの、即ち子弟の教育と学問に力を注ぎ、世の中の仕組みを鵜呑みにせず、既定の慣習に「なぜか?」と疑問を投げかける習慣を身につけていった。

そしてイエスを殺したのはユダヤ人であるという信憑《しんぴょう》。イエスは自身がユダヤ人でありユダヤ教徒であったが自身の信仰を練磨し、新たな宗教観を打ち建て、自らを聖別して神の子を名乗った。これを危険視し憎んだ律法学者などのユダヤ教徒がローマ総督（イエスの当時イスラエルはローマ帝国の植民地）に訴え出て磔刑に至らしめたという歴史がある。

以上がユダヤ人差別の原型だが、ではなぜユダヤ人は近現代でも迫害されるのか。民族的、宗教的な要素が長い歴史のなかで複雑に絡み合う問題だ。まずキリスト教徒が圧倒的に多いヨーロッパの地における異教徒であることがあげられる。各国各時代の為政者はユダヤ人にキリスト教への改宗を強制したが、多くはこれを拒んだ。故に彼らは差別され農業への従事、土地の所有を禁じられ困苦するが、それはキリスト教徒から見ると、神によって下された天罰であり、迫害の有力な根拠となっていく。教化してもなお、祀《まつ》ろわぬ者たちを賤民と名指し、敵対者として塑像して自分たちの結束を固めようという思想である。

以上を歴史的前提として、17世紀以降の近世における迫害の理由の一つとして考えられるのは産業革命と都市化である。

例えば産業革命直前の18世紀末のイギリスでは、人口の75%が農村に住み大半が農業に従事していた。１７６０年代からはじまる産業革命は19世紀中頃にかけて工業化を促進し、大量生産、大量消費を促し、イギリスから大陸ヨーロッパやアメリカに伝播していった。農業主体だった産業は次第に工業、商業、金融、情報にシフトしていく。ユダヤ人はこの歴史の転換点で商業と金融において頭角を現す。ユダヤ系財閥ロスチャイルド家の祖マイアー・アムシェル・ロートシルトが銀行家として成功するのもこの時代だ。

千年変わらぬ農本主義的なまどろみの中にいる者は、都市に住み商業や金融、情報(金融ビジネスに情報収集力は欠かせない)という魔術を操るユダヤ人に畏怖を感じ、それは侮蔑、嫌忌、憎悪の対象となっていく。農本主義から外れた思考、行動様式を持つ者は周囲から見ると異形の集団と映ったのだ。

反対に平和なまどろみの歴史を経験せず、常に周囲との緊張関係を強いられてきたユダヤ人にとって、産業革命は待望久しい出来事だったかもしれない。有事に当たって物事を革新していく知性は、差別の歴史の中で彼らが身につけた叡智と考えられるが、文化的因習に浸っている人々にとっては、劣等意識や恐怖心を呼び覚ます誘因となる。ここから生まれる強迫観念は魔物を作り出すのだろう。なにしろ「出エジプト記」以来3000年に渡って受けてきた差別の歴史があるのだから。

先に挙げた人々をみれば、学術においてもビジネスにおいても、芸術芸能においても革新的な成果をあげ、他の国家、民族、共同体よりも優れた頭脳、知性を持ち新たな価値観を生み出した者が多い。ヒトラーが「ユダヤ人は文化を破壊する劣等な種族である」と決めつけ、国民を扇動して迫害を正当化したように、まさにこの点こそが周囲に嫉妬心と疑念を与え、迫害を扇動する風説の原因となった。

現在ユダヤ人は「ユダヤ教の信者、またはユダヤ人を母に持つ者」によって構成される「宗教的民族集団」と定義される。イスラエルの国会もそのように定めている。古代からの民族離散によって各地の多くの民族と混血し、生物学的な意味において人種的特徴があるわけではないが、思想界、映画界の例からみても、際立って優秀な頭脳を持った者が多いことは事実だ。日本人も勤勉性において優秀な部類だと思うが、前代の常識を覆すパラダイム・シフトに適応する革新的な創造力に乏しい。

現在のユダヤ人の人口１５００万人は、世界人口77億人の０・２％以下だが、この民族はノーベル賞の20％を獲得する頭脳を生み出している。しかも全6部門にわたって受賞者（アメリカ国籍が多い）がいるのだ。これが如何に異常な数値であるかは日本人受賞者と比べてみればわかる。

２０２１年までに日本人のノーベル賞授賞者は26人（経済学賞授賞者は０人、21年のノーベル物理学賞の真鍋淑郎氏は米国籍だが日本生まれなのでここに加えた）。世界第6位で決して少ない方ではない。１９０１年から始まるノーベル賞の全受賞者はおよそ７００人（団体）だから、１億２５００万人の日本人は世界人口の１・６％にして受賞者は３・５％ということになる。欧米の大学、研究機関に偏りがちという指摘もあるが、その偏差を考慮に入れても０・２％の民族人口にして20％の授賞者が桁違いに多いことに変わりはない。

１５００万人（２０１6年の統計）のユダヤ人のうちシオニズム運動によって１９４8年に建国されたイスラエルの人口が現在６１５万人。他は世界中に居住するが、最も多いのがアメリカ合衆国のおよそ５７０万人だ。その大半が19世紀末から20世紀初めにかけて、ロシアや東欧諸国の圧政を逃れてきた新移民であることは前述した。彼らはニューヨークなど東部の都市に定住することが多かった。こうした「新移民ユダヤ人」は全米のユダヤ人口の95％である。ベニー・グッドマンの生家がそうであったように。彼らは仕立て屋など衣服製造業に就くことが多かった

## ユダヤ人がジャズ界に与えた影響

ジャズメンの名をあげる前に一つの映画 を紹介しておきたい。初のトーキー映画として映画史に残る『ジャズ・シンガー』（1927年ワーナー・ブラザーズ）だ。リトアニア系ユダヤ人歌手、俳優、エンターテイナーのアル・ジョルスンが主演するこの映画は、ニューヨークのユダヤ教会のカントール（先唱者）の家庭で育った少年が、ジャズ・シンガーとなって成功する物語だ。ジョルスン演じるジェイキー・ラーヴィノヴィッツはアメリカ風にロビンと名乗り、ミンストレルのようにブラック・フェイスで歌って大成する。つまりアメリカに渡ってきたユダヤ人の少年が、黒人に扮して歌うことで、アメリカ社会に融け込もうとする物語なのだ。

ジョルスンは絶大な歌唱力の持ち主で大いに聴きごたえがあるが、現在の耳で聴くとジャズ・ヴォーカルとは言い難い。タイトルが紛らわしいためジャズ・ファンからは敬遠される映画だが、ユダヤ系とアフリカ系の類縁性の一例としてあげておく。ちなみにジョルスンは本名エイサ・ヨルスンと言い、父はユダヤ教会のラビ（指導者）だった。正確な生年月日は不詳だが本人は1886年5月26日と申告している。エイサは少年時代はボーイ・ソプラノの一人として父の教会で歌っていた。その後やや長じて芸能に興味を持ち、ミンストレルやヴォードヴィルで歌い始め、1910年代にはブロードウェイの大スターになっていった。『ジャズ・シンガー』の主人公ロビンそのままの人生だった。1950年10月23日没。

閑話休題。ユダヤ系ジャズメンとしてまずあげられるのは、本書の主人公の一人ベニー・グッドマンだ。彼の両親はウクライナからの移民だった。同じクラリネット奏者のアーティ・ショウとメズ・メズロウはロシア移民の二世。グッドマン楽団で活躍するハリー・ジェイムズ、ジギー・エルマン、ヴォーカルのヘレン・フォレスト。１９４５年にグッドマンに雇用されたスタン・ゲッツの両親もグッドマンと同じくウクライナのキエフからの移民。48年にゲッツを入団させスターにしたウディ・ハーマンはポーランド移民の二世。ドラマーのバディ・リッチ。シンガーのメル・トーメ。ルイ・アームストロング、ビリー・ホリデイ、ミルドレッド・ベイリー他の大物ジャズメンのマネジャーを務めたジョー・グレイザーはロシアからの移民。デューク・エリントンのマネジャーで作詞家でもあるアーヴィング・ミルズはウクライナからの移民。ジョン・ハモンド、ノーマン・グランツ、ジョージ・ウィーンなど、ジャズ界で辣腕を振るったプロデューサーもすべてユダヤ系である。

モダン期以降のジャズメンではギル・エヴァンス、リー・コーニッツ、ラルフ・バーンズ、シェリー・マン、ショーティ・ロジャース、アンドレ・プレヴィン、バーニー・ケッセル、ガンサー・シューラー、ビル・エヴァンス、ハービー・マン、ジョン・ゾーン。

ジャズに関係の深い作詞作曲家ではアーヴィング・バーリン（ロシア生まれ）、ジェローム・カーン（ドイツ系二世）、アイラとジョージのガーシュウィン兄弟（ロシア系二世）、リチャード・ロジャース（ドイツ系二世）、ロレンツ・ハート（ドイツ系二世）、ハリー・ウォーレン（イタリア系二世）。ユダヤ教会のカントールを父に持ち、黒人音楽からの影響の濃い曲を書いたハロルド・アーレン。指揮者、作曲家でジャズの影響を取り入れて多くの作品を書いたレナード・バーンスタインもウクライナからの移民二世だ。彼はナチスによって演奏を禁じられていたユダヤ人作曲家マーラーの交響曲の復活に力を注いだ。また彼が作曲したブロードウェイ・ミュージカル『ウエストサイド物語』の原案、演出と振付を行ったジェローム・ロビンス、作詞をしたスティーヴン・ソンドハイムもユダヤ系である。

これらの人々の後にも長いリストが連なるが、一部を見るだけでも如何にユダヤ系の演奏家、歌手、作詞家、作曲家やプロデューサーがジャズの発展に貢献したかがわかるだろう。

一例としてアーヴィング・バーリンとジャズとの相性を紹介しておく。バーリンは誕生時の名をイスロエル・イジドル・ベイリンと言い帝政時代ロシアのベラルーシで１８８８年に生まれた。父親はユダヤ教のラビ（指導者）だった。１８９３年家族とともに5歳でアメリカに渡りニューヨークに住む。目から鼻に抜けるような少年だったらしい。当時の記憶をバーリンはこう語っている。

「四つの部屋に私たち10人が住んでいた。そして夏になると、私たちの中の誰かが非常階段か屋上で寝たものだ。両親は貧しかった。だが私は飢えたことはない。寒い思いをしたこともない。いつでもパンとバター、それに温かいお茶があった」（『ポピュラー音楽２００年』青木啓著　誠文堂新光社）

こんな家庭で育ったバーリンは新聞売り子をして家計を助け、14歳で家を出て、バワリーの通りを流す門付け芸人のようなことをやった。当時ニューヨークのロウアー・イーストサイドのストリートは、芸人を目指すユダヤ人の大道芸の舞台だった。バーリンはここでイディッシュ語（東欧ユダヤ人の言葉）の曲を歌ったり、ミンストレル・ショーのように顔を黒く塗ってコメディを演じた。ティーン・エイジャーになるとチャイナタウンのバーで歌のサーヴィスもするウェイターになった。この頃には既に自作の曲も作っている。

バーリンが名をあげたのは１９１１年に作曲した「アレクザンダーズ・ラグタイム・バンド」だ。

これは19世紀の末から評判となってきた、アフリカ系オリジナルのラグタイムの影響を受けたものだが、バーリンは音楽的な特徴よりもジャズ流行の兆しを先取りし、その風俗を取り入れたのだ。むしろブラック・フェイスで歌うミンストレル的なものが本質と言った方がいいだろう。こうした流行の風俗を取り入れる機敏さ、荒削りな精神こそバーリンの強みで、ユダヤ系の面目躍如。利発さに加えてニューヨークのストリートで悪童としての少年時代をおくった精神の賜物である。

人気作曲家となったバーリンは生涯に1500曲を残すが、「ホワイト・クリスマス」「イースター・パレード」のようなキリスト教の祭事を祝う曲も書いている。どのようなスタイルでも貪欲にとり入れて混成することをパスティーシュというが、バーリンはユダヤ、アフリカ系そしてWASP、アイリッシュ、イタリアンとどのような音楽スタイルでも自家薬籠中のものとした。ついで言えば二度目の結婚では上流階級出身でカソリック教徒の女性と結ばれている。当然周囲から大反対されたが押し切り、彼女が亡くなるまで添い遂げている。このたくましさがユダヤ系の一つの特徴である。差別されるユダヤ系だからこそのタフな生き方は、すべてのユダヤ人に伏流する性質だ。

## ジョージ・ガーシュウィン

アーヴィング・バーリンをして〈アメリカのシューベルト〉と呼んだのはジョージ・ガーシュウィンだ。彼の最初のヒット作「スワニー」（1919年）にもラグタイムの影響がある。20世紀初頭の時代性というものだろう。南部への郷愁を歌った曲で初演したのは前掲のユダヤ人歌手アル・ジョルスンだ。

ピアニスト、指揮者、作曲家として有名なアンドレ・プレヴィンの従伯父チャールズ・プレヴィン（ブロードウェイ、ハリウッドで活躍した作曲家、指揮者）の仲介でガーシュウィンと面識のあったジョルスンは、ガーシュウィンの才能を早くから認めていた。1919年の秋、ジョルスン主催のパーティでガーシュウィンは作曲したばかりの「スワニー」を弾いた。すっかり気に入ったジョルスンは早速続演中の自身のショー『シンバッド』にフィーチュアして大評判となった。作詞はルーマニアからのユダヤ系移民二世のアーヴィング・シーザー。このスタンダード・ソングの古典にかかわる仲介者、作詞作曲、歌唱のすべてがユダヤ・コネクションである。

「スワニー」を聴くと、黒人からの影響によるリズムや音感だけでなく、バーリン以上にヘブライ的な音律を感じることがある。特に主旋律よりも短調で歌われるヴァースにおいてその傾向は濃厚だ。ブルースがアフリカン・アメリカン共同体の悲喜の情動をあらわすものならば、ユダヤ系にもこれと等しい音楽的衝動があり、両者は共鳴し合う性質のものだと考えられる。差別迫害を体験してきた歴史にも共通するものがある。黒人にとっての父祖の地であるサハラ以南の西アフリカ、ユダヤ人にとっての東ヨーロッパから根こそぎにされ、アメリカ社会にも完全には同化できない（させない）という未決感も共通する。

1920～30年代のアメリカでは19世紀末からの新移民の増加で排他主義が高まりを見せる。開拓時代から入植していた西欧系移民の子孫が反発したのだ。さらに太平洋を渡ってやってくるアジア系移民も差別の対象となっていく。これは黄禍論（黄色人種排斥論）と呼ばれ1924年には〈排日移民法〉も成立する。この排外思想の根本にはアメリカ世論の新移民増加に対する危機感があった。特に反ユダヤ主義は苛烈だった。現在でもアメリカの保守的なカントリー・クラブなどはユダヤ系の入会を拒んでいる。

この当時最も強硬な反ユダヤ主義者として知られ、積極的に活動したのは自動車王のヘンリー・フォードだ。彼は反ユダヤ主義の週刊誌〈ディアボーン・インディペンデント〉を自社の機関誌として、購読を全米のフォード車販売店に義務付け、盛んにユダヤ人を攻撃した。この雑誌にまつわるジャズに関連する意見を拾ってみる。

まず『Yankee Blues : Musical Culture and American Identity』の著者マクドナルド・スミス・ムーアは〈ディアボーン・インディペンデント〉の偏向的記事についてこう書いている。

「(この雑誌は)アフリカン・アメリカンと同盟を持とうとするユダヤ人組織の願望についてこのように書いた。《合衆国のポピュラー・ソングは(中略)ユダヤ人がこれを支配し、密林の叫び、うめき、悲鳴、溜息など猿の言葉を一般の大衆に普及させようとした》。この雑誌のユダヤ人とジャズの関係の分析は悪意から発したものだ」(『もう一つのラプソディ』ジョーン・ペイザー著　小藤隆志訳　青土社)

ムーアは無知と偏見による誹謗だと指摘している。続いてこの雑誌自体に掲載された記事を紹介する。

「多くの人々にとって、上品な家庭を侵略し、若い世代に下らぬたわごとを模倣させるこの音楽的愚言の波が、いったいどこから押し寄せてくるのか不思議であった。ポピュラー音楽はユダヤ人の専売である。ジャズはユダヤ人の創作だ(筆者注：アーヴィング・バーリンやジェローム・カーンそしてガーシュウィンを指している)。甘ったるい下品な悪賢い思わせぶり、ポルタメントのかかった音符の恥知らずな音楽はユダヤ人の本質である。(中略) ラジオはユダヤ人の歌の代理店が雇った周旋人である。質ではなく金がユダヤ人とジャズとスウィングの様式である愚者の音楽の普及を支配した(たとえば全米随一のCBSネットワークを築くウィリアム・サミュエル・ペイリーはウクライナ系二世)」(同)

こんな言論がアメリカ有数の大企業の経営者が主宰する雑誌に掲載された。ガーシュウィンも気付いており、素知らぬ風を装ってはいたが内心では甚だしく傷つき、精神分析医の治療を受けている。因みにヘンリー・フォードの愛好する音楽はカントリー・アンド・ウェスタンだったという。時代的にみてカーター・ファミリーやジミー・ロジャーズなど、山岳や田園地帯の平易で質朴な音が彼の耳には心地よかったのだろう。

またジャズに理解のあるイギリスの作曲家コンスタント・ランバート(1905~51年)はガーシュウィンを名指して「ブルースにはガーシュウィンの甘い愚作よりはるか上に位置するある種の禁欲がある」と言った。ランバートは「追放と迫害を受けたユダヤ系とアフリカ系の間には明らかに関連がある」ことを理解しながら、ジャズにユダヤ系の要素が混入するガーシュウィンの音楽に我慢がならなかった。

〈ディアボーン・インディペンデント〉の記事やランバートのような極端な嫌悪があるということは、それだけそこには未聞の音楽的魅惑があったということだ。ガーシュウインの作る音楽は、先端的な時代性とニューヨークに代表されるアメリカの都会性に溢れている。

ガーシュウィンはユダヤ系とアフリカ系音楽の融合に恐れることなく肉薄していった。そうでなければガーシュウィンはオール黒人キャストのオペラ『ポーギーとベス』(1935年)(警察官を演じる端役に数人の白人が出演する）を書くはずがない。

『ポーギーとベス』はデュボーズ・ヘイワードが1925年に書いた小説と、作者自身と妻のドロシーが戯曲化した作品を原作としている（前出のポール・ロブソンはこの戯曲にクラウンの役で出演した）。戯曲は折しも全盛期を迎えていたハーレム・ルネッサンス（アフリカン・アメリカンの文化芸術を称揚する運動）のさなか、1927年に上演されている。ヘイワードとガーシュウィンの間でオペラ化の約束が整ったのは1932年3月のことだった。作曲の開始は33年10月。『ポーギーとベス』はこんなストーリーだ。

舞台はガラ・ニグロ（ジョージア州とサウス・カロライナ州のガラ海岸に住む黒人の総称）の集落キャットフィッシュ・ロウ。時代は原作小説執筆当時の現代。男たちは漁労に出る者が多い。ここに住む脚に障害のある貧しいポーギーと、ウェイトレスのベスが主人公だ。ベスは殺人を犯して逃亡中のクラウンの情婦で節操のない女だが、次第にポーギーの純情に魅かれ二人は同棲する。村人たちは迷信的で博打や麻薬も横行している。ある好天の日、村人は総出で離島にピクニックに行く。脚の悪いポーギーは一人村に残って留守番をする。ベスはこの島に隠れていたクラウンと会いその後体調を崩すが、帰宅後ポーギーの献身的な看病で快復する。ポーギーを恨んだクラウンは、ポーギーの部屋に忍び込み、格闘のすえポーギーに殺されてしまう。取り調べのために警察に拘留されたポーギーの留守に、ベスは麻薬を好餌とするスポーティンライフの誘惑に負けて船に乗ってニューヨークへ行ってしまう。村に帰って来たポーギーはベスの出奔を知ると、不自由な脚の障害をおして愛するベスの後を追う。

作曲にあたってガーシュウィンは若き日にハーレムでたっぷりと聴きこんだジャズや黒人霊歌と並んで、ユダヤ教の教会音楽の要素も取り入れた。

劇中、主人公男女の二重唱で歌われる「Bess, You is My Woman Now（ベス、お前は俺の女だ）」には濃厚にユダヤ的旋律が内包されている。アイラ・ガーシュウィンが書いた歌詞の一部「Morinin' time an' evenin' time an' summer time an' winter time」もユダヤ教会の祈祷書そのままだという。彼らは若い頃ニューヨークのユダヤ劇場に出入りし、東欧のユダヤ教会の音楽に馴染んでいたのだ。

黒人音楽からの影響としては劇中冒頭で歌われる「サマータイム」のブルースからの強い感化を指摘することができる。W・C・ハンディの「セント・ルイス・ブルース」との類似性は一聴明らかだ。

ガーシュウィンの伝記『George Gershwin : A Study in American Music』を書いたアイザック・ゴールドバーグは「ユダヤ教の旋律と黒人の歌のあるタイプには強い姻戚関係がある」として「典型的な黒人の旋律〈ブルー・ノート〉に相当するものが、ユダヤ教の歌ではごく一般的な音階の半音変化にある」と説明する。

また「（ガーシュウィン作曲の）〈マイ・ワン・アンド・オンリー〉のような歌、ミュージカル『ファニー・フェイス』の旋律のいくつかを聴いてみればよい。歌い方を少し変えればユダヤの旋律にできる。ガーシュウィンの内部のユダヤ人としての無意識の自我が、彼をしてアフリカン・アメリカン音楽の非黒人作曲家にした要因だった」とも言う。

実際ガーシュウィンは『ポーギーとベス』作曲に際して、オペラの舞台となるサウス・カロライナ州チャールストン沖合のフォーリー島に滞在し、黒人たちのフィールド・ハラー、讃美歌、物売り声、喋り言葉を綿密に取材している。

曲の完成は35年8月23日。演出は戯曲『ポーギーとベス』を手掛けたルーベン・マムーリアンが受け持つことになった。初演に先立つボストンにおける試演時に『ポーギーとベス』は、完全な上演に4時間かかることがわかった。声楽譜560頁、オーケストラ用の総譜は700頁に達していた。しかしニューヨーク初演では上演時間を無残にも2時間に短縮せざるを得なかった。劇場がブロードウェイのアルヴィン劇場(現ニール・サイモン劇場)だったからだ。ミュージカルのような上演形式にされたのである。ガーシュウィンにとって不本意極まりないことだったろう。主要なアリアである「禿鷹の歌」「俺のベスは何処だ」他が削られ、慎重に南部黒人の訛りを取り入れて作曲されたレシタティーヴォは台詞に変えられ、その台詞すら短縮のために容赦なく削られていった。このため初演では十分な成果を得られなかった。続演も124回でブロードウェイでは中程度のヒットでしかない。赤字額は7万ドルにも及んだ。

音楽評論家も失敗作と決めつけ「ジャズとクラシックの融合という試みはわかるが、十分に成し遂げられてはいない」という評価が多かった、中にはティン・パン・アレイの作曲家がオペラの作曲家として認められたいと考えるなどは僭越も甚だしいという声もあった。「ラプソディー・イン・ブルー」以来10年、ニューヨーク交響楽団の首席指揮者ウォルター・ダムロッシュに認められ、彼の指揮で「パリのアメリカ人」「キューバ序曲」など数々のクラシック作品を発表していたにもかかわらずである。

黒人の側からも批判があった。特に『アフロ・アメリカン』誌のラルフ・マシューズの意見は攻撃的だった。

「この作品はオペラでもなく、ミュージカルでもなく、音楽付きのドラマでもなく、絶対に黒人のものではない」(同)

初演から40年後、1975年にこれを初めて完全版として録音した指揮者のロリン・マゼールもユダヤ系アメリカ人である。アメリカ人として初めて1960年にバイロイト音楽祭でワーグナーの『ローエングリン』を指揮したマゼールは、ウィーン国立歌劇場総監督も務めたオペラ指揮の名手の一人だ。彼は『ポーギーとベス』を絶賛して以下のように定義している。前掲マシューズの否定的なレトリックと対照的だ。

「(この作品は)オペラであり、オペレッタでもミュージカルでもない。また、ジャズでもなければブルースでもなく、ソウル・ミュージックの先駆をなすものでもない」(同)

この録音を契機に再評価の機運が高まり、現在では20世紀に作られたオペラのなかでも最重要作品の一つとされている。

さらに10年後の1985年にはジェイムズ・レヴァイン(彼もユダヤ系で祖父はユダヤ教会のカントールだった)の指揮により、ガーシュウィンが熱望した完全版がメトロポリタン歌劇場で上演された。以来、同歌劇場にとって不可欠のレパートリーとなっている。まさにアフリカ系とユダヤ系音楽の結晶のような作品である。

前項までにビッグバンド・スウィング創造に貢献のあったフレッチャー・ヘンダーソン、デューク・エリントンの業績に触れたが、そこにユダヤ系白人の参与があったればこそ、音楽的にもビジネス的にもジャズは全米に、そして国際的に受け入れられる音楽に発展していった。こうした文化的交配は対立や矛盾を含むもだったが、この過程を通ることによって止揚されたからこそジャズは普遍化されたのだ。逆に言えばこの相克が起きなければ、ジャズは民族的な音楽に止まり、アメリカ音楽界のなかで主たる位置を占めることはなかったかもしれない。内田樹の論法を借りれば「アフリカン・アメリカンとジューイッシュ・アメリカン抜きのジャズは想像できない」のである。

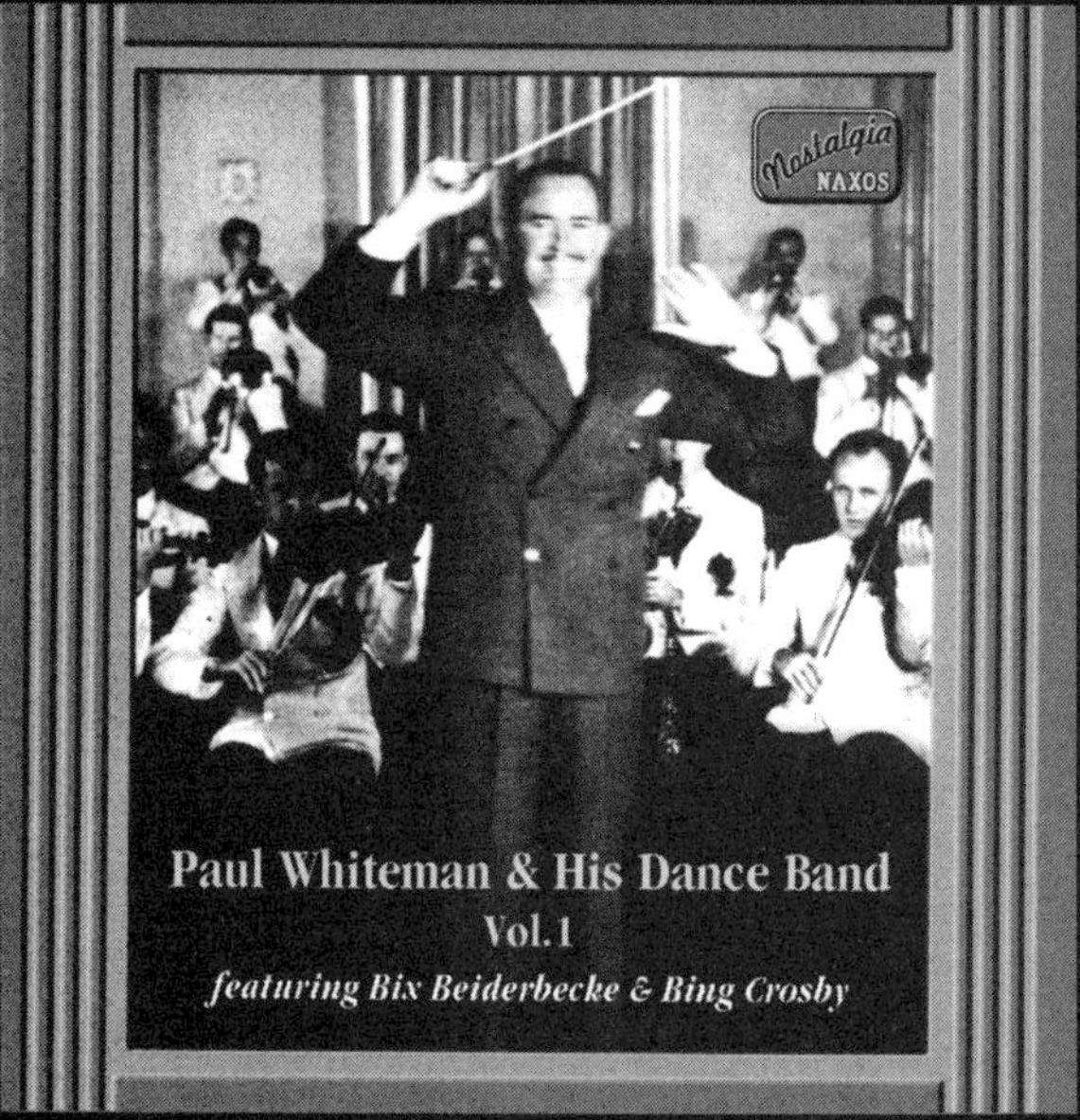
Nostalgia
NAXOS
Paul Whiteman & His Dance Band
Vol.1
featuring Bix Beiderbecke & Bing Crosby

## ベニー・グッドマンとグレン・ミラーの出会い

スウィング時代に先駆ける時代を代表する白人ジャズ・バンドは、これもユダヤ系のベン・ポラック（ドラムス）が組織したものである。若き日のベニー・グッドマンもグレン・ミラーもこのバンドで腕を磨いた。

ポラックは1903年シカゴ出身。ディキシー・バンド、ニューオリンズ・リズム・キングスで名をあげ、1924年10月にカリフォルニアでバンドを結成したというからフレッチャー・ヘンダーソン、デューク・エリントンと同時期。白人としては最も早い時期に10〜12人編成のビッグバンドを率いた。ロサンジェルス、ダウンタウンの西方、サンタ・モニカに近いヴェニス海岸のボールルームを拠点に活動を開始した彼のバンド〈カリフォルニアンズ〉には、ジャズの魅力に目覚めた若手ミュージシャンが集まり、アレンジされたサウンドが売り物だった。

この頃のメンバーはファド・リヴィングストン（テナー・サックス）、ギル・ローディン（アルト・サックス）など10人編成。ヴァイオリン奏者で後に著名な作曲家となるヴィクター・ヤングが在籍したこともある。

当時グレン・ミラーはコロラド大学を中退し、プロの音楽家として生きてゆく決心を固め、地元や南西部のローカル・バンド、劇場を渡り歩いていた。ミラーとポラックの出会いは1925年の秋である。当時ミラーはロサンジェルスのマックス・フィッシャーというリーダーのもとで働き、バンドのためにアレンジも書いていた。ミラーに会ったポラックは彼に「大人しく、礼儀正しい人物」という印象を持ったようだ。入団条件として巡業もあると告げるとミラーは「仕事のためならどこへでも行きます」と答えた。ポラックはこう記憶している。

「グレンはその頃ミフ・モール（トロンボーン）のスタイルを真似ていた。アレンジもできるというので、私のバンドで編曲もしてもらった。彼はアレンジに対して正確な演奏を厳しく要求したものだ」（『グレン・ミラー物語』ジョージ・サイモン著　柳生すみまろ訳　晶文社）

一方ミラーは「ポラックが僕に目をかけてくれ、入団を許可しアレンジまでやらせてくれるというのは最大の収穫でした」と後年語っている。「アレンジに対して正確な演奏」にこだわったというあたりに、既に後年のミラーの片鱗がうかがえる

グッドマン入団の経緯はこうだ。あるときポラックは家族が亡くなったため、ヴェニス・ボール・ルームから休演の許可をとりシカゴの実家に帰った。ポラックの親友で同郷のサックス奏者のギル・ローディンが一緒だった。シカゴに向かう車中で「ロサンジェルスに戻っても同じメンバーを集められるかどうか」と危惧した二人は、シカゴで有能な若手を選抜することにした。ユダヤ教の信教上の理由で一週間服喪するポラックに代わって、ローディンが伝手を頼りに情報を集めると、衆目の一致するところアート・カッセル楽団にいるベニー・グッドマンが有力だとわかった。さっそく聴きに行ったローディンはあまりの素晴らしさに採用を即決すると、グッドマンは躍り上がって喜んだという。

こうして1925年から26年にかけて22歳のグレン・ミラー（アレンジャー兼）、16歳のベニー・グッドマンが相次いで参加した。

ポラック楽団に加わった二人が共演した初レコーディングは26年9月14日シカゴで、他のメンバーはハリー・グリーンバーグ、アル・ハリス、アール・ベイカー（トランペット）、ギル・ローディン（ア

ルト・サックス)、ファド・リヴィングストン(テナー・サックス)、ヴィック・ブリーディス(ピアノ)、ルー・ケスラー(バンジョー)、ベニーの兄のハリー・グッドマン(チューバ)、リーダーのポラック(ドラムス)という11人編成。

ポラック楽団のヒット曲の一つ、27年12月7日シカゴ録音による「ウェイティン・フォー・ケイティ」のメンバーはジミー・マクパートランド(コルネット)、フランク・クォーテル(トランペット)、グレン・ミラー、ベニー・グッドマン、ギル・ローディン、ラリー・バイニョン(テナー・サックス)、ヴィック・ブリーディス、ディック・モーガン(バンジョー)、ハリー・グッドマン、ベン・ポラックの10人編成。

この曲を聴くと当時全米随一の人気を誇ったポール・ホワイトマン・オーケストラをコンパクトにしたような路線であることがわかる。ポラックがリードする男性三人によるコーラスもホワイトマンのリズム・ボーイズ(ここにはビング・クロスビーがいた)のようだ。この曲でグッドマンは冒頭で、ミラーは後半に短いソロを吹いている。ポラックがリードする男性コーラスの一員もミラーとされている。アンサンブルのなかでグッドマンはトランペットも吹いている。彼はこのほかにアルト・サックス、バリトン・サックスなども吹くマルチ・プレイヤーだった。

要するにホワイトマン流の大型アンサンブルから弦楽器を省略し、ディキシー的なリズムにのせて、メンバーが活気のあるソロをリレーするのがポラック・スタイルだった。ただしアレンジが売り物とはいえ、決して十分なものではない。その一部にはミラーも関与していたが未熟なもので、後年の冴えた筆さばきはどこにも感じられない。ストリングスが省かれているぶん、ポラックが範としたディキシーランド・ジャズ的な骨格が露呈してしまうのだ。当時の白人ジャズ・バンドとしてはこれが限界だったろう。ただし人気はたいしたものだった。ポラックの回想。

「私のバンドが出演すれば、どこへ行っても街中の話題を集めたものだ」（『私の話を聞いてくれ ザ・ストーリー・オブ・ジャズ』ナット・シャピロ、ナット・ヘントフ編著　新納武正訳　筑摩書房）

彼はドラムスの腕と並んでリーダー、コンダクターあるいはタレント・スカウトの面に秀で、1937年にグッドマンに引き抜かれるハリー・ジェイムズ（トランペット）が在団したこともある。また自身のポジション（ドラムス）にジーン・クルーパ、レイ・マッキンレイを迎え入れたりもした。

## ベニー・グッドマンとグレン・ミラーの友情

ともあれスウィング時代開花のおよそ10年前から、グッドマンとミラーは同じ楽団で寝食を共にし雄飛の機会を狙っていた。ポラック在団中の二人は相部屋で暮らしていたのだ。貧しいときは僅かな小銭を分け合って飢えをしのぐこともあった。この意味でスウィング時代を形成する白人青年たちの世界は非常に緊密なものだった。言いかえれば後に巨大な市場をつくるスウィングも、この時代の数人の若者たちの研鑽の中から生まれたのである。

ポラック楽団在団中のグッドマンは1927年2月27日に早くもリーダーとして自己名義の録音をおこなっている。場所はシカゴ、ヴォカリオンのための初録音でメンバーはメル・スティツェル（ピアノ）、ボブ・コンセルマン（ドラムス）という簡素なものだ。彼はここで最初の作曲作品「クラリネティティス」を演奏している。2分30秒ほどの短いものだが全編グッドマンのソロだ。

興味深いのは前半に高音部を使い、中盤から低音部と音域を使いわけ、最後に再び高音部に戻っていることだ。クラリネットは4オクターヴ弱の音域を持っているが、全音域を連続して滑らかに奏するには非常に高い技術を要するとされている。テクニシャンの彼がこれを理由に吹き分けたとは思えないが、よく聴くと高音部の旋律にはユダヤ的すなわちヘブライ調があり、打って変わって低音部にはニューオリンズの黒人ジャズの影響が濃厚である。まさしくこの楽器の古老格ジミー・ヌーン直系の音を出している。この時点でグッドマンは17歳。後年の絢爛たるテクニックには及びもつかないが、素朴な演奏を聴いていると、初の自己名義の録音において彼は自分の出自と、若者らしいジャズへの憧憬を刻印したのではないかと思えてくる。

1928年3月、ポラック楽団はニューヨークに進出し〈リトル・クラブ〉でロング・ラン。グッドマンとミラーはこの街でも相部屋で、仕事の合間にはニューヨークのミュージシャンとのジャム・セッションに興じている。ポラックによればバンドのメンバーは楽団から受け取る報酬以外に、レコーディングなどの仕事で週に250～300ドルは稼いでいたという。この時代としては破格の収入である。

7月にバンドがアトランティック・シティへの巡業に出るに際し、ミラーはアレンジの勉強のためニューヨークに残りたいと退団を申し出た。しかしそれは表向きの理由で、この時点でジャック・ティーガーデン（トロンボーン）の加入が決まっており、腕の劣るミラーは自ら身を引いたというのが真相だ。当時のポラック・バンドでは複数のトロンボーンを必要としなかった。バンドは巡業に去り、大都会に一人取り残されたミラーが、故郷に残してきた許嫁ヘレンとの結婚を決意するのはこのときだ。

程なくグッドマンもフリーランスとなり、ミラーともしばしば行をともにした。二人は同世代のジャック・ティーガーデン、ジミー・マクパートランドらと交流。レッド・ニコルズ（コルネット）のバンド、ファイヴ・ペニーズではバド・フリーマン、ジーン・クルーパらとともに演奏した。

1930年5月21日、グッドマンはホーギー・カーマイケル楽団に加わって、晩年のビックス・バイダーベックとカーマイケル自作の「ロッキン・チェア」などをビクターに録音。共演者の顔ぶれが興味深いもので、この前年にデューク・エリントン楽団を辞めたババー・マイレイ（トランペット）、ジミーとトミーのドーシー兄弟、バド・フリーマン、ジョー・ヴェヌーティ（ヴァイオリン）、エディ・ラング（ギター）、ジーン・クルーパ。カーマイケルは歌とオルガンを受け持っている。エリントン楽団以外のマイレイの録音は珍しい。

1930年10月14日にニューヨークのブロードウェイ、アルヴィン劇場で開幕したジョージ（作曲）とアイラ（作詞）のガーシュウィン兄弟のミュージカル『ガール・クレイジー』（後に『クレイジー・フォー・ユー』と改題）のオーケストラ・ピットに集まった主要メンバーは、ガーシュウィンからバンドの取りまとめを依頼されたレッド・ニコルズをリーダー格として、ジミー・ドーシー（アルト・サックス）、ロジャー・イーデンス（ピアノ、作曲。1905～70年。後にハリウッドでミュージカル映画『踊る大紐育』『パリの恋人』などをプロデュース）、ジャック・ティーガーデン、ジーン・クルーパそしてグッドマンとミラーだった。幕間に彼らはピットのなかで即興的にジャズを演奏して観客を喜ばせた。

このミュージカルのアレンジを担当したロバート・ラッセル・ベネット（1894～1981年。ブロードウェイ、ハリウッドで多くのミュージカル作品の編曲を担当した）は、ガーシュウィンの狙いがジャズ的なものであることを知ると、ニコルズと相談してフィーチュア曲の一つ「アイ・ガット・リズム」の編曲の一部をミラーに書かせた。またガーシュウィンはリハーサルでグッドマンの演奏を聴いて感銘を受け、彼をフィーチュアするために「序曲」にクラリネット・ソロのパートを書き加えた。続演中に彼がバンドを抜けるとガーシュウィンはこのパッセージを削除している。ガーシュウィンから認められたことをグッドマンは生涯誇りとした。

ここに列挙した人物のなかで、後にグッドマン、ミラーと比肩する人気ビッグバンドを結成するのがジミー・ドーシー、ジーン・クルーパ、ジャック・ティーガーデンらだ。ここにトミー・ドーシー、アーティ・ショウ（クラリネット）を加えれば１９３０年代後半の白人ビッグバンドの名士たちが勢ぞろいしたことになる。

余談だがこの『ガール・クレイジー』でブロードウェイ・デビューした二人の新人女優が、後に数多のジャズメンが愛奏することになる名曲を歌った。ジンジャー・ロジャースが歌った「バット・ノット・フォー・ミー」「エンブレイサブル・ユー」とエセル・マーマンの「アイ・ガット・リズム」だ。『ジンジャー・ロジャース自伝』（渡瀬ひとみ訳　キネマ旬報社）によると、ガーシュウィンは『ガール・クレイジー』開幕前に自宅に関係者を集めて開いたディナー・パーティにロジャースを招いたそうだ。ディナーのあとサロンでガーシュウィンはいつもそうするように自作曲を弾いて客を喜ばせた。彼は数曲弾いた後ロジャースをピアノの椅子に並んで座らせ、彼女のために書いた前述の2曲を歌って聴かせた。そのときの心躍る体験を彼女はこう記している。

「ジョージ・ガーシュウィン自身の演奏や歌声をそばに座って聴けるなんて、こんなスリリン

グなことがあるだろうか！」（同）

またロジャースは、公演が始まるとガーシュウィンは気まぐれにピットに入って指揮をしたり、イーデンスに代わってピアノを弾いたりしたとも書いている。よほどこのジャズ・バンドが気に入ったのだろう。メンバーも彼がピットに入ってくると一層張り切ったという。既に楽壇の名士となっていたガーシュウィンが登場すると、客席からは大喝采がおこったそうだ。

ニコルズが集めたオーケストラ・ピットのメンバーは同じガーシュウィン兄弟のミュージカル『ストライク・アップ・ザ・バンド』でも演奏し、ガーシュウィンから称賛されている。ジャズに愛着のあるガーシュウィンらしい。このミュージカルでは「私の彼氏」が発表されている。

今日スタンダード・ソングとカテゴライズされる多くの曲は、この当時のブロードウェイから生まれたものであり、その初演にはここにあげたようにジャズメンが関与していたことが重要である。

ジャズが若かったこの時代、ミュージカルもヨーロッパのレハールやオッフェンバックの喜歌劇、アメリカ19世紀のミンストレル・ショー、ヴォードヴィルなどの演芸の域を脱して現代性を帯びてくる。そこに音楽を提供する作詞作曲家も、ヨーロッパ渡来のシグムンド・ロンバーグ、ヴィクター・ハーバート、ルドルフ・フリムルらに替わって、ガーシュウィン兄弟をはじめアーヴィング・バーリン、ジェローム・カーン、コール・ポーター、ハワード・ディーツ、アーサー・シュワルツ、ロレンツ・ハート、リチャード・ロジャース、ハロルド・アーレンなどアメリカ生まれの20歳代、30歳代の若手が台頭してくる。若い彼らが現代の世相風俗を背景としたミュージカルを構想するとき、眼前には台頭しつつあるジャズがあった。自然に彼らは作品にジャズの要素を取り入れた。彼らの多くがユダヤ系であることは前述の通り。ミュージカル・ナンバーとジャズメンとの親和性もここが起源となる。

第5章——ジャズにとっての1930年代とは

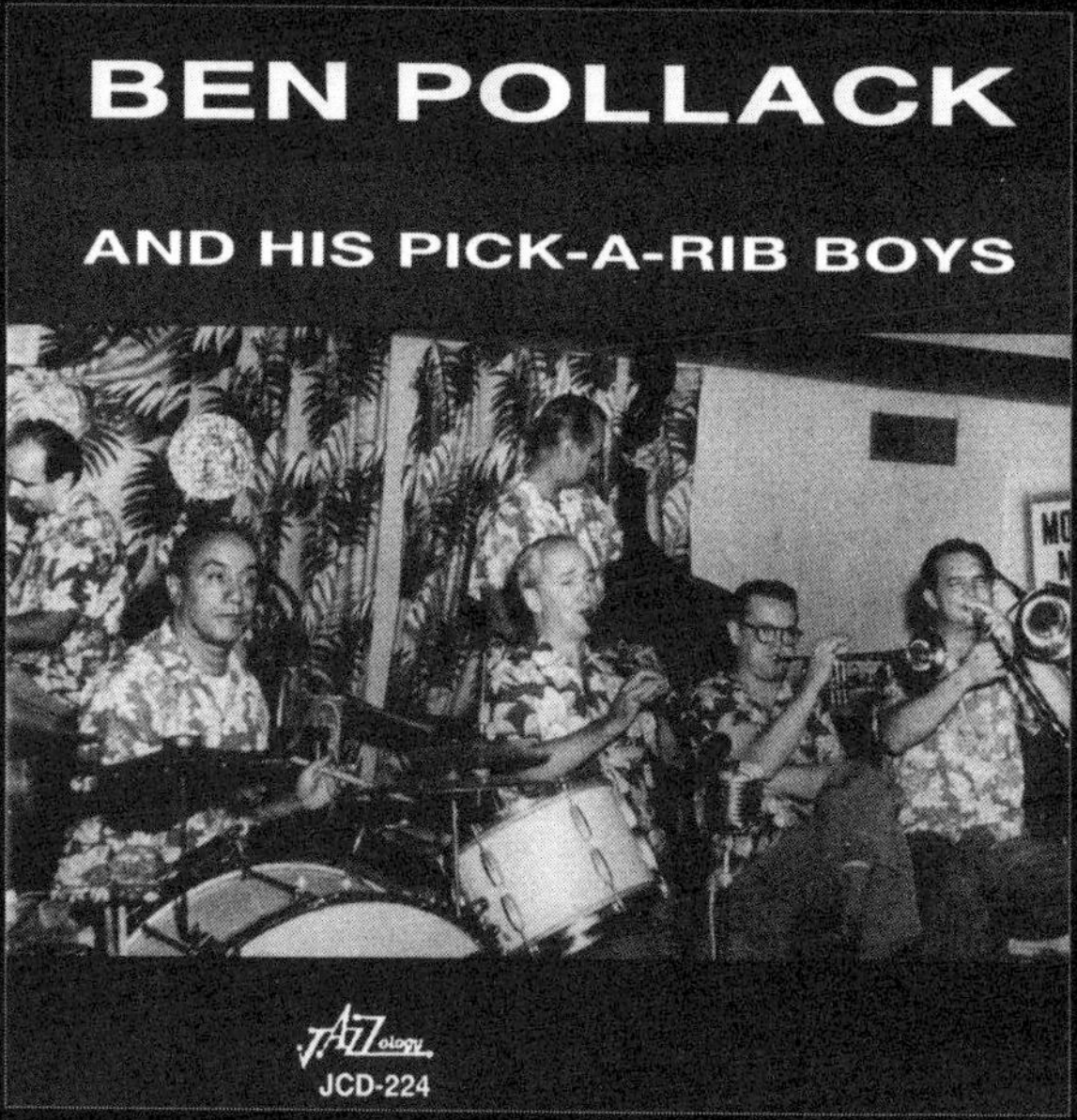

## 大不況時代に沈滞化するジャズ

グッドマンとミラーの活躍を記すにあたって、ここからは主な顔ぶれが揃った1930年を起点として筆を進める。

この時代には、ビッグバンドは既に10年以上にわたって人々の支持を受けていた。しかし1929年に始まる大不況時代に入ると、20年代に盛んだったホット・ジャズの流行は消え去り、ビッグバンドは弦楽セクションを加えた甘く感傷的な音楽の時代に入っていった。それは現在の感覚からみればジャズといえるようなものではなかった。

ガイ・ロンバード、ハル・ケンプ、ウェイン・キング、レオ・ライスマン、エディ・デューチン、ヴィンセント・ロペス、アイシャム・ジョーンズ、ポール・ホワイトマン、ジャン・ガーバーなどの音楽はスウィートなダンス・ミュージックだ。不況下にあってダンスだけが生活苦を忘れさせてくれる、そんな時代だった。現実から逃避したい人々がこうした音楽を求めたのである。1930年に「バイ・バイ・ブルース」という曲がヒットしたが「ブルース（不景気）よさようなら」という内容だ。

これらのバンドのなかで大御所ともいえるポール・ホワイトマン（1890〜1967）に触れておく。

1920年代に〈King of Jazz〉といわれたホワイトマンは、両親ともに音楽家の家に生まれた。デンヴァー交響楽団のヴィオラ奏者からスタートして、第一次世界大戦直後にダンス・バンドを結成し、20年にニューヨークに進出する。バンドは当初10人編成ほどだったが次第に拡張し、盛時には弦楽も含む40人以上のミュージシャンを擁した。「ホイスパリング」「スペインの小さな町で」「オール・マン・リヴァー」など20年代のミュージカル・ナンバー、ポピュラー・ソングをクラシック風のアレンジで演奏した。

流行し始めたジャズの影響も取り入れるために、ホワイトマンはニューヨークのジャズを聴かせる店によく出入りしていたらしい。ビックス・バイダーベック、ジミーとトミーのドーシー兄弟、ジャックとチャーリーのティーガーデン兄弟、フランキー・トランバウワー、ミフ・モール、ヴァイオリンのジョー・ヴェヌーティ、ギターのエディ・ラングなどが在団した時期もある。デビュー間もないビング・クロスビーがコーラス・グループ〈リズム・ボーイズ〉の一員として売り出したのもホワイトマン楽団だった。

こうした人々が分厚いアンサンブルの合間に申し訳程度の短いソロをとるので、当時のナイーヴなファンがそそっかしくも彼を〈King of Jazz〉と呼んだのだろう。ホワイトマンはこれを〈シンフォニック・ジャズ〉と標榜した。リアルで鮮烈な本物のジャズに馴染めない人々に、上品らしく着飾ったジャズ風音楽を届けたのである。

現在のジャズ・ファンはホワイトマンを評価しない。少なくともジャズとしては認めていないが、彼の最大の功績はジョージ・ガーシュウィンを作曲家として大成させる道を拓いたことにある。ティン・パン・アレイのピアノ弾きだったガーシュウィンの才能を見抜き「ラプソディー・イン・ブルー」を作曲させたのだ。

この曲は1924年2月12日ニューヨークのエイオリアン・ホールで〈An Experiment in Modern Music 現代音楽の実験〉と名付けられたコンサートにおいてホワイトマン楽団の演奏、ガーシュウィンのピアノで初演された。彼はピアノ独奏の部分で大いにアドリブを聴かせたらしい。

客席ではヴィクター・ハーバート（作曲家）、ウォルター・ダムロッシュ（指揮者）、セルゲイ・ラフマニノフ（作曲家、ピアニスト）、イーゴリ・ストラヴィンスキー（作曲家）、フリッツ・クライスラー（ヴァイオリニスト）、レオポルト・ストコフスキー（指揮者）、ジョン・フィリップ・スーザ（作曲家）そしてガーシュウィンが憧れていたハーレム・ストライドの名手ウィリー・ザ・ライオン・スミスなど錚々たる音楽家が初演を見守った。ガーシュウィンはこの曲とピアノ演奏の見事さでティン・パン・アレイからクラシック音楽の世界へ、またブロードウェイ、ハリウッドへと活躍の場を広げていったのだ。フレッチャー・ヘンダーソン、デューク・エリントンそしてベン・ポラックらがビッグバンドによるジャズの可能性を模索し始めた同じ時期に、ガーシュウィンがこのような成果をあげたことはジャズ史にとって重要なことだ。ガーシュウィンは、ジャズがポピュラー・ミュージックだけではなく、クラシック音楽の世界から見ても豊かな鉱脈であることを示したのだから。

## 白人マジョリティに受け入れられるジャズを目指して

ガーシュウィンのミュージカルの成功は〈ジャズ・エイジ〉に残る画期的な出来事だが、20年代の終わりから始まる大不況下では、大衆の求める音楽の大半はスウィート・ミュージックだった。ここに白人的なジャズを打ち立てようとするグッドマンやミラーは未だ無名であり、ジャズに志を持つ多くの白人ミュージシャンは、心ならずもスウィート・バンドに属して糊口をしのいだのである。

本流のジャズ界ではルイ・アームストロングやフレッチャー・ヘンダーソン、ハーレムのコットン・クラブを牙城とするデューク・エリントンとこれに続くキャブ・キャロウェイなどに人気があった。しかしこれらの一流バンドを例外として、大半の黒人バンドはより悲惨な状況で、転職や廃業に追いやられるミュージシャンが多かった。

この大衆音楽の潮流のなかで若い彼らが目指したものは〈白人マジョリティにも受け入れられるジャズ〉だった。アームストロングやエリントン、キャロウェイの音楽はあまりにも黒人的な、言いかえれば一般の白人には手の届かない音楽であり、これを好む階層はジャズにエキゾティシズムを求める白人エリート層（この中からジャズを積極的に評価するユダヤ系の人々があらわれる。前述のジョン・ハモンドもその一人）、または黒人コミュニティの人々に限定されていた。これに対してヘンダーソン楽団にはビッグバンドのメカニズムが集約されており、グッドマンはこれに目をつけたのだ。

グッドマン、ミラーをはじめとする青年たちは、アームストロング、そしてビックス・バイダーベックらから学んだジャズのエッセンスを保持しながらも、より幅広い大衆に受け入れられるジャズの創造を目指した。かといって当今流行のロンバードらの音楽は若い彼らからみると情緒過多で時代遅れだった。それは「ゲップが出るような甘さ」（当時のダウン・ビート誌の評言）だった。若いグッドマンらはあくまでジャズの方法論に即して、生気にあふれる新しいサウンドを追求していたのである。

機敏で要領のいいグッドマンはレコーディングの仕事をとってはミラーに声をかけ、ミラーはトロンボーンだけではなく日頃から研究を怠らないアレンジにも腕を振るった。

１９２６年９月14日、シカゴにおけるベン・ポラック楽団の録音（未発表）から１９３１年９月18日ニューヨークにおけるグッドマン・オーケストラ名義の録音まで、二人は実に28回ものレコーディング・セッションで共演している。

このうち最も有名なものは31年2月9日録音、グッドマンがリーダーを務めたザ・チャールストン・チェイサーズによる「ベイジン・ストリート・ブルース」で、ミラーはヴォーカルを担当したジャック・ティーガーデンとともに〝Won't you come along with me、Down the Mississippi〟というヴァースを加えたアレンジを書いた。そのときの思い出をティーガーデンはこう語っている。

「録音の前夜、グレンから電話で、ベイジン・ストリート・ブルースに工夫をしたいのでジャクソン・ハイツ（クィーンズ区）の家に来てくれという。このヴァースは彼がピアノに座り、私が彼の肩越しに譜面台のぞきこむうちに、互いにアイディアを出し合って作ったのです。歌詞とフレーズは後に楽譜として出版されましたが、我々の名前はクレジットされませんでしたね」

（『グレン・ミラー物語』ジョージ・サイモン著　柳生すみまろ訳　晶文社）

このアレンジによってティーガーデンの歌とトロンボーンに人気が集まり、この曲の決定版となった。31年3月2日の録音を最後にグッドマンもベン・ポラック楽団から完全に独立する。目端のきくグッドマンは、元来がクラリネットの名手であり、それも天才的な腕前だったので白人青年ミュージシャンたちの中でも特に目立つ存在だった。31年に入団したテッド・ルイス楽団を経て、33年頃からは自己名義のバンド活動や著名ミュージシャンとの録音が急増してくる。

33年10月にはこの後5年間にわたって行をともにするジーン・クルーパとともに自己名義で録音を行っている。曲はジャック・ティーガーデンの歌をフィーチュアした「アイ・ガッタ・ライト・トゥ・シング・ザ・ブルース」「エインチャ・グラッド?」の2曲。

11月24日にはブルースの皇后、ベッシー・スミス（ヴォーカル）と録音。共演はフランキー・ニュートン（トランペット）、ティーガーデン、チュー・ベリー（テナー・サックス）他。ベッシーにとってこれが最後の録音となる。

同27日にエセル・ウォーターズ（ヴォーカル）とビリー・ホリデイ（ヴォーカル）の録音。ビリーにとって記念すべき初録音で曲は「ユア・マザーズ・サン・イン・ロウ」。メンバーはチャーリー・ティーガーデン、シャーリー・クレイ（トランペット）、ジャック・ティーガーデン、アート・カール（テナー・サックス）、ジョー・サリヴァン（ピアノ）、ディック・マクドナフ（ギター）、アーティ・バーンスタイン（ベース）、ジーン・クルーパ。12月18日にはビリーにとって2曲目の「リフィン・ザ・スコッチ」をアレンジャーにディーン・キンケイドを迎え同メンバーで録音。

1934年2月にはミルドレッド・ベイリー（ヴォーカル）、コールマン・ホーキンズ（テナー・サックス）と録音。

これらコロムビア系への録音は、グッドマンのセンスと実力を誰よりも高く評価していたジョン・ハモンド（プロデューサー、評論家。ユダヤ系財閥ヴァンダービルト家の一員）の力によるものだ。才能豊かな本流のジャズメン、ヴォーカリストと共演することによってグッドマンのアドリブの巧さにも磨きがかかった。ニューオリンズ由来の黒人クラリネット奏者のパッショネイトな音色、情念表現、熱いヴィブラートに比べて、軽やかで明るい音色、クラリネットに可能な全音域を駆使する華麗な奏法に磨きをかけていったのだ。27年の「クラリネティティス」の頃よりはるかに上達している。

こうして波に乗り始めたグッドマンが、初めて自らのバンドに手ごたえを感じたのは1934年8月16日のコロムビア・セッションだろう。この日はベニー・カーターのアレンジで「テイク・マイ・

ワード」、アン・グラハムのヴォーカルをフィーチュアした「イット・ハプンズ・トゥ・ザ・ベスト・オブ・フレンズ」、ウィル・ハドソンのアレンジで「ニットウィット・セレナーデ」、ディーン・キンケイドのアレンジで「ビューグル・コール・ラグ」の4曲が吹き込まれた。

編成は自身のクラリネットの他に3トランペット、2トロンボーン、3サックス、4リズムの計13人。メンバーは大方がスタジオ・ミュージシャンだったが、中にはこのあと長くグッドマン楽団で活躍するレッド・バラード（トロンボーン）、ハイミー・シャーツァー（アルト・サックス）、そして1940年代後半のクール・ジャズに影響を与えたクロード・ソーンヒル（ピアノ）が参加していた。特に新鮮だったのは「ビューグル・コール・ラグ」で、キビキビしたスウィングは明らかにポラック楽団など前時代のものとは違う。一つだけ残念なことはジーン・クルーパがここには参加していないことだ。グッドマンは1936年11月5日にジミー・マンディにアレンジを改訂させてビクターにこの曲を再録しているが、こちらにはクルーパが参加し正確無比のドラミングを行っている。

# 第6章——黒人バンド、フレッチャー・ヘンダーソンのアレンジを手中にするグッドマン

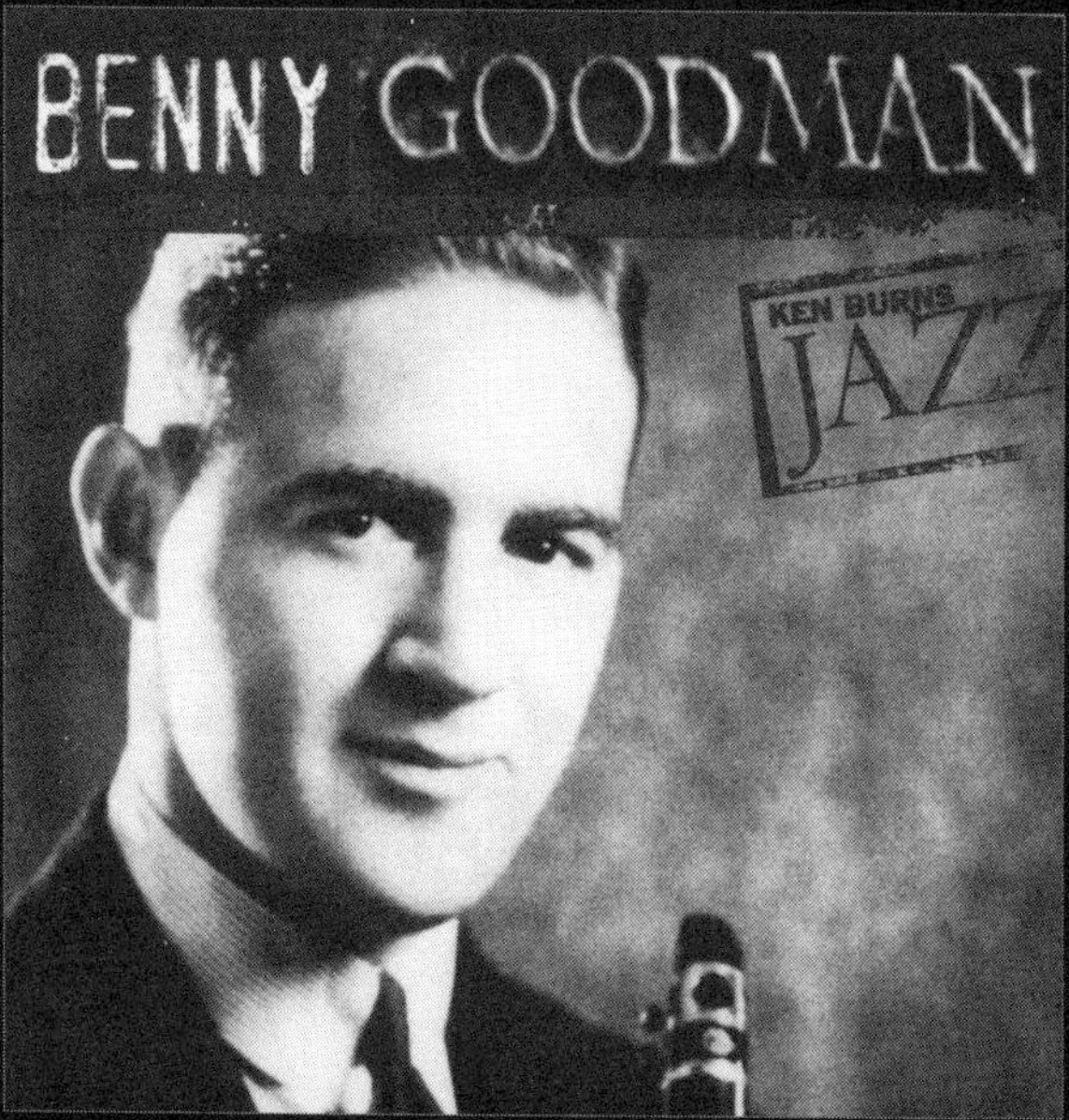

## アレンジの重要性に着目するグッドマン

グッドマンが到達したこうした演奏が、それ以前のジャズと比べて何が違うかといえば、合奏能力の大幅な向上だ。ニューオリンズからシカゴ・スタイルに至るジャズは基本的に同じスタイルであり、ポラック楽団がそうであったように合奏よりも独奏に力点がおかれていた。アレンジもさほど凝ったものではない。

グッドマンは自身が優れたクラリネット奏者でありながら、アレンジと合奏力に着目していた。個人技の集積ではなくバンド全体が一つの意思によって統率され、独奏との対比を際立たせる方法だ。個人の名技に依存するジャズから、アレンジと合奏力に比重をかけたジャズ。自身のクラリネットの妙技を際立たせるためには、バンド全体の引き締まったアンサンブルが欠かせないという着眼。そしてそれにはスマートなアレンジが不可欠だ。

この頃グッドマンはかねてより尊敬し憧憬をもっていた黒人バンドのリーダー、フレッチャー・ヘンダーソンのアレンジを大量に買い取っている。「シュガー・フット・ストンプ」「キング・ポーター・ストンプ」「クリストファー・コロンバス」「ビッグ・ジョンズ・スペシャル」等々。

1923年からコールマン・ホーキンズ、ルイ・アームストロング、ドン・レッドマン、ベニー・カーターらを擁する一流楽団を率いたヘンダーソンも、大不況以来不調で1934年の時点でバンドを解散してしまう。グッドマンは1935年にジョン・ハモンドの勧めでヘンダーソン楽団のスコアを70曲手に入れ、新規のアレンジも依頼することにした。

これらのアレンジ（ヘンダーソン楽団のメンバー、ドン・レッドマン、ベニー・カーター、ホレス・ヘンダーソンのアレンジも含む）は、管楽器各セクションの音を仕分けて整理し、金管と木管のコール・アンド・レスポンスに特徴があった。グッドマンが目をつけたのもこの点である。これはビッグバンド・アレンジの基部を成す方法で、今日にいたるまで世界中のビッグバンドに踏襲されているといっても過言ではない。

しかし見事な構造をもったアレンジも、ヘンダーソン自身の楽団ではその効果が十分に発揮されなかった。前述のような超一流のメンバーを擁しながらなぜか。

後世の研究によれば、個性的で我の強いメンバーとヘンダーソンの放漫な統率力で、アレンジによってまとまるはずの音楽が、時に緊張感を欠いたものにしかならなかったとされている。好不調のバラつきが大きく、集団としての意思統一能力を欠いていたということだ。

一例をあげれば、メンバーが集合時間を守らないことは日常茶飯事だった。録音やライヴ演奏の場合、これは致命的なことである。それも5分や10分のことではない。1時間以上、場合によっては2時間以上遅れて来る者もざらだった。団体行動ができない自由人の集まりだったのだろう。

一つのエピソードを紹介しておく。ヘンダーソンがバンドを率いてニュー・ジャージーのアトランティック・シティ（ニューヨーク・シティから南南西160km。大西洋に面したカジノ&リゾート）に出演したときのことだ。何度注意しても開演時間を守れないヘンダーソンに、業を煮やしたボールルームの支配人が契約破棄を通告した。反論の余地はないとヘンダーソンは陳謝したが、このように言い添えた。

「しかし、もし私が何らかの幸運にみまわれて、万が一全員をうまくステージに乗せることができたら、これはもうぶっとんでしまうような世界一のもの凄いバンドなんだ。だから私はこ

いつらから離れることができないんです」(『ジャズ・アネクドーツ』ビル・クロウ著　村上春樹訳　新潮社)

腕は確かなのに規律を守れないメンバー。それを厳しく指導できないリーダー。しかしこれを欠点としてのみ捉えるのは、あくまで道徳やビジネス・マナーの観点であって、楽団の音楽的クオリティーを損なうものではなかった。特に黒人リスナーの耳には、こうした風任せ的行動を生み出す自由奔放な、そして生気溌剌とした精神に基づくジャズこそが心地よいものだった。勢いに乗ったときの演奏は驚くほどのものだったのだろう。

ヘンダーソン楽団の盛時をライヴァルのデューク・エリントンはこう評価している。

「フレッチャーはわたしに非常な示唆を与えてくれた。彼のバンドのことは当代随一、最高のダンス・バンドとして皆が覚えている。彼の編曲は良い趣味を持っており、バンドはもの凄い音楽を演奏していた」(『私の話を聞いてくれ　ザ・ストーリー・オブ・ジャズ』ナット・シャピロ、ナット・ヘントフ編著　新納武正訳　筑摩書房)

同じアフリカン・アメリカンであるエリントンの耳にはこのように聴こえていたのだ。ヘンダーソンほどではないが、エリントン・バンドも規律に甘いところがある。私も来日時のステージで、メンバーが譜面台の陰にウィスキーのボトルを隠しているのを目撃したことがある。大酒家のポール・ゴンザルヴェス(テナー・サックス)には飲んで演奏中に睡魔に襲われ椅子から転げ落ちたという話もある。白人バンドなら即座に馘首だろう。しかしエリントンはゴンザルヴェスを雇用し続ける。彼が余人をもって代えがたい「もの凄い」演奏をするからだ。こうなると常識が異なるというより、黒人共同体と白人社会の文化が違うとしか言いようがない気もする。

ジョン・ハモンドは後年、ヘンダーソン楽団の1923年8月から38年までの間に録音された64曲の音源を編纂して『挫折の研究（A Study in Frustration）』と題したLP4枚組のアルバムをコロムビアから発売した（後にCD3枚組で再発）。たしかにヘンダーソンは統率力やバンド経営の点では難があった。自動車事故による肩甲骨骨折や、再建したバンドに思うように人気が集まらないといった挫折もあり、悲惨な晩年を送ったことも事実だ。それでもビッグバンド史の最初期に最高の組織を率いていたことは間違いない。ハモンドがこの大作アルバムに『挫折の研究』という物々しいタイトルを付けたのは、ヘンダーソンのアレンジによって大成功を収めたグッドマンの栄光と比較して、その落差が余りにも大きかったためだろう。

大不況の影響もあって、ヘンダーソン楽団は1934年になると次々に仕事を失い解散に追い込まれる。ハモンドの勧めでグッドマンがヘンダーソンのアレンジの購入を打診するのはこのタイミングだ。ヘンダーソンにとっては渡りに舟だったかもしれない。

ヘンリー・レッド・アレン、ラッセル・スミス（トランペット）、ディッキー・ウェルズ（トロンボーン）、バスター・ベイリー（クラリネット）、ラッセル・プロコープ、ヒルトン・ジェファーソン、コールマン・ホーキンズ（サックス）、ジョン・カービー（ベース）ら黒人の名手が揃う13人編成（1934年当時）のためのアレンジを譲渡されると、グッドマンは持ち前のリーダーシップでバンドを指導し、ヘンダーソンのスコアに拘りながら、彼の楽団とは見違えるようなサウンドを作り上げていく。粗放なところの全くない整然として切れ味の鋭いアンサンブルは、オールスター・バンドともいうべきヘンダーソン楽団にはなかった強力な一体感があった。

彼の厳しい指導振りは後に〈BG Ray〉すなわちベニー・グッドマンの光線として有名になる。指揮どおりに演奏できないメンバーに、切り裂くような非難の視線を投げかけることだ。光線を浴びた者はすくみ上ったらしい。こうしてグッドマンはメンバーを鍛えに鍛えていった。ビッグバンドの管楽器の各セクションは、3人であろうと4人であろうと一人で吹いているように聴こえなければならないというのがグッドマンの考え方だ。大方の白人バンド・リーダーも同じだろう。メンバーの個性に依存する黒人バンドとは大きく違うところだ。

## 黒人バンドと白人バンドの違い

その一例として、ルイ・アームストロングが師匠のキング・オリヴァーと共作した「シュガー・フット・ストンプ」を、ヘンダーソン（オリジナルの編曲はドン・レッドマン）のアレンジで両バンドの演奏を聴き比べてみよう。

まずヘンダーソン版は1931年3月19日ニューヨーク録音ヴァージョン。3分21秒。テンポは♩=200程度。この曲のアレンジはまず全合奏で出て、木管が奏でる主旋律の合間を金管のカウンター・メロディーが埋めていく。次いで主旋律は金管に移り、これをクラリネット合奏が引き取り、トランペット・ソロがフィーチュアされる。一人目はクロード・ジョーンズ（ミュート）、二人目はレックス・スチュアート。このあとヘンダーソンのピアノ・ソロ、トロンボーン・ソロはベニー・モートン。バリトン・サックスのような低音を出すサックスはコールマン・ホーキンズのテナー。テンポが速い割にはエンディングがやや物足りない。合奏が粗いのは、このバンドの主目的が錚々《そうそう》たるスター・プレイヤーのソロに置かれているからだ。

グッドマン版は37年9月6日ハリウッド録音ヴァージョン。2分48秒。アレンジの基本はもちろん同じだがテンポはやや遅い。メロディー部分の合奏は滑らかであり全ての音符が明瞭に聴こえる。書かれた音符を流したり端折ったりすることがない。設定されたテンポに対して寸分の遅速もない。次いでグッドマンのクラリネット・ソロ。ハリー・ジェイムズのミュート・トランペットが、合奏のブレイクにフィル・インするのもヘンダーソン版と同じ運び方。再びクラリネット・ソロを経て、畳みかけるようなアンサンブルがクライマックスを作りエンディングはキリリと締まる。

演劇で言えば脚本は同じでも演出力が違う。言い方を変えればヘンダーソン版は大看板が次々と現れる顔見世芝居だから演技は名優たちに一任される。彼らの大見得に見物から掛け声がかかるようなものだ。対してグッドマン版は、看板スターは少ないが全体のアンサンブルでみせる生世話物《きぜわもの》といったところだ。

テンポが速いにも関わらずヘンダーソン版の演奏時間が30秒以上長いのは、5人がソロをとっているからだ。この点グッドマン版は自身とハリー・ジェイムズの二人のソロだけだ。しかし厳しく統制された緊密なアンサンブルは天下一品である。

この比較で解ることは、ビッグバンドとは即ち「情理の葛藤で聴かせる音楽」である、ということだ。公私と言い換えてもいい。アレンジが公であり道理であるなら、アドリブ独奏が私であり情だ。ビッグバンドにとって不可欠の要素である合奏と独奏が、相互に補佐し督励し、あるいは反発し紛糾する。この両者の葛藤が如何に解決されていくかが聴きどころとなる。黒人バンドでは情と私が勝り、白人バンドでは道理と公が際立つ。前述の「シュガー・フット・ストンプ」の違いは名手のソロ（情）を聴くか、合奏（理）の迫力をとるかの違いだ。

社会学の言葉を借りてゲマインシャフト（基礎集団）とゲゼルシャフト（機能集団）の違いと言えばより解りやすいかもしれない。

当時としてはモダンなヘンダーソンのビッグバンドといえども、本質的には仲間意識、同類意識を持つ人々が自然に集まった共同体のようなものだ。従って組織運営の考え方は前近代的だった。腕に自信があるので、銘々の個性に応じて即興演奏の妙を競い合う。アレンジによって合奏部分やソロ・オーダーが定められているから、一応の統制はとれているように見えるが、根本的にはニューオリンズ・ジャズと同じゲマインシャフトである。だから一人一人のソロは聴きごたえがあるが、合奏の粗さもあって統一感に乏しい。

一方機能集団として組織されるグッドマン楽団は、訓練によって一定の目標を達成していくために人為的に作られている。新人採用にはもちろんオーディションが行われる。リーダーの指揮命令には絶対服従。教育訓練の厳しさは前述の通り。だからソロよりも合奏の滑らかさ、まとまりの良さに目が行く。原材料、加工、製造、商品化の各工程が目標に向かって最短距離で結ばれている点、近代的な会社組織とも似ている。

あくまで比較上の問題だが、ヘンダーソン楽団がグッドマン楽団に比べて合奏が粗いのは、基礎集団の特徴である人間関係や個々の感情を重視し、集団としての意思決定も合議で行われ、往々にして合理的とは言えない結論に至るからだ。結論が組織にとって不利益なことであっても構成員の感情が優先される。遅刻が日常化していたのも、こうした事情があったからだろう。「もし私が何らかの幸運にみまわれて、万が一全員をうまくステージに乗せることができたら、これはもうぶっとんでしまうような世界一のもの凄いバンド」になるかどうかは全てメンバーの気分次第で、前近代的としか言いようがない。

グッドマンはまず合理性を重視しルールを作った。各自の役割分担を明確化し、組織全体の利益を優先した。メンバーは機能の一端を担う歯車だから、ヘンダーソンがコールマン・ホーキンズたちに見せたようなような寛大な対応はしなかった。初期からの一部のメンバー、クルーパ、ジェイムズ、ジェス・ステイシー、ウィルソン、ハンプトンなどを除けばグッドマンは楽団員の名前すら覚えなかった。覚えられたのは共に苦労してきた、つまり基礎集団時代の仲間だけだった。

「私はひとの名前を覚えるのが苦手なんです。古くからの付き合いの人は別ですが、その後になると、新人の名前を覚えるのに二か月もかけなくてはならなかった。それよりも新人は自分を認めさせるか、私が覚える前に、自分で名前を売り込むべきじゃないでしょうか」（『私の話を聞いてくれ　ザ・ストーリー・オブ・ジャズ』ナット・シャピロ、ナット・ヘントフ編著　新納武正訳　筑摩書房）

グッドマン楽団にしても、下積み時代は人間的な情や和を尊ぶゲマインシャフトだった。楽団員との心情的な交流もあった。成功するにつれ組織の性質はゲゼルシャフトに変容し、メンバーには機能性だけを求めるようになっていく。与えられた仕事を完璧にこなせばよし、できなければ躊躇せず馘首した。彼にとってメンバーは歯車A、B、Cにみえたのだろう。

この組織の在り方が黒人バンドと白人バンドの決定的な違いだ。ヘンダーソン・バンドは一人一人の個性を尊重するから、楽曲の全体秩序という観点からみると夾雑物が多い。粗い合奏、ソロの多さなどである。

反対にグッドマン・バンドには、在ってはならないものは見事にない。そこに在るべきものはすべて揃っている。演奏過程にも首を傾げるような紆余曲折がない。全てが整合され予定された秩序に向かって一直線に走る。この滑らかさのために聴き手には抵抗感なく受け入れられる。

グッドマンの演奏が解りやすいのは、聴き手に解釈の労を与えないからだ。グッドマンは独裁的なバンド運営によって組織の成員を無名化した。過剰に個性を発揮して組織の目的に反するようなことがあってはならないからだ。従って演奏は軽快であり解りやすい。

この点ヘンダーソンは独裁者ではなかった。成員個人の裁量を大幅に認めた。それぞれにソロ・スペースを与え名人芸を発揮させた。彼らの独奏部分はアレンジの埒外《らちがい》である。スコアによって統制されないから、そこに何が入り込んでくるかやってみるまでわからない。挿入される独奏は、聴き手にとっては進行中の演奏の中の出来事なので無視もできないし意味も判然としない。気分よく聴いて来ても突然「これは何だ?」と考え込ませるような不協和な要素が立ち上がる。しかもそれは期すべき結果（完成された演奏）に貢献するものだけではない。時には進行を阻害したり足手まといになったりすることも起きる。デューク・エリントンやキャブ・キャロウェイのバンドでは、この傾向はさらに強い。だから聴き手は楽曲の脈絡の中で理解しようとしても歯が立たない。不得要領のまま彼らの演奏を受け入れるしかない。

しかし繰り返し聴き、記憶の中で反芻するうちに不協和なものへの解釈が始まり、つじつまが合ってくる。手触りの粗さが魅力に感じられてくる。するとそこには音楽としての物質的な重量感が生まれる。演者の生活感からくる重みと言ってもいい。それが風韻であり味になる。このプロセスで了解されたものは、当然の如く聴き手によって異なるし、ヘンダーソン（そしてエリントン、キャロウェイなどの黒人バンドのリーダー）が意図したものでもない。演奏された作品は既に彼の手を離れたものだ。

作品は音楽の統御者であるバンド・リーダーと参加したミュージシャンだけで作るものではない。これを受け止める聴き手の三者によって作り上げられる。第1章で述べたように、ジャズは聴き手の思考から生成される言論とセットになっている音楽なのだ。ジャズには論評が必要だという所以である。

対照的にグッドマンを聴くときはこのような苦労は要らない。滑らかに入ってきて解釈の労は小さい。グッドマンが意図し、計画した通りに聴き手は受け止めてくれる。従って聴き手には〈解釈する権利〉はほとんど与えられない。逆に言えば聴き手の知的労働の負荷が小さい。

グッドマンはヘンダーソンやメンバーのコールマン・ホーキンズ、ベニー・カーターそしてニューオリンズの巨匠たちを誰よりも尊敬し、理解もしていたが、ジャズを大衆的なスウィングに仕立て直して人気を得ていくために、聴き手を考え込ませる「深み」よりも「わかりやすさ」を、「重量感」よりも「軽快感」を選んだのだ。

## 成功への第一歩はラジオ番組

グッドマンは3年後には「シュガー・フット・ストンプ」のように引き締まった演奏ができるまで

に育て上げたバンドを率いて、1934年12月からNBCネットワークで毎週土曜夜に全国放送される番組『レッツ・ダンス』に出演するチャンスをつかむ。3時間の音楽番組で、ニューヨークにおける放送時間（東部標準時）は午後10時30分から午前1時30分。このうちグッドマン楽団の出演時間は午前0時30分からだった。

グッドマン楽団のほかにルンバを得意とするラテン・バンドのザヴィア・クガート、ヴァイオリンやハープなど弦楽入りのスウィート・ミュージックを奏でるケル・マレイ楽団の三つのバンドが順番に演奏した。クガート、マレイがともに1900年生まれ、30歳代半ばのミュージシャンとして安定した地位を築いていたのに対し、グッドマンは弱冠25歳。当時としては耳新しい、アレンジの行き届いたビッグバンドによるジャズを演奏した。

最初の放送日は12月1日。ケル・マレイ楽団の演奏する甘いワルツ曲に続いての登場だった。この日グッドマン楽団が演奏したのが「ジ・オブジェクト・オブ・マイ・アフェクション」（ヴォーカル＝バディ・クラーク）、「ウィズ・エヴリ・ブレス・アイ・テイク」（ヴォーカル＝ヘレン・ウォード）他。

このバンドはバニー・ベリガン（トランペット）を含む14人編成でアレンジはジョー・リップマン。あくまで放送用の編成でレギュラー・バンドではなかった。12月22日の放送からはバディ・ロジャースのバンドを抜けたジーン・クルーパ（ドラムス）が加わる。1935年1月5日の放送からはバンドのテーマ曲「レッツ・ダンス」（ウェーバー作曲「舞踏への勧誘」をスウィング・バンド用にアレンジしたもの）とクロージング・テーマの「グッドバイ」（当時のタイトルは「ブルー・セレナーデ」）の演奏も始まり、ヘンダーソンやディーン・キンケイドのアレンジ曲も演奏される。グッドマンは当時をこう回顧する。

「（このバンドのサウンドは）練習と詳細な打合せ、それにアレンジによるものだ。フレッチャー・ヘンダーソン、ジミー・マンディのアレンジが出来上がったときも、ひたすら練習するだけだった。放送で演奏するときは二晩でも三晩でも練習したものだ」（『私の話を聞いてくれ　ザ・ストーリー・オブ・ジャズ』ナット・シャピロ、ナット・ヘントフ編著　新納武正訳　筑摩書房）

そして1935年4月ビクターとの契約を機に、グッドマンはレギュラー・バンドを結成する。メンバーはピー・ウィー・アーウィン、ラルフ・ムジロ、ジェリー・ニアリー（トランペット）、レッド・バラード、ジョー・ハリス（トロンボーン）、トゥーツ・モンデロ、ハイミー・シャーツァー（アルト・サックス）、アート・ロリーニ、ディック・クラーク（テナー・サックス）、フランク・フローバ（ピアノ）、アラン・リュース（ギター）、ハリー・グッドマン（ベース）、ジーン・クルーパ（ドラムス）の13人編成。男性ヴォーカルにバディ・クラーク、女性ヴォーカルにヘレン・ウォードという布陣だった。

このレギュラー・バンドの演奏を聴くと1936年以降に完成されるサウンドには程遠いまでも、35年6月25日録音のヘンダーソンのアレンジによる「ガット・リズム・イン・ユア・フィート」のスウィング感とウォードの歌には、当時の人々を驚かすだけの新しさが感じられる。

同じく「ブルー・スカイズ」のヘンダーソンの筆の冴えは素晴らしい。しかしこの2年半後のカーネギー・ホール・コンサートにおける同曲の弾みきった演奏に比べると、合奏も独奏もまだ十分とは言えないレヴェルだ。スマートなアレンジによってビッグバンドをスウィングさせるという理想は「ひたすら練習するだけだった」とグッドマンが回想するように、一朝一夕に成るものではなかったのである。

番組『レッツ・ダンス』はスポンサー（ナビスコ）の従業員ストライキという事情により5月25日で

放送終了となったが、グッドマンは直後にマンハッタン、ローズヴェルト・ホテルのグリルへの出演契約をとった。一流ホテルへの出演はこれが初めてのことだ。しかし1929年以来ホテルの看板だったガイ・ロンバードとロイヤル・カナディアンズのスウィートなサウンドとの余りの違いに、三週間で契約打ち切りの憂き目をみている。1929年にはじまる大不況の余波は、未だ新興の活気あふれるジャズを受けいれるまでに至っていなかったのか。あるいはマンハッタンでも指折りとされるホテルの保守的な客層には不向きだったのか。「騒音のようだ」とホテルのウェイターにまで嫌われたという記録が残っている。

この頃のグッドマンにとって特筆すべきことは、ニューヨークのクィーンズで開かれたあるパーティで、テディ・ウィルソン（ピアノ）と再会して意気投合したことだ。二人はこの前年の5月14日、コロムビアへのグッドマン名義の録音で共演している。このセッションはグッドマンとジャック・ティーガーデンのヴォーカル、トロンボーンが大きくフィーチュアされ、ウィルソンのソロは「ムーングロウ」など僅かしかない。しかし再会したパーティでは十分な共演ができたのだろう。

「演奏してみると、まるで一つの頭脳でものを考えている感じだった」（同）

グッドマンが持ったウィルソンの印象である。彼はラグタイムからハーレム・ストライドと続くジャズ・ピアノの流れを、1930年代に無駄な枝葉を切り捨て洗練化させたミュージシャンで、アール・ハインズの影響が強い。球を転がすような単音奏法（ホーン・ライク・ピアノ）はナット・キング・コールやバド・パウエルに受け継がれていく。その人柄も音楽性に相応しく教養ゆたかな紳士で、クラシック音楽の造詣も深く、バッハの鍵盤曲を弾くことを好んだという。1950年代にはジュリアード音楽院で教職に就いている。

ウィルソンとの一年ぶりの再会によってグッドマン自身の意識のなかでも、自分が作ろうとしている音楽の姿がより確かな像を結んでいったのだろう。彼の優雅なピアノ・スタイルにグッドマンはあらためて惚れ込んだのだ。

彼らはジョン・ハモンドがプロデュースする1935年7月2日のウィルソン名義のセッション（ブランズウィック）で共演。この録音からはグッドマン、ロイ・エルドリッジ、ベン・ウェブスターの三管、ウィルソン、ジョン・トゥルーハート（ギター）、ジョン・カービー（ベース）、コージー・コール（ドラムス）のフォーリズムにビリー・ホリデイをフィーチュアした「アイ・ウィッシュド・オン・ザ・ムーン」「月光のいたずら」「ミス・ブラウン・トゥ・ユー」の名作が生まれている。

11日後の7月13日。グッドマンはテディ・ウィルソン、ジーン・クルーパとのトリオによる初録音で名演とされる「アフター・ユー・ヴ・ゴーン」「ボディ・アンド・ソウル」「フー？」「サムデイ・スウィートハート」の4曲の録音をビクターに残している。トリオがレギュラー化するのは一年ほど後のことになる。

この直後にグッドマンはジョン・ハモンドの後援、マネジャーのウィラード・アレキサンダーの協力で、レギュラー・バンドを率いて結果的に10か月におよぶ大陸横断ツアーに出発する。

このツアーの主なメンバーはバニー・ベリガン（トランペット）、レッド・バラード（トロンボーン）、ハイミー・シャーツァー（アルト・サックス）、アート・ロリーニ（テナー・サックス）、ジェス・ステイシー（ピアノ）、アラン・リュース（ギター）、ハリー・グッドマン（ベース）、ジーン・クルーパ（ドラムス）、ヘレン・ウォード（ヴォーカル）やマネジャーを含む総勢16人。

旅程はミシガン、オハイオ、ウィスコンシン、コロラド、カリフォルニアなど各地のボールルームを巡演。多少の評判を呼ぶこともあったが、ほとんどは不入り不評続きの旅だった。

## ロサンジェルスでの奇跡的な大成功と「スウィング時代」の開幕

レギュラー・バンドのリーダーともなれば、仕事の有無にかかわらずメンバーの給与を保証しなければならない。企業の経営者と同じである。従ってリーダーの仕事は音楽の質の維持向上と並んで仕事の確保、人事の掌握、出納の管理が含まれる。しかもツアーでは移動、宿泊の手配、日ごとに変る出演先との条件交渉、会場の音響設備のコンディション・チェックなどの雑事に忙殺される。出演先の音響設備が不具合の場合に備えて、グッドマン楽団は常に拡声装置を携行してツアーを行っていた。

1935年7月にはじまった大陸横断ツアーは、この意味でグッドマンにとって過酷極まりないものになった。不入りのために一晩だけの演奏で契約を破棄されることも一度ならずあり、デンヴァーでは解散寸前まで追い詰められた。

多くのジャズの歴史書にはこのように1935年夏のグッドマンのツアーは失敗だったと書かれている。このツアーの最終目的地ロサンジェルスでの劇的な成功を際立たせるための、著述上の脚色である面が大きいと思われるが、ロサンジェルス以前の公演のすべてが失敗だったわけではない。

1935年8月号の『ダウン・ビート』誌にこんな記事が掲載された。

H・M・オークリーという記者のミルウォーキー（ウィスコンシン州）の「モダニスティック・ボール

ルーム」の公演についてのリポートで、彼は「かなりの観客動員。無類の人気を集めていた」と書いている。そしてミルウォーキーばかりか150km離れたシカゴや周辺の都市から、仕事を休んで駆け付けたミュージシャンが多いことにオークリーは注目している。グッドマンが始めた新しいジャズのスタイルに同業者が注目していたということだ。オークリーの筆はさらにバニー・ベリガン、ジェス・ステイシー、ジーン・クルーパそしてヘレン・ウォードの真価を認め、フレッチャー・ヘンダーソンのアレンジを最大限に称揚したうえでこう証言している。

「ベニーのバンドは現在活躍しているどのバンドよりもケタ外れに優れている。未来のダンス・ミュージックのスタンダード（基準）に最も大きな影響を与えることになるはずだ」（『ダウン・ビート』1935年8月号）

鑑識眼のある人にはわかっていたのだ。歴史の転換点は目前まで迫っている。しかし直後のデンヴァー（コロラド州）公演は最悪だった。聴衆は楽団の音を騒音と決めつけ、料金の払い戻しを要求する騒ぎが起きた。怒った客が投げつけるウィスキーの瓶を防ぐために金網で囲われたステージで演奏するという屈辱も味わった。

8月21日水曜日、最後の目的地ロサンジェルスに着いたときグッドマンはバンドの解散を覚悟していた。

ささやかな成功と甚だしい落胆の旅の果てに、一行が最終的にたどり着いた場所はロサンジェルスのダウンタウンとハリウッドの中間、サウス・ヴァーモント・アヴェニューに建つパロマー・ボールルームだった。西海岸最大のボールルームで4000カップル、8000人が踊れるフロアがあった。

到着早々グッドマンをはじめとするメンバーを消沈させたのは、パロマーの経営者から三週間の契約を取り消されたことだ。デンヴァーや他の都市の同業者から不入りの情報が入っていたのだろう。当夜一晩だけの演奏、それもスウィートなダンス・ミュージックをやれと言い渡された。

仕方なくショーの前半のセットは甘いダンス・ナンバーに終始した。ダンサーは一向に盛り上がらない。セカンド・セットが始まるとき、ジーン・クルーパが「どうせ一晩限りなら、いちかばちか思い切りスウィングして討死にしよう」と言ったという。グッドマンも同意してここが正念場と思い定めた一同は、当たって砕けろとヘンダーソン編曲のスウィング・ナンバーを演奏したのである。すると待ってましたとばかりに大喝采が起き、踊るのをやめた客たちがバンドスタンドの前に詰めかけ演奏に聴き入った。この夜の思い出をグッドマンはこう語る。

「私がバンドで経験した最もエキサイティングなことはパロマーでオープンした日のことだ。私たちはデンヴァーではさんざんだった。もっと西へ行けばさらに悪くなるだろうと思った。そこでパロマーでは背水の陣で〈シュガー・フット・ストンプ〉〈サムタイムズ・アイム・ハッピー〉やその他のスウィング・ナンバーを爆発させた。とは言うものの実際に演奏するのは恐ろしかった。ところが私が曲をスタートさせた瞬間から、メンバーたちはニューヨークを出て以来最高のプレイをしてくれた。聴衆は熱狂して大騒ぎになった。3000マイルを旅してきて、我々がやろうとしていることを理解してくれる人々にようやく巡り会えたのだ。聴衆の叫び声は私が人生で耳にした最もスウィートなサウンドだった。これが本当の始まりだった」(『私の話を聞いてくれ ザ・ストーリー・オブ・ジャズ』ナット・シャピロ、ナット・ヘントフ 編著　新納武正訳　筑摩書房)

ロサンジェルスでの成功は、当地のラジオ局のＤＪがグッドマン・オーケストラのレコードをかけてファンを作ってくれていたこと、さらに5月まで放送されていた『レッツ・ダンス』（太平洋時間で午後7時30分から10時30分の放送）のうちグッドマン楽団出演時間が9時30分からだったことが幸いした。グッドマン楽団の出演時間は東部時間では深夜帯だが、ロサンジェルスではプライム・タイムで多くの人が彼の放送を聴いていたのだ。結果的にグッドマン楽団のパロマー出演は二か月に及び、８０００人収容の会場に一晩１００００人が押し寄せる騒ぎとなった。ロサンジェルスの放送局ＫＨＪＬによるパロマーからの中継も、楽団の出演中月曜から土曜までの毎晩11時からの30分番組として放送された。

「これが本当の始まりだった」と言うグッドマンの言葉通り、この出来事がスウィング時代の幕開けとなった。グッドマンは一夜にして有名になり、一部のマニアックなファンに聴かれていたジャズを、一般大衆のものにしたのである。

ビクターはこの成功を見て、パロマー出演中のグッドマン・バンドをハリウッドのスタジオに入れて9月27日に「サンタ・クロース・ケイム・イン・ザ・スプリング」、作曲者ゴードン・ジェンキンズ自身のアレンジで「グッドバイ」、ジミー・マンディ作編曲の「マッドハウス」の3曲を録音している。わずか3か月前の「ブルー・スカイズ」などと比べて明らかにアンサンブルが進化している。メンバーとともに寝食を共にしてきたツアーの成果だろう。現在の我々が聴いてこれこそグッドマンと感じるバンド・サウンドは、このセッションで完成された。特にジミー・マンディの作編曲、バニー・ベリガンが素晴らしいトランペット・ソロを聴かせる「マッドハウス」は名演である。

アレンジャーは表に出ないから目立たないが、忘れてならないことはこうしたグッドマン楽団のバックヤードには、ヘンダーソンのほかにもここにあげたジミー・マンディ、そしてエドガー・サンプソンなど優れた黒人の作編曲家がいたことだ。彼のバンドが送り出したヒット曲の大半はこれら黒人音楽家の力と、バンドの演奏力の共同作業であった。

# 第7章——「スウィング」がジャズ史上に残したもの

## スウィング時代の到来

歴史学者でプリンストン大学教授のエリック・フレデリック・ゴールドマン（Rendezvous with Destiny : A History of Modern American Reformなどの著書があり、TVコメンテーターとして有名）は１９３０年代を「20世紀で最もクリエイティヴで血の通った、純粋にエキサイティングな10年」と表現した。１９１５年にワシントンＤＣで生まれた彼にとってスウィング時代はまさに青春そのものだった。ローズヴェルト大統領が採ったニュー・ディール政策で、大不況から立ち直っていったアメリカの力強さを称賛した言葉だ。実際にアメリカ経済が活況を取り戻するのは、第二次世界大戦により軍需産業が賦活されてからだが、浮き沈みがありながらも、35年に景気は29年の株式大暴落以前の水準に回復していたのである。ローズヴェルトの笑顔と自信、信頼するに足る堂々とした話し方はアメリカ庶民の気持ちを明るくしていた。議会での演説だけではなく、彼はラジオを通じて在任中に30回国民に話しかけている。それは〈Fireside Chat 炉辺談話〉として親しまれた。

音楽ライターのチャールズ・ベックマンは著書『And Beat Goes On』（邦題『アメリカン・ポップス』浜野サトル訳 音楽之友社）にこの時代のアメリカを「飢えてはいたけれども、笑うことを忘れていなかった」と書いている。

こうした時代背景のもとパロマー・ボールルームでのグッドマンの成功によって、ジャズは初めて全米の一般層に受け入れられる音楽となった。支持層は若者が中心だったが次第に中、高年齢層にまで広がり、西欧や日本を含むアジアなど海外でも人気を獲得していった。現にグッドマンは１９３７（昭和12）年２月に日本向けの国際放送も行っている。

彼のこうした成功は、全米はもちろん全世界に報じられた。後のエルヴィス・プレスリー、ビートルズ、マイケル・ジャクソンなど後代のスーパー・スターの成功と同等のニュース・ヴァリューと理解すればいいだろう。当時の新聞の表現を借りれば「二歳の子供から八十歳の老人まで」がグッドマンの音楽に狂喜したのである。

そして人々はこの溌剌とした音楽をジャズとは言わずにスウィングと呼んだ。実体はジャズの進化型に違いないのだが、娼家や秘密酒場のいかがわしい音楽というイメージがついてまわるジャズという言葉より、スウィングという新しい呼び名が適切だと考えられたのである。レコードの売り上げも、大不況の真っただ中の1932年には全米で600万枚だったものが、1939年には5000万枚に伸びている。

現在ではスウィングと言えば音楽だけが取り上げられるが、忘れてはならないのがダンスとの関係性である。スウィングは聴くものであると同時に踊るための音楽だった。軽快で颯爽としたリズムにのって、それまでジャズなど聴いたこともなかった人々が一斉に踊り始めたのだ。まさに「二歳の子供から八十歳の老人まで」。

そのダンスも前時代までの古風なものではなく、1920年代に流行したチャールストンやタップ・ダンスを組み合わせたワイルドなものだった。ジターバグ（ジルバ）、リンディホップ（1927年に大西洋無着陸横断を成し遂げたチャールズ・リンドバーグに因んで命名された）などのステップがあり、総称としてはスウィング・ダンスと呼ばれた。男女ペアでビッグバンド・スウィングを楽しみながら自由な振付で、しばしばアクロバティックな動きを伴うものだ。ジャズ評論家のゲイリー・ギディンズはこう言っている。

「スウィート・バンドばかりの中で、1929年以来の不況で疲れた人々の鬱積した気持ちを解放し、エネルギーが一気に爆発した。身体ごと楽しめる音楽だったからだ」（『スウィング　ビッグバンドのジャズとアメリカの文化』デーヴィッド・W・ストウ著　湯川新訳　法政大学出版局）

アメリカで1937年5月に公開されたフレッド・アステア、ジンジャー・ロジャース主演のRKO映画『踊らん哉（Shall We Dance）』（音楽：アイラ&ジョージ・ガーシュウィン）にこんな場面がある。アステアの役はペトロフと名乗るロシア・バレエのダンサーだがそれは表向き。実はフィラデルフィア生まれのピーター・ピータースという生粋のアメリカ人で、密かにクラシック・バレエとジャズの融合を画策している。バレエ団の団長はクラシック一辺倒の堅物だが、アステアはレコードをかけて彼の前でタップ・ダンスを踊って見せる。

「ジャズなど芸術ではない！」

色をなして怒る彼に向ってアステアはこんな台詞を放つ。

「これはジャズじゃない、僕たちの街、フィラデルフィアの音楽なんだ」

この場面でタップの伴奏として聴こえている音楽は、今日の耳で聴いても紛れもないビッグバンド・ジャズだが、アステアははっきりとジャズではないと言い切っている。これが当時の一般の人々がスウィングから受けた印象だろう。当時にあって、米国民の大多数である白人中産階級が親しめる健全な音楽の呼称は、ジャズであってはならなかったのである。

# 第8章——作編曲、バンド・マネージメントの腕を磨くグレン・ミラー

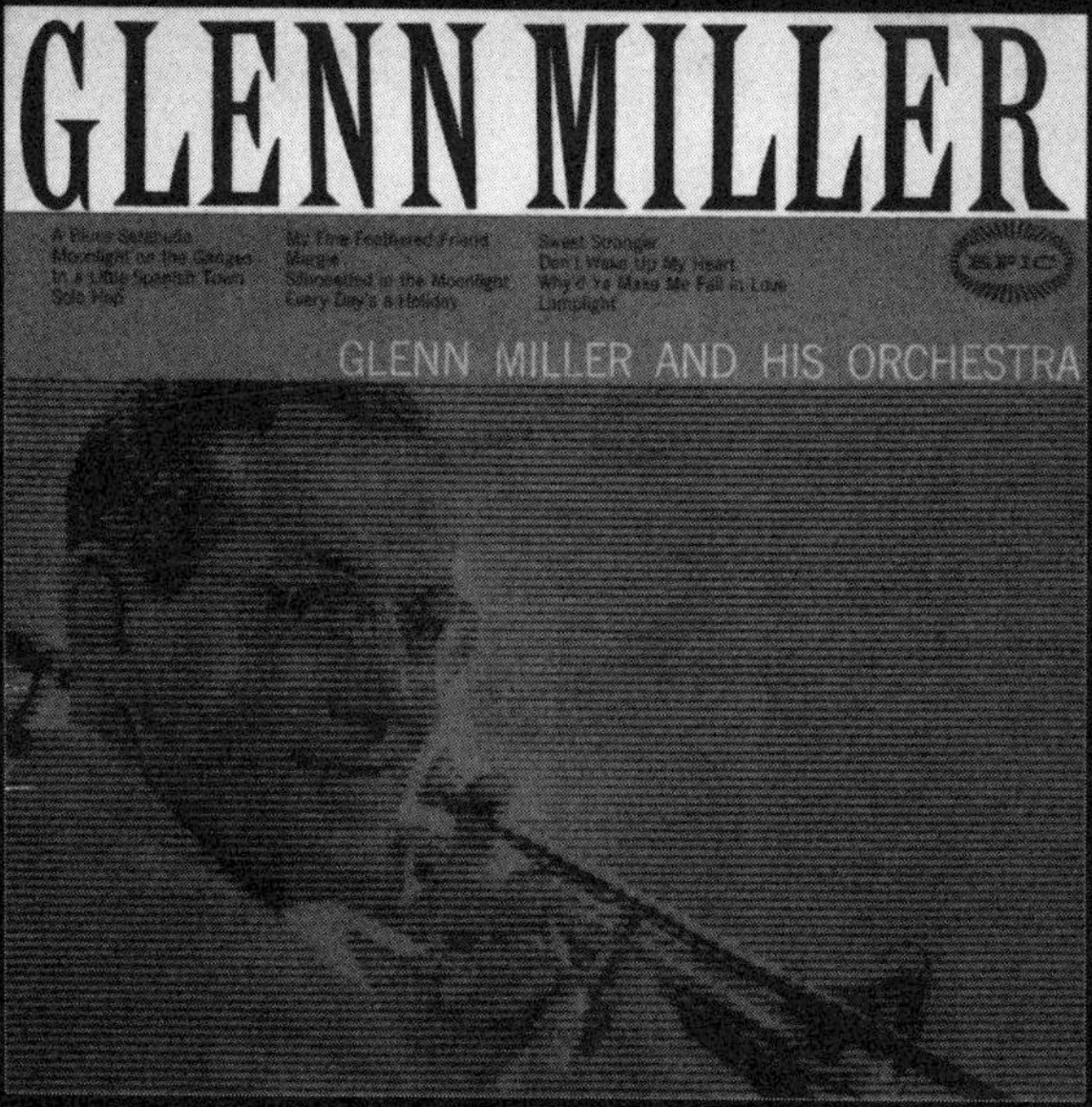

## アレンジとバンドのマネジメント能力を開花させたグレン・ミラー

ベニー・グッドマンが自らの楽団を率いて成功への階段を上り始めた1935年までの、グレン・ミラーの動向を記しておこう。

1928年5月にベン・ポラック楽団を辞めたミラーは、6月4日（6月23日とする記録もある）、世に知られた作品としては彼の最初の曲「ルーム1411」をベニー・グッドマンと共作している。録音はブランズウィックで〈ベニー・グッドマン・ボーイズ〉名義。二人の他にジミー・マクパートランド、ファド・リヴィングストンなど8人編成（メンバーには異説もある）。タイトルは当時ミラーがグッドマンとともに住んでいたタイムズ・スクウェアに近いアパート〈ホイットビー〉のスイート・ルームの部屋番号だ。

10月6日コロラド大学で同窓だったヘレン・バーガーと結婚する。ミラーはかねてよりヘレンに求婚して婚約関係にあったが、各地のバンドやベン・ポラック楽団の仕事でめったに婚約者のもとに帰ることはなかった。ミラーの音楽に対する過度の献身は、結婚を待つヘレンにとっては不実と映っていた。ミラーとの仲をあきらめた彼女は別の男性と婚約すると伝える。バーガー家の両親も不安定なジャズ・ミュージシャンとの結婚には反対だったようだ。知らせを聞いたミラーは即刻ニューヨークに来るように電報を打った。ポラック楽団と別れて、ひとり都会暮らしの孤独感が募ってもいたのだろう。

コロラド州の地方紙は「バーガー嬢が国内最高の報酬を得るトロンボーン奏者で、コロラド大学出身のグレン・ミラー氏とニューヨークで結婚」という記事を載せている。確かに彼はレッド・ニコルズらとの仕事やスタジオ・ワークで大きな収入を得ていた。1930年の年収は6239ドル50セントという記録が残されている。当時の米国民の平均的年収は1500ドルほどだから4倍強。地方紙の「国内最高の収入を得る」という表現もあながち誇張ではない。しかし大恐慌以後は大幅に減収。レコーディングや放送の仕事も縮小していく。前述したジャック・ティーガーデンとの「ベイジン・ストリート・ブルース」の録音はこの頃のことだ。

1932年に旧知のシンガー、スミス・バルーに誘われて楽団結成に協力する。ミラーはポラック時代から付き合いのあったレイ・マッキンレイ、チャミー・マクレガーとともに入団するがバンドは不成功に終わる。

ジョセフ・シリンジャー（1895〜1943年）に師事したのもこの頃だ。シリンジャーはロシア生まれの作曲家、音楽理論家で現在のバークレイ音楽大学の基礎を作った教育家でもあった。彼は1928年にニューヨークに定住、数学的な音楽理論を考案し私的な教育機関を作ってジャズメンにも教授した。その独特の理論は彼の死後に弟子であったローレンス・バークによって講義録がまとめられ「The Schillinger System of Musical Composition」として出版された。

教え子にはミラーの他にグッドマン、ドーシーそしてジョージ・ガーシュウィンやピアニストのオスカー・レヴァントもいた。ミラー楽団のテーマ曲となる「ムーンライト・セレナーデ」はこの当時シリンジャーが与えた課題に応えて作曲されたものだ。

スミス・バルーのバンドを辞めたミラーは、1934年にジミーとトミーのドーシー・ブラザーズ・オーケストラに入りトロンボーンとアレンジを担当する。彼らはミラーの編曲能力とバンドのマネージメント能力を買っていた。現にミラーは有能な人材を発掘してはバンドに供給して、周囲からもその才腕は高く評価されていた。

この能力に目をつけたのが、米国進出を計画していたイギリスのバンド・リーダー、レイ・ノーブルだ。作曲者として「ザ・ヴェリー・ソート・オブ・ユー（1934年）」を発表し、のちに「チェロキー（1938年）」のヒットを飛ばすことになるノーブルは、当時イギリス有数のダンス・バンドを率いており、そのレコードはアメリカでも人気があった。彼は米国進出を目論むが、AFM（アメリカ演奏家組合）はノーブル楽団がニューヨークに来ることに反対した。アメリカの組合は力が強くAFMは米国内ミュージシャンの仕事を奪うことになるという事由をもって、ノーブルの楽団としての渡米を拒んだ。そこに知恵者が現れ抜け道を提案した。ノーブルは単身渡米とし、楽団員はニューヨークで現地調達するという案である。そこでオルガナイザーに選ばれたのが、ドーシー兄弟のバンドにおけるマネージメントの才を買われたグレン・ミラーだった。

彼が集めたメンバーはチャーリー・スピヴァック、ピー・ウィー・アーウィン（トランペット）、ウィル・ブラッドレイ（トロンボーン）、バド・フリーマン（テナー・サックス）、ジョニー・ミンス（クラリネット）、クロード・ソーンヒル（ピアノ）他。

ノーブルはこの人選を大変に気に入り、ミラーも優雅なノーブル流のアレンジに学ぶところが多かった。4人のサックス（アルト2、テナー2）のテナーの1オクターヴ上をクラリネットがリードするという、のちにグレン・ミラー・サウンドと呼ばれるアンサンブルのアイディアを得たのもこの時期だった。ノーブル楽団の仕事は、シリンジャーの教えを活かして、多彩なハーモニーを使ったアレンジを試みるチャンスとなったのである。

組合の規定により渡米後数か月は働くことができなかったノーブルに代わって、バンドのトレーニングと指揮を執ったのもミラーだった。ホットなジャズとスウィートでダンサブルな音楽の融合するサウンドを目指していたミラーにとって、ノーブルとの仕事は貴重な経験となった。バンドを思いのままに動かして、理想とするサウンドを作り上げる指導法も身に付けていった。ミラーはリハーサルだけで2か月をかけたのである。ノーブルのバンドは成功し、1935年のミラーの年収は7573ドル70セントに跳ねあがった。

ここでミラーの生い立ちとトロンボーン奏者としての腕前を見ておきたい。

彼は1904年にアイオワ州の人口5000人ほどの田舎町クラリンダで生まれた。トウモロコシの名産地である。本名はオルトン・グレン・ミラー。4人兄弟の次男。5歳でネブラスカ州トライオンという小さな村に移っている。貧しい農家だったが両親兄弟とも音楽好きの家庭だった。1915年にミズーリ州グラント・シティに移り、搾乳のアルバイトで最初のトロンボーンを買っている。18年にコロラド州フォート・モーガンに移り、ハイスクールではスクール・バンドで演奏するとともにアメリカン・フットボールのクラブに入って活躍した。卒業後2年近くいくつかのローカル・バンドで働いた後、コロラド大学に入学するが、バンド活動は続けたままだった。この頃アレンジの勉強を始めている。音楽三昧の暮らしで学業に身が入らず大学は2年で中退。成績が良かったのは数学で音楽は落第点だったという。シリンジャーの教育法に馴染んだのも、数学が得意だったからかもしれない。大学中退後ローカルのバンドで仕事を続けていたが、優れた奏者だったという記録はない。前述のようにベン・ポラック楽団に入ったのもアレンジが書けたからだ。トロンボーン奏者ミラーにとって不幸だったのは同時代にジャック・ティーガーデン、トミー・ドーシーというジャズ史上屈指の名手がいたことだ。ベニー・グッドマンによればミラーはドーシーのテクニックに対していつも劣等感を抱いていたという。

彼のトロンボーン・ソロをフィーチュアした曲は自楽団を率いたあとも少なくないが、決してドーシーのようにバンドの看板になるようなものではない。ミラーの持ち味はあくまで編曲能力とマネージメント能力、そして後述するがメディアを活用しての広報宣伝の才にあったのだ。

## 苦難の末のバンド結成

1935年4月25日。グッドマンがNBCネットワーク番組『レッツ・ダンス』に情熱を傾けている頃、ミラーは自己名義の楽団による初の録音の機会を手にする。レイ・ノーブル楽団に在団中のことだ。この段階で彼はレギュラーの組織を持っておらず、あくまでレコード制作のためのバンドだ。集められたメンバーはチャーリー・スピヴァック、バニー・ベリガン（トランペット）、ジャック・ジェニー（トロンボーン）、ジョニー・ミンス（クラリネット、アルト・サックス）、エディー・ミラー（テナー・サックス）、クロード・ソーンヒル（ピアノ）、ラリー・ホール（ギター）、デルマー・キャプラン（ベース）、レイ・ボーダック（ドラムス）、そこに加えて弦楽四重奏。

このスタジオでミラーはコロムビアのために4曲を吹き込んだ。前述のメンバーはレイ・ノーブルのバンドとの重複も多いが、ミラーとしてはここにノーブルのイギリス流ではなく、アメリカン・テイストを出そうと努力している。

1曲目「ア・ブルー・セレナーデ」と2曲目「ガンジスの月」はかつてのリーダーであるスミス・バルーのヴォーカルと弦楽四重奏が入ったもの。あとの2曲「スペインの小さな街で」「ソロ・ホップ」はインストルメンタルだ。4曲ともミラー独自のサウンドの形成には至っておらず、同時期の他の白人バンドと比べてもおそろしく時代遅れで、ヒットとは程遠かった。1974年にミラーの伝記を書いたジャズ評論家のジョージ・T・サイモンによると、評判がよかったとされる「ソロ・ホップ」ですら売り上げは800枚以下だったようだ。

演奏も同時期のグッドマン楽団に比べると緩慢で緊張感に欠けたものだ。いち早くディキシー的なもの、すなわちシカゴ・スタイルから脱却してフレッチャー・ヘンダーソンのアレンジを採用、シャープなビッグバンド・サウンドを作り上げたグッドマンに大きく水をあけられている。唯一の聴きどころはバニー・ベリガンのトランペット・ソロだが、それにしても古臭いアレンジのなかに置かれて精彩に乏しい。しかし我々が知るミラー・サウンド確立以前の録音は少ないだけに、今となっては貴重な音源といえるかもしれない。

レコーディングの成果に失望したミラーはノーブル楽団の仕事に戻るが、ここでもトラブルに見舞われる。1936年に入るとノーブル楽団の人気が衰え、仕事も減り始めた。ベニー・グッドマン流の音楽が流行に乗ったためだ。そこでノーブルはバンドの維持のためメンバーの報酬減額に踏み切る。これに猛反発したのがミラーだ。そして彼は主要ミュージシャンとともに退団する。

ここがミラーにとっての正念場となる。彼はノーブル楽団の中心メンバーとして、ノーブル流の甘いダンス音楽を作ることにより高額の報酬を得ていたが、それは彼がジャズマンとして追い求めてきたものではなかった。周囲を見回せば、ライヴァルであり友人でもあるベニー・グッドマン、トミー・ドーシー、それにミラーよりはるかに若いアーティ・ショウが楽団を率いて既に人気を博している。

彼は当時ニューヨーク市クィーンズ区のジャクソン・ハイツに快適なアパートを持ち、地下鉄でマンハッタンに通勤し演奏やアレンジの仕事をして、妻ヘレンとの暮らしも安定していた。ミラーはノーブルからの退団を機に、この生活を投げうって自分の本当にやりたい音楽を実現するための楽団の設立を決意したのだ。

ノーブル楽団の衰退をみてもわかるように、既にスウィート・バンドの時代は去り、スウィングが力強く胎動し始めている。時は十分すぎるほどに熟しているのだ。加えてミラーはドーシー兄弟楽団、ノーブル楽団などでバンド経営の経験も積み、プロモーター、レコード会社、放送局との駆け引きも知り尽くしている。この機を逃すべきではない。

1936年後半に入るとミラーはグッドマンの協力を得ながらメンバーの取りまとめに入る。グッドマンはハル・マッキンタイア（アルト・サックス、クラリネット）を推薦してくれた。このほかにピー・ウィー・アーウィン、ボブ・プライス（トランペット）、ジーン・クルーパが推薦してくれたゴードン・テックス・ベネキ（テナー・サックス）、旧友のチャミー・マクレガー（ピアノ）、レイ・エバリー（ヴォーカル）らが参集。1937年初頭からリハーサルが開始された。このリハーサルにかけたミラーの熱意と厳しさは語り草になっている。

5月7日、ミラーのニュー・バンドはホテル・ニュー・ヨーカーに出演。つづいてニューオリンズ、ボストン、ダラス、ミネアポリスでも公演を行っている。

しかしミラーにはグッドマンにおけるパロマー・ボールルームの奇跡は訪れなかった。ニューオリンズのローズヴェルト・ホテルではある程度の評判をとったものの、各地の契約料金は最低金額。14人のメンバーのなかには誠実に仕事をこなす者も少なくなかったが、多くは経験不足で、ミラーの指導のもとでも十全の力が発揮されなかった。特にスウィング・バンドに必要なパワーと活気に満ちたドラマーを得ることができなかった。グッドマン楽団のジーン・クルーパが如何にバンドにパワーを付与していることか。ミラーはつくづく楽団の弱点を思い知らされたのである。

1937年中にミラーはこのバンドでデッカ、ブランズウィック、コロムビアに数曲の録音を行っている。

11月29日に録音された「マイ・ファイン・フェザード・フレンド」「マージー」「シルエット・イン・ザ・ムーンライト」を聴くと、35年4月のレギュラー・バンド結成前の録音よりはるかに優れた音を出しているが、既にグッドマンらのバンド・サウンドに魅了されている人々の耳目を集めるまでには至っていない。しかし12月13日録音の「エヴリデイ・イズ・ホリデイ」「スウィート・ストレンジャー」ではリード・セクションが5人（アーヴィング・ファゾラ、マッキンタイア、トニー・ヴァイオラ、ジェリー・ジェローム、カール・ビーセッカー）に増強され、ミラーらしい重厚なハーモニーが形成されている。35年の録音は4ブラス、2リードだったからミラーが望むアンサンブルは作れなかったのだろう。完成まであと一歩というところだが、バンドに人気は集まらず、この年の大晦日、ペンシルヴァニア州ヨークの出演先でミラーは38年1月2日のコネティカット州ブリッジポートでの演奏を最後にバンドを解散することを団員に告げた。

# 第9章——スウィング人気の頂点へ駆け上るベニー・グッドマン

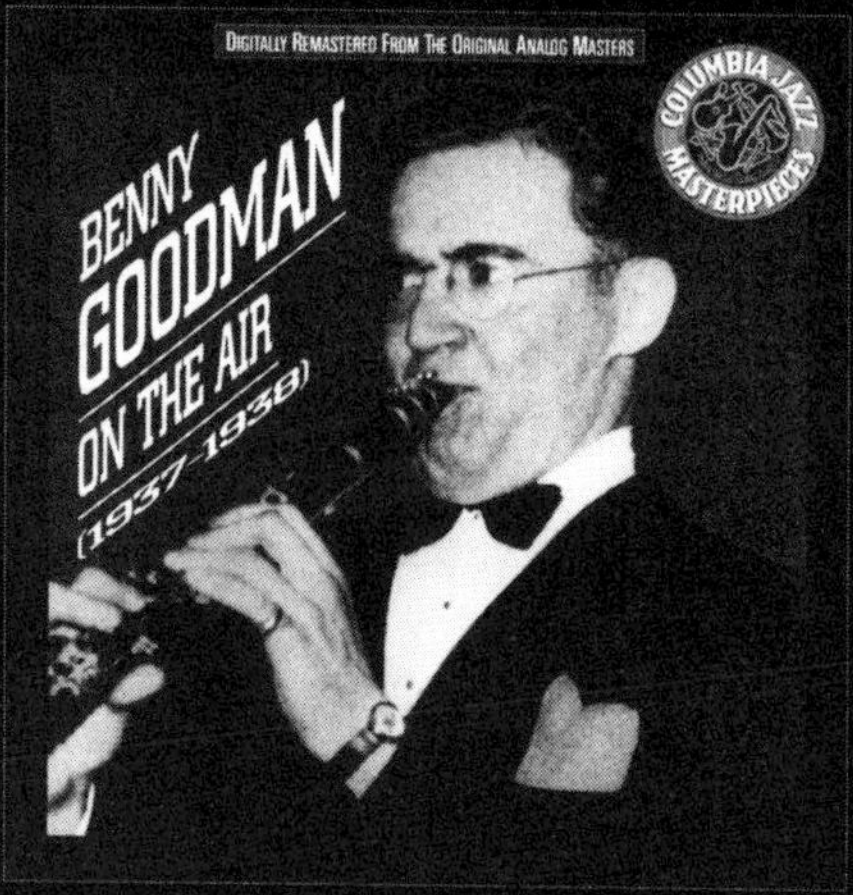


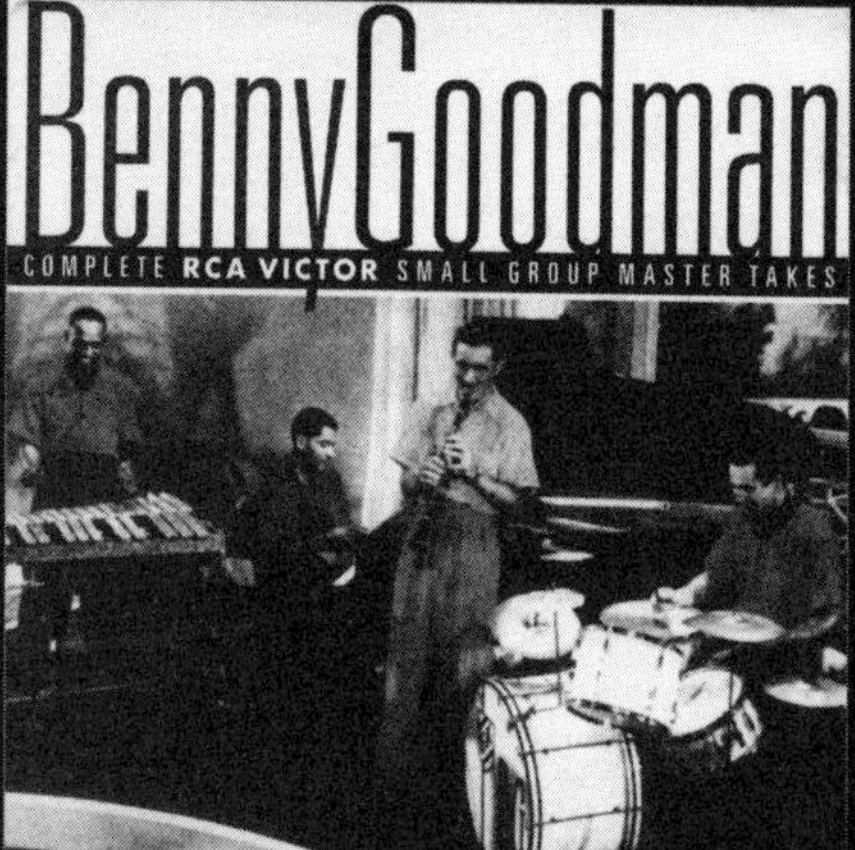

## 最強のスウィング・バンドを作り上げたベニー・グッドマン

同じ時期、ミラーの不人気とは対照的にグッドマンは隆盛の頂点に立つ。1938年1月16日にグッドマンはジャズ・ミュージシャンとして初のカーネギー・ホール出演という快挙を成し遂げるのだ。快進撃の模様を概観していこう。

35年8月のロサンジェルス、パロマー・ボールルームでのブレイク以来、グッドマンは旭日昇天の勢いで、各地で大成功をおさめていった。カーネギー・ホールへと続くその成功の道程は、アメリカのショー・ビジネスの歴史の中でもひときわ光彩をはなっている。

まずパロマーでの成功を広く知らしめたのはCBSネットワークを通じてのラジオ放送で、これが9月まで行われた。9月27日には同地でビクターのための録音を3曲（前述）。ニューヨークへの帰路立ち寄った故郷シカゴではコングレス・ホテルと契約。シカゴ滞在中にもビクターに多くの録音を残し、ラジオ出演も行った。

4月12日のイースター・サンデイにはニューヨークからテディ・ウィルソンを呼び寄せ、コングレス・ホテルで史上初となる白人黒人混合によるトリオで聴衆の前に立った。コングレス・ホテルも大好評につき契約継続を望みついに1936年5月23日まで実に半年間に及ぶ滞在となった。

この時期の代表的な録音をあげておこう。（　）内は録音日等。

●「グッドバイ」（ゴードン・ジェンキンズ編曲。1935年9月27日ハリウッド）

●「仏陀の微笑み」（フレッチャー・ヘンダーソン編曲。1935年11月22日シカゴ）
●「サヴォイでストンプ」（エドガー・サンプソン編曲。1936年1月24日シカゴ）
●「グディ・グディ」（ヘレン・ウォード、ヴォーカル、ヘンリー・ウッド編曲。1936年1月24日シカゴ）
●「クリストファー・コロンバス」（ヘンダーソン編曲。1936年3月20日シカゴ）
●「チャイナ・ボーイ」（トリオ演奏。1936年4月24日シカゴ）
●「トゥー・グッド・トゥ・ビー・トゥルー」（ウォード、ヴォーカル。トリオ。1936年4月27日シカゴ）

録音は全てビクター。今日までグッドマンの名演とされる曲が多い。ツアー出発前の録音と比べても一段と格があがった印象を受ける。成功が自信を生み、自信が斯界の覇者としてのスケールの大きさを生んでいる。惨憺たる往路とのなんという違いか。

5月下旬に一行はニューヨークに帰着。休む間もなく5月27日にはビクター・スタジオで録音。コングレス・ホテル側は6月までさらに一か月の延長を望んだが、グッドマンにはニューヨークでのラジオ番組出演の仕事、時計メーカー「エルジン」提供の『ジ・エルジン・アワー』（NBCネットワーク）が待っていた。

ニューヨーク周辺のワン・ナイト・スタンドを行うも、6月下旬には映画『1937年の大放送』（パラマウント）への出演のために再び車上の人となり、6月30日にロサンジェルス着。そしてこの日がスウィング時代の名番組となる『キャメル・キャラヴァン』（CBSネットワーク）の放送初日（放送は1939年一杯まで続いた）でもあった。

この当時のジャズ・ミュージシャンにとって、ネットワーク放送番組とハリウッド映画に出ることが成功の証しだった。グッドマン以前にも人気者のルイ・アームストロング、ハーレムのコットン・クラブからの放送で全国的な知名度を得たデューク・エリントンなどが映画出演している。それらは黒人マーケット向きのものであったり、映画にエキゾティックな魅力を付け加える添え物であったりしたが、グッドマン以降はバンド演奏そのものを呼び物としたスター扱いとなっていく。

このハリウッド滞在中にジョン・ハモンドの勧めでグッドマンはライオネル・ハンプトン（ヴィブラフォン）に会い、その妙技に感銘を受けてテディ・ウィルソン（ピアノ）、ジーン・クルーパ（ドラムス）とのクァルテットを編成した。初録音は36年8月26日ハリウッドで行われた。「ムーングロウ」「ダイナ」「エクザクトリー・ライク・ユー（ハンプトンはヴォーカルのみ）」「ヴィブラフォン・ブルース」の4曲である。トリオに比べてヴィブラフォンの硬質だが爽やかな音色が加わることによって、コンボの奥行きが増している。なによりもそれぞれの楽器の当代の第一人者が揃うオールスター・バンドだから、各自の技の競い合いがスリリングだ。アレンジの素晴らしさ、アンサンブルの豪華さで聴かせるビッグバンド・スウィングに加え、独奏をたっぷりと聞かせるコンボを持つことで、ジャズのアドリブに魅せられるファンの心もつかんだのである。

この前後に相次いで誕生したグッドマンのトリオとクァルテットはジャズ史のなかで非常に重要だ。これ以前には録音スタジオにおける人種間の共演はあったものの、ステージや映画など目視できる場やメディアでの共演は事実上禁止だった。特に人種偏見の強い南部では公に人種分離政策が布かれていた。こうした時代背景のなかでグッドマンはアレンジによる制約がかかるビッグバンドでの活動の一方で、ウィルソン、ハンプトンを加えコンボとしての演奏、すなわち、アドリブを主体とする小編成によるジャズの追求に乗り出したのだ。

## 人種にこだわらずに才能と力量のみを問うたベニー・グッドマン

ここでスウィング期における黒人差別の問題に触れておきたい。

南北戦争中にリンカーン大統領によって布告された奴隷解放宣言（1863年1月1日発布）以来、黒人も憲法修正15条によって平等の権利を有するとされた。しかし19世紀も末になると南部地方では白人支配が復活し、隔離思想が広まると共に暴力を使った黒人にたいするリンチが日常的に横行した。1890年代から南部諸州では毎年200人近くの黒人がリンチによって殺害された。多くは見せしめを目的とした絞首刑で、公開の場で長時間にわたって苦悶する黒人の死にざまを白人たちが楽しんだのである。ビリー・ホリデイが「奇妙な果実」を歌うことによって告発した黒人迫害の歴史である。

1896年には最高裁判所が、ルイジアナ州の公共施設における白人と黒人を「分離すれども平等」とする決定を支持して、公共設備、交通機関、レストラン、ホテルなどあらゆる場所で人種隔離が合法とされた。「分離すれども平等」というが、実質的には黒人に与えられた環境は劣悪であり、行政サーヴィス、教育、医療などにおいて不平等極まりないものだった。

この決定は1954年の、分離を違憲とする最高裁の「ブラウン判決」によって否定されるまで実効し続けるのである。先に南部に住む黒人の北部への大移動は、産業形態の工業化に因るものだと述べた。確かに北部に行けば、同じ労働でも南部の数倍の賃金を得ることができた。これも一つの要因だろう。しかし南部では人間の尊厳にもかかわる極端な不平等性が続いており、黒人の北部への移動の要因としてはこちらのほうがより大きい。

人種隔離が合法であったこの時代、グッドマンがウィルソン、ハンプトンという名手をバンドに加えたことは大英断といえるものだ。グッドマンは人種にこだわることなく、音楽家としての技量と人格のみに照らして彼らを遇した。だから黒人コミュニティからも好意をもって迎えられた。ただこの時点ではビッグバンドに加えるのではなく、彼らとトリオやクァルテットを組み、ビッグバンドの休憩時間のアトラクションとしたのは、この時代における苦肉の策だった。しかし彼の示した進取性は次第に周囲の目を開かせ、この数年後にはビッグバンドにもデューク・エリントン楽団から招請したクーティ・ウィリアムズ（トランペット）やモダン・ギターの開祖となるチャーリー・クリスチャン（ギター）、そして恩人フレッチャー・ヘンダーソン（ピアノと編曲）を加入させている。

このグッドマンの英断は当時の人気バンドのリーダーたちに優れた黒人ミュージシャンを雇用させるきっかけとなる。トミー・ドーシーはジミー・ランスフォード楽団で活躍していたサイ・オリヴァー（ヴォーカル、トランペット）のアレンジの才に惚れ込み1939年に雇用。ランスフォード楽団で得ていた年収にさらに5000ドルを上乗せするという好条件を示した。週給が約100ドル増える計算だ。オリヴァーに編曲を依頼することによりディキシー的だったドーシー楽団はモダンなスウィング・バンドに変身した。ドーシーは1945年からはトランペットのチャーリー・シェイヴァースも入団させている。

ルイ・アームストロング直系でディジー・ガレスピーなどモダン・トランペットへと架橋する役割

を果たしたロイ・エルドリッジは、グッドマン楽団から独立後にバンドを結成したジーン・クルーパに招かれて入団（黒人ミュージシャンがゲスト扱いではなく正規にビッグバンドに雇用された最初の例となる）、後にアーティ・ショウ楽団に転籍した。アーティ・ショウはジャズ史上最大のシンガーとして名を残すビリー・ホリデイやトランペッターのホット・リップス・ペイジも雇用している。

「未だに肌の色でブッキングを決める興行主がいることは残念なことだ。リーダーはその人間の能力だけを基準に、採用するミュージシャンを決めることだ。私なら才能のある黒人ミュージシャンを見つけたら躊躇せずに採用する。世の中には非常に才能のあるアフリカ系のミュージシャンがいるのだ」（『JAZZ legends　ダウン・ビート・アンソロジー　60 YEARS OF JAZZ』フランク・アルカイヤー編　廣瀬眞之監訳　田村亜紀訳　シンコーミュージック）

ショウの言葉通り、ここにあげたアフリカ系の人々はいずれも技量抜群、白人ミュージシャンには表現不可能な音楽性を持っており、開明的な白人リーダーは自分のバンドのレヴェル向上のために積極的に彼らを雇用した。

しかし時代の因襲によって、彼らは生涯忘れられない傷を負うのである。自分が出演するホテルに宿泊できず、同僚メンバーと共にレストランへ行っても一人だけ入店を断られるなどのトラブルは日常的で、アレンジャーであるオリヴァーを除くといずれも短期間で退団している。クルーパやショウなど開明的なリーダーはその都度ホテル側やレストラン側に抗議し謝罪させたが、ビリー・ホリデイがショウ楽団を辞めたのは、客の気分を害さないよう、メンバーとは別に貨物用エレヴェーターを使えと言われたからだ。ルイ・アームストロング直系のホット・リップス・ペイジを入団させていたショウは、ペイジの来演を拒まれ、南部における32回分の公演を躊躇なくキャンセルした。クルーパはエルドリッジの入店を拒否したレストランの経営者を殴って警察に拘留された。こうした事件が度重なるうちに被害者である当人たちが疲弊していくのだ。

クラシック音楽の世界ではより差別が酷かった。大指揮者アルトゥーロ・トスカニーニから「100年に一度の声」と絶賛された黒人オペラ歌手のマリアン・アンダーソンは、レストランへの入店を拒否された。終戦直後の1945年末のことで、店内ではドイツ兵捕虜がウェイターの給仕を受けながら食事をしていたという。

グッドマンも同様の黒人差別事件の現場を経験している。人種偏見にまつわってグッドマンが遭遇したある事件を紹介しておく。

1937年夏、再び映画『ハリウッド・ホテル』の仕事のためにハリウッドに赴いたその帰路、一行は南西部の仕事を取りながらニューヨークへ帰るスケジュールをたてた。テディ・ウィルソン、ライオネル・ハンプトンも帯同しての南部ツアーには多くの人が反対したという。たとえ演奏家であろうとも、南部人は黒人を嫌うだろうと助言したのだ。グッドマンも悩んだが、ウィルソン、ハンプトン本人たちの危惧はさらに大きかった。

そして予想された通り、事件が起きる。9月9日から10日間の契約で、テキサス州ダラスで行われたステート・フェアのためにパン・アメリカン・カジノに出演したときのことだ。

会場には警官が巡邏しており、彼はウィルソンやハンプトンの人気が気に入らなかった。出演三日目の晩、ハンプトンの演奏に感激したファンがシャンペンの差し入れを注文した。ウェイターがトレイにクーラーに入れたボトルとグラスを載せて楽屋に行くと警官に呼び止められた。「何処へ行く？・」という質問に「ミスター・ハンプトンにお持ちしました」と答えると、警官は腕を上げボトル、グラスをトレイから払い落とし、周囲にはシャンペン、氷、ガラスの破片が飛び散った。騒ぎに駆け付けたメンバーは殺気だったが、公演中のことでもありグッドマンはその場を穏便におさめた。しかしステージ終了後、伝手を経てテキサス州警察の警部に事件の顛末を伝えた。この警部が当地でも有名な辣腕の警察官であり、しかもジャズ・ファンであったことが幸いしたのか、件の警官は厳しく叱責されて一見落着。

これが当時の人種偏見の実情だ。ジャズの歴史を知るとき、ハンプトンほどの優れたミュージシャンでも、このような屈辱を味わうことが日常的にあったことを記憶しておくべきだろう。彼は後日このように語っている。

**「ベニーは表立って人種偏見のことは語らなかった。彼の関心は音楽に集中していた。しかし人種偏見のようなつまらないことで、彼が演奏したい音楽を台無しにされることに我慢がならなかったのだ」**（同）

幸いこのほかにトラブルは起きず、ダラスの良識を持った聴衆は人種如何にとらわれずウィルソン、ハンプトンの名演に感動した。要は音楽家としての技量なのだ。テディ・ウィルソンの非常にリベラルな意見も紹介しておく。この事件の2年ほど後の発言だ。

**「白人と黒人が混成バンドで演奏するのは良いことだ。音楽面で互いに得るものが大きい。クオリティーという意味では黒人ミュージシャンに得になる。白人ミュージシャンは黒人ミュー**

ジシャンのリズム感から良い刺激を受ける。こうした交流は高度な音楽を作る上で役に立つのだ」(同)

今日では人種にとらわれずに共演することは少しも珍しいことではないが、その先鞭をつけたグッドマンはジミー・ドーシーからこのように称賛されている。

「率直に言って、自分のオーケストラに黒人ミュージシャンを入れたベニーはその勇気を称えられて然るべきだ」(同)

ハンプトンが言うように、グッドマンは共演者を選ぶ場合、能力のみを重視して人種問題などには頓着しなかった。同じように被差別的な境遇に置かれていたユダヤ系のグッドマンならではの決断だったかもしれない。いずれにせよ、混成バンドへの道を切り開いたことは彼の功績の一つとして記憶されるべきだ。

このようにグッドマンが印した小さな一歩が、人種差別問題を真剣に考える契機となっていく。50～60年代に全米で公民権運動が拡がりを見せたとき、黒人自身が積極的に差別に対する抗議の声を上げ始めたのだ。ノーベル平和賞を受賞するマルティン・ルーサー・キング牧師の活動が代表的なものだが、この時代の黒人ジャズメンはこれに同調してチャールズ・ミンガス『ミンガス・プレゼンツ・ミンガス』、マックス・ローチ『ウィ・インシスト』を発表。アルバート・アイラーなど60年代のフリー・ジャズ・ミュージシャンはより強烈な表現で黒人の意識、感情を訴えた。

人種差別はアメリカの、というよりは人類の宿痾だ。2020年5月25日、ミネソタ州ミネアポリスで起こった白人警官による黒人虐殺事件は、21世紀の社会も未だ濃厚にこの難治の病に蝕まれていることを明らかにした。19世紀や20世紀前半の無法ともいえる黒人差別や虐待は減少し、バラク・オバマ大統領の出現が象徴するように、黒人の社会、政治、ビジネス、学界などへの進出は着実に進んでいる。しかしミネアポリスの事件は病理の本質的な部分は何ら改善されていないことを浮き彫りにした。もし多少なりとも救いがあるとすれば、黒人やその他の有色人種だけではなく、多くの白人が立ち上がって抗議のデモが行われたことだろう（ブラック・ライヴズ・マター運動）。

そして現代アメリカ人がこのような運動に至った背景には、スウィング期の有名ミュージシャンのリベラルな行動が寄与していると思う。スウィングは人種統合の善き側面を顕在化させ、軍隊やスポーツといった分野よりはるかに早い時期に人種間の融和を具現化したからだ。軍隊内における人種隔離が撤廃されるのは、スウィング期からはるか後年、トルーマン大統領時代の1948年のことだ。

こうしたスウィング期に覚醒してゆくアフリカ系の人々の精神については第14章で詳述する。

# 第10章──カーネギー・ホールへの道

## パラマウント・シアターの熱狂的興奮

話を1936年夏に戻して、38年1月のカーネギー・ホール・コンサートまでのグッドマンの主な出来事を追ってみよう。

映画『1937年の大放送』の撮影を終えた一行は9月10日ボストンのリッツ・カールトン・ホテルを皮切りにワン・ナイト・スタンドを続ける。東海岸でパロマーに匹敵する大観衆に迎えられたのはニュージャージー州アトランティック・シティのボールルーム「スティール・ピア」でのことだ。ニューヨークの檜舞台、ペンシルヴァニア・ホテルへの出演と『キャメル・キャラヴァン』の生放送という超多忙なスケジュールの中でグッドマンは、ハーレムの人気バンド、チック・ウェッブ楽団の専属歌手エラ・フィッツジェラルドと録音している。

グッドマンはかねてよりエラの歌唱を気に入っており、ウェッブも鷹揚に許諾した。親しいミュージシャン同士の気楽な約束だ。無邪気なもので法的な問題は誰も気に掛けなかった。曲は「グッドナイト、マイ・ラヴ」「テイク・アナザー・ゲス」「ディッド・ユー・ミーン・イット?」の3曲。RCAビクターへの録音は1936年11月5日。彼らは11月10日に『キャメル・キャラヴァン』でも共演している。

これはヘレン・ウォードが最初の夫との離婚協議のため11月1日から2週間バンドを離れていたときにあたる。ウォードは12月9日の録音を最後に、グッドマン楽団を退団しアルバート・マルクスと再婚している（ヘレンとグッドマンのロマンスとも取りざたされる彼らの関係については、第15章で詳述する）。

エラ・フィッツジェラルドとのレコードが発売されてヒットするとデッカからクレームが入った。

デッカの主張は、エラはウェッブ楽団の専属であり、ウェッブのデッカとの契約にはバンド・メンバー全員が含まれるというものだった。デッカは人気上昇中のエラを独占しようとしたのだ（エラとデッカとの契約は1956年ヴァーヴ移籍まで続く）。このためRCAはSP盤面のクレジットからエラの名前を削除した。後にこの3曲がヘレン・ウォードの歌だと誤認された原因である。声質も歌唱スタイルも全く違うのに不思議なものだ。当時のジャズ・ミュージシャンの契約に関する意識の低さを表す例として記しておく。

西海岸で意気投合したライオネル・ハンプトンがオンボロのシヴォレーのトランクにヴァイブラフォンを積み込んで大陸を横断、ニューヨークのグッドマンに合流したのもこの11月のことだ。

1937年1月にはハリー・ジェイムズ（トランペット）が参加する。ベン・ポラック楽団で働いていたジェイムズに目をつけたのはグッドマンの兄のベーシスト、ハリーで、彼はジョン・ハモンドにジェイムズを推薦した。

ハモンドはジェイムズの実力を見るためにハーレムの〈クラーク・モンローズ・アップタウン・ハウス〉に連れていった。ここで行われていたジャム・セッションに加えてみて真価を見定めようというわけだ。当夜ステージに上がっていたのはバック・クレイトンとロイ・エルドリッジだったというから強敵である。しかしジェイムズは見事にこの試練に応え、グッドマン楽団に迎えられた。ここにジギー・エルマン、ゴードン・グリフィンとともにスウィング・エイジ最強のトランペット・セクションが完成し、ファンから〈Biting Brass〉、「（噛みつくように）鋭いトランペット」と呼ばれた。

そして3月3日水曜日、タイムズ・スクエアのパラマウント劇場で2週間の公演が始まった。ここは3664席を持つ巨大な映画館だ。当時の興行形態は映画と実演でありグッドマン楽団も映画上映と交互の演奏だった。

当時のプログラムを見ると「パラマウント・ニュース」や漫画映画に続いての演奏となっている。3月10日に配布されたプログラムによればバンド・テーマの「レッツ・ダンス」に続いて「ビューグル・コール・ラグ」「スターダスト」「ライディン・ハイ」、フランセス・ハント（ヘレン・ウォードの後任）のヴォーカルをフィーチュアして「恋に寒さを忘れ」「ヒー・エイント・ガット・リズム」。クァルテットによる「身も心も」「タイガー・ラグ」「サヴォイでストンプ」「アイ・ガット・リズム」。バンド演奏に戻って「シング・シング・シング」とクロージングの「レッツ・ダンス」という選曲だ。

この劇場への出演とその成功には大きな意味があった。年齢制限がなく低廉なチケット料金ということで、未成年の若者が大挙して押し掛けたのである。それまでのグッドマンはボールルームやホテルのラウンジ・ショウのマナーの良い大人が相手だった。ところがパラマウントは映画館だから未成年でも入場できる。タイムズ・スクエアの地下鉄駅から溢れ出す若者の大群の整理のために警察官が出動したが、事情を知らない彼らはあっけにとられていたという。早朝からチケットを求めて劇場に押し掛けた若者たちは、映画（クローデット・コルベールとフレッド・マクマレエ主演の『セイラムの娘』）の上映中も騒がしく、楽団の演奏が始まると通路でジターバグを踊り始めた。

パラマウントとの契約当時、グッドマン楽団は34丁目のホテル・ペンシルヴァニアの〈マドハッタン・ルーム〉に出演中でパラマウントとは掛け持ちだった。グッドマンの回想を記す。

「初日のショウのためのリハーサルに劇場に着くと、午前7時だというのに切符売り場の前に数百人の若者が行列していた。劇場は我々の出演時間の1時間前には満員になってしまった。この日だけの入場者総数は2万1000人だった。ファースト・セットで奈落から迫（せ）りが上がってステージに出たときは、歓声が大晦日のタイムズ・スクエアのようだった。とても演奏できる状態ではなかったので4～5分はじっと座って人々をただ見つめていた。まるで彼らがショウで、我々が観客のようだった」（『私の話を聞いてくれ　ザ・ストーリー・オブ・ジャズ』ナット・シャピロ、ナット・ヘントフ 編著　新納武正訳　筑摩書房）

ボールルームであるパロマーでの成功よりも、スウィングが文字通り老若男女に浸透したこの時点をスウィング時代の始まりと見る史家も多い。このパラマウント出演中のバンドは前述のようにホテル・ペンシルヴァニアとの掛け持ちだった。

「劇場とホテルの間の距離は1キロメートルほどだが、パラマウントの出演時間は午前10時30分から5回。夕刻からの回の間にホテル・ペンシルヴァニアで演奏し、パラマウントのショウが午後10時30分に終わるとホテルに戻って午前2時まで。加えて週に一度の放送もある。こんなハードな仕事をどうやって切り抜けたのかわからないが、でもそんなことは考えずにGroovy（乗りにのって）にやっていけたのだ」（同）

この時点でグッドマンは27歳。若さがハード・スケジュールを可能にした。

5月11日にはハーレムの〈サヴォイ・ボールルーム〉で、Home of Happy Feetと言われたこの店を根城とするチック・ウェッブ楽団とバンド合戦を行っている。King of Swingの登場に観客が詰めかけ、2万人もの群衆がボールルームに入れず道路に溢れたという。当代随一の人気バンドを迎えた合戦狂ウェッブの負けじ魂はものすごく、形勢はウェッブ楽団が優勢だったようだが、ウェッブの強烈にスウィングするドラムスにクルーパが善戦したという記録が残っている。

この時期の勢いに乗ったグッドマンの演奏を楽しめる恰好のアルバムがある。

●**Benny Goodman On the Air**（1937－1938）（Columbia）

1937年3月3日（ニューヨーク録音）から1938年9月20日（カンザス・シティ録音）までの1年6か月の間の各地における放送用の録音だ。放送用といっても公開の場所におけるライヴ録音だからスタジオ録音に比べて乗りと気合が違う。上げ潮に乗ったバンドの力というものがどれほど凄まじいものかということを思い知らされる。グッドマン史上最上の名演（CD2枚組）である。主な収録曲は以下の通り。

- 「サムタイムズ・アイム・ハッピー」（1937年3月3日ニューヨーク）
- 「ダウン・サウス・キャンプ・ミーティン」（1937年3月25日ニューヨーク）
- 「ビューグル・コール・ラグ」（1937年7月6日ロサンジェルス）
- 「キング・ポーター・ストンプ」（1937年7月13日ロサンジェルス）
- 「仏陀の微笑み」（1937年10月27日ニューヨーク）
- 「ライディン・ハイ」（1937年11月2日ニューヨーク）
- 「ライフ・ゴーズ・トゥ・ア・パーティ」（1937年11月6日ニューヨーク）
- 「シュガー・フット・ストンプ」（1937年11月21日ニューヨーク）

●「ロール・エム」（1938年2月15日ニューヨーク）
●「モーテン・スウィング」（1938年9月20日カンザス・シティ）
他全49曲収録

## 1938年カーネギー・ホール・コンサート

グッドマンはこの人気沸騰の渦中でカーネギー・ホール出演のチャンスをつかむのである。

カーネギー・ホールは1891年に鉄鋼王アンドリュー・カーネギーによって建てられたクラシック音楽の殿堂である。いまでこそ様々なジャンルの音楽に門戸が開放されているが、1930年代後半にあっては、カーネギーにスウィング即ちジャズ・バンドが出演するということは破天荒ともいえる出来事だった。

グッドマンが彼の広報担当のウィン・ネイザンソンから1938年1月16日にカーネギー・ホールを使えそうだという知らせを受けたのは37年秋、15週間の契約でホテル・ペンシルヴァニアに出演中のことだった。話を聞いたグッドマンは最初は躊躇した。ボールルームでのダンス・ミュージックや映画館の実演ではなく、これは演奏会用のホールにおけるコンサートなのだ。既に〈King of Swing〉と呼ばれていたグッドマンにとってもカーネギー・ホールに出ることは大きな賭けだと思われた。失敗すれば「慢心」「身の程知らず」の汚名を着せられるだろう。彼はこう語っている。

「1938年1月16日の日曜日は寒い日だった。我々はコンサートがどのような成り行きになるのか。どんなサウンドになるのか、観客が我々をどのように思うのかまるでわからなかった」

（『私の話を聞いてくれ　ザ・ストーリー・オブ・ジャズ』ナット・シャピロ、ナット・ヘントフ 編著　新納武正訳　筑摩書房）

不安も危惧もあっただろう。しかし彼はジョン・ハモンドらと協議し出演を決意する。噂はたちまち広まった。前代未聞の出来事にニュース報道が過熱し、カーネギー・ホール2804席のチケットは数週間で売り切れ、バンドスタンドを囲むステージの上手下手にも100席以上の補助席が設けられることになった。これに立ち見席を加えておよそ3000人が入場することになる（ダウン・ビート誌など他の資料では3900人と伝えている）。グッドマン自身すら家族のための チケットの入手が儘《まま》ならなかったという。

カーネギー・ホールとの正式な契約は1937年12月7日だった。確定から実施まで時間の余裕はほとんどない。ホテル・ペンシルヴァニア（『キャメル・キャラヴァン』の放送も）への出演、ビクターへの録音など日程がびっしりとつまっている。このスケジュールのなかで、彼はコンサートの選曲や構成案を煮詰めていった。

グッドマンは自己のビッグバンドとシンガー、トリオ、クァルテットの演奏だけではなく大勢のゲスト・プレイヤーを招請し、当今流行のスウィングだけではなく、ジャズが今日のスタイルに至るまでの様々なスタイルを披露しようと考えた。いまや隆盛を極めるジャズの歴史への敬意を表そうと考えたのだ。

このため1917年にジャズ史上初めてレコーディングされたオリジナル・ディキシーランド・ジャズ・バンドの「ディキシーランド・ワン・ステップ（センセイション・ラグ）」から始まる「ジャズ

の20年史」や、腕利きのミュージシャンの妙技を堪能させるジャム・セッションのための「ハニーサックル・ローズ」を用意した。

集められたミュージシャンはグッドマンが日頃から尊敬するデューク・エリントン楽団、カウント・ベイシー楽団のスター・プレイヤーで、いずれもジャズ史に名を残す巨人たち。

ジョニー・ホッジス（アルト、ソプラノ・サックス）、ハリー・カーネイー（バリトン・サックス）、クーティ・ウィリアムズ（トランペット）、カウント・ベイシー（ピアノ）、レスター・ヤング（テナー・サックス）、バック・クレイトン（トランペット）、フレディー・グリーン（ギター）、ウォルター・ペイジ（ベース）、そして「ジャズの20年史」のなかでビックス・バイダーベックに捧げられた「私はヴァージニアへ」を演奏したボビー・ハケット（コルネット）の9人。彼らはコンサートの前半にフィーチュアされた。

他のナンバーはすべてグッドマン・レパートリーでビッグバンドのハリー・ジェイムズ、ジギー・エルマン、ゴードン・グリフィン（トランペット）、レッド・バラード、ヴァーノン・ブラウン（トロンボーン）、ハイミー・シャーツアー、ジョージ・ケーニッヒ（アルト・サックス）、アート・ロリーニ、ベイブ・ラッシン（テナー・サックス）、ジェス・ステイシー（ピアノ）、アラン・リュース（ギター）、ハリー・グッドマン（ベース）、ジーン・クルーパ（ドラムス）やヴォーカルのマーサ・ティルトン。そしてもちろんテディ・ウィルソン（ピアノ）、ライオネル・ハンプトン（ヴィブラフォン）も出演する。

1月16日のカーネギー・ホールのマチネーはジョルジュ・エネスコの指揮とヴァイオリン、ニューヨーク・フィルハーモニー交響楽団（現ニューヨーク・フィルハーモニック）のコンサートだったが、会場の外では寒空の下、午後2時から立ち見の当日券を求める人々が長蛇の列を作っていた。

会場に一番乗りしたのはグッドマンだった。バンドのメンバーは交響楽団と入れ違いに午後3時に会場に入った。

ホールの支配人は、初めてカーネギー・ホールに出るメンバーたちのために楽屋やクラブ・ルームを案内した。ある部屋では額に掲げられたトスカニーニの写真に見入ったりした。楽屋ではウォーム・アップのためのジャム・セッションとして「ハニーサックル・ローズ」のリハーサルも行われた。全員快調にスウィングして、演奏は延々と続いたらしい。

定刻の午後9時。全員がブラックタイ、リーダーのグッドマンだけがホワイトタイの燕尾服に青いカーネーションを襟に着けて舞台袖に集まる。緊張したメンバーは誰が最初にステージに踏み出すのか互いに譲り合って、報道陣やカメラマンもいる狭い場所はごった返したという。結局押し出されるような格好で最初にステージに出たのはゴードン・グリフィンになった。

大拍手のなか、コンサートはビッグバンドによる「その手はないよ」から始まった。カーネギーという大舞台、勝手が違ったのか緊張のためかバンドの出だしは硬かった。ここに喝をいれたのがジーン・クルーパだ。ドラム・ブレイクになると発破をかけるように大音量でドラムスを炸裂させ、早くも喝采を呼びこんだ。あとは一気呵成である。

「ワン・オクロック・ジャンプ」ではカウント・ベイシーのオリジナル演奏のようにまずピアノがソロをとる。ゲストのベイシーが袖で聴いているのでジェス・ステイシーが張り切っている様子がわかる。ヴァーノン・ブラウン、グッドマン、ハリー・ジェイムズとソロが続きリフのアンサンブルが始まると次第にクレッシェンドしてエキサイティングなエンディングに持ち込む。

「ジャズの20年史」ではボビー・ハケットがビックス・バイダーベックへの敬意を滲ませた。音色といいフレージングといい、ビックスの偉大さを余すところなく伝えたのだ。ハリー・ジェイムズがルイ・アームストロング張りのホットな音色にテクニシャンぶりをみせる「シャイン」。「ブルー・レヴェリー」にはジョニー・ホッジス（ソプラノ・サックス）、ハリー・カーネィー、クーティ・ウィリアムズが登場してエリントン・ムードが横溢する。メドレイの中で異色ともいえるサウンドに拍手がおくられる。

ジャム・セッションの「ハニーサックル・ローズ」にはベイシー楽団のメンバーも加わって16分35秒にわたって熱演が繰り広げられた。終始リズムを送り続けるウォルター・ペイジが珍しく前面に出るコーラスがあるが、不動のリズム・マンであることを崩さない。フレディー・グリーン（ギター）もソロがフィーチュアされるが、終始コード・マンであることを崩さない。二人のバックでベイシーが誇らしげにピアノで合いの手を入れている。何人もの名手が技を競いあうジャム・セッションで最も優れたソロはレスターとホッジス、ジェイムズだ。しかし何よりの聴きものはベイシー、グリーン、ペイジとクルーパによるリズム・セクションである。

ここでトリオ、クァルテットの演奏「身も心も」「アヴァロン」「私の彼氏」「アイ・ガット・リズム」を挟んで管楽器を休ませたあと、第二部はグッドマンのビッグバンドに戻って「ブルー・スカイズ」からスタートする。35年6月録音とは見違えるような快演である。ヘンダーソン会心のアレンジで、合奏音の太さと粘りが各段に進歩している。ヘンダーソンにとってみればこのサウンドこそ彼が理想として描いていたものだろう。

続いてスコットランド民謡の「ロック・ローモンド」を歌ったティルトンに盛大な拍手が送られる。合いの手を歌うのはグッドマン。この曲のバグパイプ風の音を模したアレンジはクロード・ソーンヒルによるものだ。ティルトンにアンコールを促す拍手に、グッドマンが「あとでまた歌います」と応えている。

リチャード・ロジャース＝ロレンツ・ハートの「ブルー・ルーム」はヘンダーソンがカーネギー・コンサートのために書き下したニュー・アレンジだ。トランペットはいつもジェイムズ、エルマンにソロをとられて僻《ひが》んでいたといわれるゴードン・グリフィン。

ジミー・マンディのアレンジによる「ロッキーでスウィング」はバンドの切れの良さ、怒涛のようなアンサンブルが醸すスウィングが素晴らしい。熱狂的なトランペットはエルマン。

「素敵なあなた」は当時アンドリューズ・シスターズが歌ったユダヤ調のヒット曲。グッドマンの37年12月の録音ではクァルテットにティルトン、エルマンをフィーチュアしたものだったが、ここではビッグバンドでの演奏。再びティルトンが登場して前半を歌う。彼女は豊かな声量で安定感抜群の歌唱力の持ち主。エルマンのユダヤ的旋律を聴かせるトランペットを挟んで、エンディングはティルトンの歌から出てアンサンブルを呼び込んで締めくくる。

再びトリオとクァルテットが登場して「チャイナ・ボーイ」「サヴォイでストンプ」「ディジー・スペルズ」の3曲。バンドは休むがグッドマンとクルーパは出ずっぱりなのだから二人の気合とスタミナに驚かされる。4人の呼吸、アイディアに満ちたアドリブの応酬が素晴らしい。

そしてクライマックスは「シング・シング・シング」だ。原曲は1936年に歌手でディキシー風のバンドを率いたルイ・プリマの作詞作曲。至極単純な曲でプリマ自身のバンドで録音されたほか、アンドリューズ・シスターズのレコードもヒットしていた。グッドマンはこの曲を自身の出演映画『ハリウッド・ホテル』で演奏し、37年7月6日にハリウッドで録音している。12インチ盤2面にわたる演奏だ（このヴァージョンは1982年にグラミー賞「名声の殿堂」に選ばれている）。

他愛もないこの曲がなぜここまで長尺となったのか。それはジミー・マンディの驚くべきアレンジによる。マンディはこの曲にヘンダーソン楽団のオリジナルでチュー・ベリー他が作曲した「クリストファー・コロンバス」を合体させたのだ。グッドマンもヘンダーソンから譲渡されたアレンジで35年11月22日に録音している曲だ。この合体が単なる物理変化を超えて化学変化を起こしている。ヘンダーソン版もグッドマンの録音も長調で演奏されるが、マンディはこれを「シング・シング・シング」に合わせて短調に移調したのだ。このアレンジが異様ともいえる効果を生んでいる。

曲はクルーパの呪術的なバスタム連打で開始され、原メロディーがワン・コーラス奏された後「クリストファー・コロンバス」が現れると異界に誘われるような興奮が湧き起こる。すべての管楽器が動員され、緻密に書き込まれたアレンジの合奏が暗い熱情を呼びさましてゆく。ソロはグッドマン、ラッシン、ジェイムズ、ステイシーが曲調に合っていずれも見事なものだが、ジェイムズの演奏が一世一代の名演だ。徐々に盛り上げていってクライマックスで合奏を呼び込む様など胸のすくような鮮やかさ。ステイシーの哀感あふれる演奏も彼のベストだ。彼のソロが始まってすぐに起きる笑い声は、グッドマンがマイク・スタンドをピアノの近くに運んだときのものだ。レコーディング・ヴァージョンで8分43秒かかるこの曲はソロ・スペースを拡大して12分2秒で演奏された。カーネギー・ホールの客のなかには通路に出て踊り出すものもあったようだ。

アンコール2曲の内ではホレス・ヘンダーソンの「ビッグ・ジョンズ・スペシャル」が圧巻。最後まで歯切れのよいスウィングを聴かせる。ここまでおよそ150分。管楽器の音量と切れが持続したのは日頃のトレーニングの賜物だと思うが、一曲も休むことなく叩き続けたクルーパの持久力は驚異的だ。モダン・ドラミングで開発されるシンバル・レガート奏法がなかったこの時代、リズムをキープするのはバス・ドラムである。4拍を曲調に合わせ、緩急強弱をつけて打ち続けるテクニックと脚力には驚嘆させられる。

総じて言えることは豪華ゲストをフィーチュアした「ジャズの20年史」、ジャム・セッションの「ハニーサックル・ローズ」が中心となった前半よりも、グッドマン自身のビッグバンド、コンボ、シンガーを聴かせた後半の方が充実していることだ。ゲストや企画ものは、話題性やヴァラエティをつけるためのもので、グッドマンの本心は自ら磨き上げてきたバンドを聴いてもらうことにあっただろう。ビッグバンドやコンボの、これでもかという気魄に満ちたはち切れるような演奏が彼の胸中を物語っているようだ。

コンサートの客のなかには若い学生もいたが、カーネギー・ホールにふさわしいドレス・アップした中高年層も多かった。

マチネーに出演したニューヨーク交響楽団メンバーのなかで興味を持つ者もいた。あるヴァイオリン奏者は思い出をこう語る。

「彼らはただいきなり演奏を始めた。にもかかわらず、全員が見事に揃っていた」(『JAZZ legends

ダウン・ビート・アンソロジー　60YEARS OF JAZZ』フランク・アルカイヤー編　廣瀬眞之監訳　田村亜紀訳　シンコーミュージック）

これは1曲目の「その手はないよ」について言った言葉だろう。

交響楽団のティンパニー奏者、ソル・グッドマンは同じ打楽器奏者であるジーン・クルーパについてこう語る。

「ジーンほどのリズム感をもったパーカッショニストには未だお目にかかったことはない。彼は潜在意識のなかに、そこで演奏するのに一番合ったアイディアを持っているようだ」（同）

コンサートは大喝采のためしばしば中断し、その都度グッドマンは熱狂する聴衆に静聴を求めざるを得なかった。演奏中も歓声でビッグバンドの音がかき消されてしまうことすらあった。淡いピンクの衣装を着たマーサ・ティルトンが歌う「ロック・ローモンド」に対する拍手は5分間にも及んだのである。

このコンサートの模様はステージ上方の三点吊りマイクで収録された。36年12月までバンドの専属歌手だったヘレン・ウォードの夫アルバート・マルクスが、妻への結婚記念日のプレセントのために記録したもので、アセテート盤に録音され、アルミニウムのディスクにカットされた二つ目のセットはグッドマンに贈られた。ディスクは長い間グッドマン家のクローゼットに仕舞われていたが、12年後の1950年にグッドマンの義理の姉（ジョン・ハモンドの姉）が発見し、グッドマンはこれをコロムビアに持ち込み、12インチＬＰ2枚組の『Benny Goodman The Famous 1938 Carnegie Hall Jazz Concert』として全世界で発売された。これはレコードがＬＰ方式となった時代の最初期のジャズ・

アルバムの一つで、米国内だけでたちまち100万セットを売上げた。その後も再発をくりかえし1999年にはグッドマンの思い出話やオリジナルに記録された拍手などほぼそのままに復刻してCD2枚組となっている。現在までの総売上はおそらく1000万セットを超えているだろう。ジャズ史上最も売れたレコードの一つだ。

このアルバムについてのグッドマンの回想は以下の通り。ヘレン・ウォードの夫に関してグッドマンは全く触れていない。この相違は記憶違いか、意図的なものなのか今となっては確かめようもない。

「私たちは当夜の演奏が録音されていることは知りませんでした。後になって知ったのです。録音からは二つのコピーが作られ、一つは私が所蔵し、一つは国会図書館に収蔵されました。私はそれを仕舞いこんだまますっかり忘れていました。1950年なって娘の一人がそれをクローゼットの中から発見したのです」(同)

いずれにせよ、グッドマンのカーネギー・ホール・コンサートはジャズ史上のエポックでありスウィング・ムーヴメントのシンボルとなった。29歳の若さでグッドマンはスウィング時代の頂点に立ったのである。グッドマンのひと世代前の「キング・オブ・ジャズ」と言われたポール・ホワイトマンは「戴冠おめでとう!」という電報を送った。

『ダウン・ビート』誌は1938年2月発行号に以下のようなジョージ・T・サイモンの記事を掲載している。

「スウィングの影響は、夜の娯楽産業の全域にとどまるものではなく、我が国の音楽ビジネスの基底に膨大な刺激を与えた。スウィングは、多数の国民の生活に受け入れられ、国民の道徳規範や言語に既に影響を与えてもいたのである」（『スウィング　ビッグバンドのジャズとアメリカの文化』デーヴィッド・W・ストウ著　湯川新訳　法政大学出版局）

ここでサイモンが言語と言っているのは、スウィング・ブームのさなかに若者たちの間で流行したスラングのことだろう。10例ほどあげておく。

・Ickie：スウィングを理解しない流行遅れの人間
・Cats：ミュージシャン
・Hep Cat：物知り、スウィングに詳しい人間。のちにHipとなる
・Alligator：スウィングに熱中する人間
・Skins：皮、ドラムス
・Disc：皿が転じてレコード。これは今日も死語ではない
・Coffee-And-Cake：安い報酬。Champagne-And-Caviarの反対。
・Long Hair：長髪の意味だが当時はクラシック・ファンを指した
・Cuttin' Rug：ジターバグなどのスウィング・ダンス。激しい動きで絨毯が擦り切れた
・Paper Man：紙人間。楽譜に頼ってアドリブができないCat

スウィングの熱狂が昂じると若者を中心に同好グループができる。集団心理として彼らは周囲との違いを誇示し閉鎖的な社会を作りがちである。そして仲間内だけで通じる符丁を遣い始める。後年の

ビート・ジェネレーションやヒッピーと比べると無邪気なものだが、1930年代にあってはこのような言葉を使うだけで眉をひそめる大人も多かった。

サイモンが指摘する「道徳規範への影響」については保守層の非難攻撃が大きかった。一例をあげておきたい。キリスト教会のある司教の言葉だ。

**「我々は犯罪的なまでの無関心によって、食人種的なリズムへの耽溺が、社会秩序のなかに定着することを黙認しているが、これによって我々の若者たちを地獄に通じる快楽の道に誘っているのだ」**（同）

『ニューヨーク・タイムズ』は「危険な催眠的影響力が（青少年を）道徳的不品行と風俗壊乱に導く」という記事を掲載した。

このような非難は新しい音楽現象が現れるたびに繰り返されている。1920年代の終わりにビング・クロスビーに人気が出始めた頃、ボストンの神職者は「アメリカの男性にふさわしくない堕落した歌をめそめそ歌う男にたいするむかつくような嫌悪感」を表明した。1940年代のフランク・シナトラ人気、1950年代のエルヴィス・プレスリー、1960年代のビートルズのときも同じような攻撃が行われた。既往の美感覚、道徳観に合わない現象にたいする感情的な非難だが、『タイム』紙はグッドマンのカーネギー・ホール・コンサートを、スウィング現象は現下の世界情勢を反映したものと冷静に分析した上で、以下の論評を掲載した。

**「その周辺に抑圧するものを何も持たず、音楽上の教義体系というよりはむしろ教義にたいする反抗なのである。従って独裁者たちはスウィングを怪しんでしかるべきである」**（同）

ここでいう独裁者は当時の世界情勢からみて、アドルフ・ヒトラーやベニート・ムッソリーニであったことは言うまでもあるまい。事実彼らはスウィングを下等な音楽として弾圧した。わが国でも1941年12月の日米開戦が近づくとダンス・ホールが閉鎖され、ジャズが敵性音楽とされた歴史があった。たかが音楽、たかがジャズという見方もできるが、その音楽を為政者や権力者が忌み嫌い、ひいては影響力の大きさに恐怖心すら持つに至ったのが、1930年代のスウィング現象だったのである。

# グレン・ミラー楽団の船出

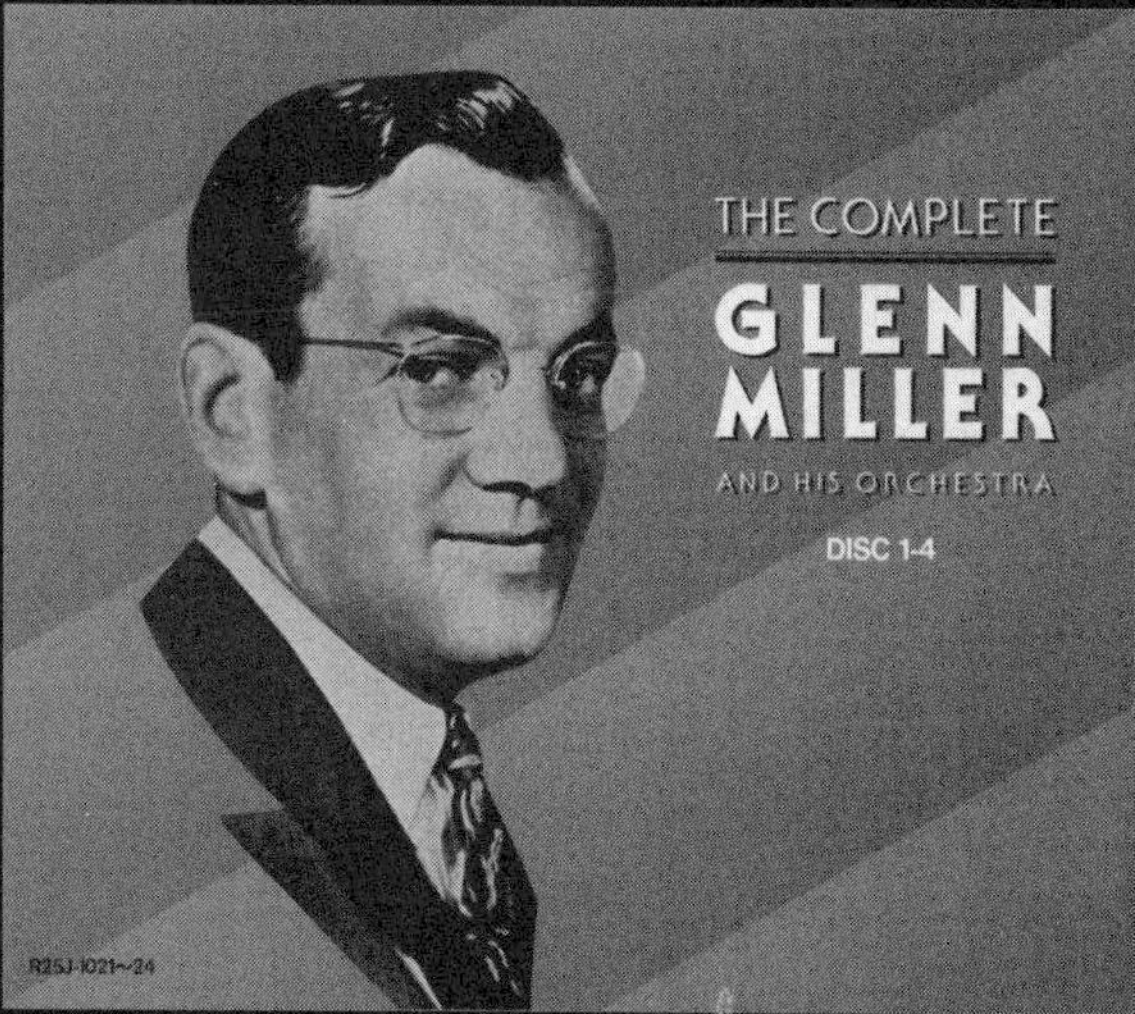

## 挫折の反省と厳格なリーダーシップ

ベニー・グッドマンのカーネギー・ホールでの成功をグレン・ミラーはどのように受けとめたのだろう。ミラーは1938年の年明けを無一文のなかで迎えている。1月2日に解散したバンドのために彼は全財産を費やしていたのだ。グレンとヘレンのミラー夫妻は、グレンの腕ならばアレンジャやスタジオ仕事を取って難なく生活できることを知っていたが、やはり自己のバンドを持つ夢を捨てきれなかった。グッドマンの成功が痛いほど刺激になったであろうことは想像に難くない。

再結成について、ミラーはまずハル・マッキンタイアと話し合った。ミラーは、初めはさほど乗り気にはみえなかったとマッキンタイアは記憶している。既に人気を得ているグッドマン、トミー・ドーシー、アーティ・ショウのように自らの楽器の美技で大衆の心を掴むのが無理であることは、自身が一番よく知っている。しかしミラーにはアレンジとアンサンブルでは負けることはないという意地があった。

マッキンタイアはこのミラーの本音を見抜いて腰をあげさせたようだ。堅実を旨とするビジネスマンのミラーと、危険を冒してでもグッドマンらに伍し、戦列に戻りたいミュージシャンのミラーとが相克していたのだろう。

マッキンタイアの説得に促される形でミラーは1938年、未だ春浅い頃にバンドの再結成を決意する。資金となる18000ドル（現在の邦貨にして約1000万円）は、ヘレンの実家バーガー家が屋敷を抵当に入れた借金で賄われた。

メンバーを集めるとき、ミラーは「今度のバンドにはプリマ・ドンナは入れない」と語ったという。

つまりスター・プレイヤーは不要、個人プレイではなく指示通りのアンサンブルを作れる奏者を欲したのだ。ここに彼の新しいオーケストラの方針と、グッドマンをはじめとする他の先行バンドとの違いを際立たせる戦略が隠されていた。

戻ってきたメンバーはチャミー・マクレガー（ピアノ）、ロリー・バンドック（ベース）、ボブ・プライス（トランペット）、ハル・マッキンタイア（アルト・サックス、テナー・サックス、クラリネット）の4人。続いてウィリー・シュワルツ（テナー・サックス、クラリネット）、テックス・ベネキ（テナー・サックス、ヴォーカル）。そして男性ヴォーカルのレイ・エバリー、女性ヴォーカルのマリオン・ハットンらが加入してくる。

ミラーは1937年にアーヴィング・ファゾラ（クラリネット）やジェリー・ジェローム（テナー・サックス）を擁してリード・セクションを5人に増強していたが、クラリネットがシュワルツに代わると俄然サウンドがソフトでロマンティックなものに変化した。

ファゾラはベン・ポラック、ボブ・クロスビー、マグシー・スパニアなどの有名バンドを歩き、後にディキシーランダースという自楽団を結成する独特の個性をもった花形のソリストで、ミラーも彼の奏法を気に入っていたがセクション・マンではなかったのだろう。

シュワルツはファゾラほどの個性やテクニックはなかったがセクションの一員に徹し、4人のサックスをリードするように朗々たる音でクラリネットを吹いた。

マッキンタイア、ベネキ、シュワルツとともにこの期のミラー楽団のリード・セクションに並んだのはスタンレイ・アロンソン、ビル・ステグマイヤー（アルト・サックス）を加えた5人。入念で厳格なリハーサルを重ねていった。いわゆるグレン・ミラー・サウンドはこの時点でほぼ完成していたのだ。

5月23日録音の3曲でそれは証明されている。レイ・エバリーのヴォーカルがフィーチュアされる「ドント・ウエイク・アップ・マイ・ハート」は冒頭のリード・セクションのアンサンブルが既にミラー・サウンドだ。エバリーの歌はまだ中音域以下が不安定だが高音はよく伸びている。シュワルツのソロも聴かれるがクセのない奏法だ。ミラーが気に入ったことが理解できる。

「ホワイド・ヤ・メイク・ミー・フォール・イン・ラヴ」はリズム・センスが古くやや硬直気味。女声ヴォーカルはマリオン・ハットン以前に専属を務めたゲイル・リーズ。歌の後にテックス・ベネキがコールマン・ホーキンズ張りのソロをとる。

「ランプライト」は男女ヴォーカリストとザ・モダネアーズが柔らかい混声コーラスによるサウンドを作っている。この時点で基礎工事と上棟工事は終了していた。あとはエクステリアとインテリアを仕上げ、華麗な建造物を作るだけだ。

ジョージ・T・サイモンが『メトロノーム誌』38年6月号にこんな記事を寄せている。

「注目してほしい、たとえば1本のクラリネットに4本のサックスというユニークなスタイル、そしてバックのブラス奏者たちのハット（帽子型のミュートの一種）使用による音の変化、そして素晴らしいアイディアにあふれたグレン・ミラー楽団がいよいよ活動を始めたのだ」（『グレン・ミラー物語』ジョージ・サイモン著　柳生すみまろ訳　晶文社）

これは再結成されたミラー楽団が4月にボストンでデビューしたときの模様だ。しかしサイモンの好意的な記事にもかかわらず、活動を再開したバンドはニューオリンズのホテルで多少の好評を得たものの、二流、三流の場所からしか声がかからなかった。一晩の報酬がわずか400ドルでも仕事を引き受けざるを得ない状況が続く。日によっては200ドルのこともあった。メンバーと約束した報酬、他の経費を支払えばミラーの手元に残るのはわずか5ドル余りという有様だった。

しかしミラーには期するものがあった。追い求めてきたサウンドのかたちがようやくみえてきたところだ。それにはメンバーの錬度がいま一歩及ばない。理想とするサウンドを獲得するには、ひたすらバンドを鍛えるけだった。

この点ミラーは演奏のトレーニングだけではなく、メンバーのエンターテイナーとしてのマナーにも厳格だった。清潔でプレスされたユニフォーム、胸のポケットには白いハンカチーフ、磨かれた靴、櫛目の入った髪型など規律にうるさかった。自身も酒は好きで、それも日頃の鬱憤を爆発させるような飲み方だったが、酒の怖さを知るだけに酒癖の悪い者には特に厳しかった。このため率先垂範、ミラーはバンド再結成を機に自らに禁酒を科した。この当時ミラー楽団の広報担当となったハワード・リッチモンドはこう語る。

「彼はこの業界のなかで最も規律にうるさかったのです。彼はメンバーに多くのことを要求しましたが、ミュージシャンやシンガーの独自性や創造性を活かそうとはしませんでした。いつでも彼は、奏者の特有のフィーリングを尊重するよりも、奏者がいるセクションの正確な調和の方を重視していました。わかり易く言えば、ミラー楽団ではフランク・シナトラは育たないということです」（同）

再結成のバンドにはプリマ・ドンナは入れないと言う所以だろう。シナトラは言うまでもなく次代の大スターになる人物だ。そのシナトラすらハリー・ジェイムズ（在団期間1939～40年）とトミー・ドーシー（40～42年）の傘下にあるときは、専属シンガーとしての役割とマナーを彼らに叩きこまれて育った。この時代、歌手はあくまでビッグバンドの添え物であり、ソロ・スペースを与えられてもリーダーより目立つことは許されない。特にドーシーは激情型の性質で、ミラーとは別の意味で仕えにくいリーダーだった。彼は喧嘩っ早いことでも有名だったが、メンバーの個性を矯《た》めることはなかった。この環境のなかでシナトラは、数年後には女性たちを悩殺することになるセクシーな歌唱力を磨いていった。そしてそれがバンドの人気向上につながるものならとドーシーも許容していた。そもそもドーシーは自身のトロンボーンの腕前に絶大な自信を持っていたから、シナトラに多少の人気があることなど歯牙にもかけなかったのだろう（数年後には後悔することになるのだが）。

反対にミラーは歌手も含むあらゆるメンバーにスタンドプレイを許さなかった。リッチモンドが指摘するのはこの点である。そこまで厳格に統制しなければ人気の面で先行するグッドマンたちに対抗できない。ミラーが規律に厳しかったのは、勝負はあくまでアレンジとアンサンブルにあり、我々はチーム・ワークで勝利を獲りに行くという固い決意の表れである。

苦闘が続く中、突然風向きが変わるのは1938年9月のことだ。ミラーはそれまで録音してきたコロムビア系列を離れ、RCA系のブルーバードと契約する。

記念すべき最初の録音は1938年9月27日。ドビュッシーの「夢」をジャズ風に改編しレイ・エバリーが歌った「マイ・レヴェリー」（当時ダンス・バンドを率いていたラリー・クリントンが作詞し、専属の女性シンガーのビー・ウェインの歌でヒットしていた）でミラーは冒頭のトロンボーン・ソロをとっている。4か月前の「ドント・ウエイク・アップ・マイ・ハート」他の録音よりアンサンブルが進化していることがわかる。数か月の間の厳しいトレーニングの成果が現れてきており、メンバーの一人一人の音が結合してバンド・サウンドに独特の個性が生まれている。

アメリカ・インディアンの音楽をもとにした「ミネトンカの湖畔（パート1、2）」は、この方面の研究家サーロウ・リューランスが採譜して1914年に発表した曲。「Indian Love Song」とサブタイトルが付けられている。ブラスとリードがコール・アンド・レスポンスで旋律を作り、テックス・ベネキがテナー・サックスとクラリネットのソロがフィーチュアされる。彼のクラリネットはバーニー・ビガードのようなニューオリンズ・スタイルだ。後半にミラーのトロンボーン、ジョニー・オースティンのトランペット、ビル・ステグマイヤーのアルト・サックスのソロ。SP両面に収録された6分29秒の長尺で、楽団初期のヒット作の一つだ。

そしてグッドマンも得意とするジェリー・ロール・モートンの「キング・ポーター・ストンプ」は、フレッチャー・ヘンダーソンのアレンジによるグッドマン版が冒頭にトランペット・ソロを置いているのに対し、ミラー版では自身のトロンボーンをフィーチュアしている。リード・セクションは全員がサックスを吹き、クラリネット・リードは用いられない。鋭さではグッドマンに及ばないが、暖か味のあるアンサンブルはミラーらしいまとまりをみせている。以上SP4面分。すべてミラーによるアレンジだ。

グッドマンの成功の足がかりがNBCネットワークの公開生中継番組『レッツ・ダンス』だとすれば、ミラーの成功の足がかりはディスク・ジョッキー（DJ）番組だった。バンドが出演して生演奏を行うのではなく、DJがレコードを選んで随意にコメントするスタイルの番組だ。ミラーのレコードは徐々にDJたちを魅了していった。

特にマーティン・ブロックがDJを務める人気番組『メイク・ビリーヴ・ボールルーム』(ニューヨークWNEW局)が積極的だった。リスナーは番組で聴いた曲のレコードを買い求め、バンドが自分の町にやってくればボールルームに足を運ぶ。こうした好循環が少しずつ形を成していったのだ。アメリカでラジオ放送が始まって未だ20年足らず。ミラーは他のリーダーたちよりも放送とレコードという媒体の威力を認識していた。DJたちに受けたのは、他のバンドとは際立って個性的なアンサンブルの魅力と、ミラーの協力的な姿勢だったろう。

順風を受け始めたミラー楽団を興行面で支援したのは、ボストンを拠点として複数のボールルームを経営するサイ・シュリブマンだ。彼は1920年代から弟とともにボールルームを経営しトミー・ドーシー、アーティ・ショウ、ウディ・ハーマンなどを育てた実績があった。デューク・エリントンも当時は年に夏冬の二回、シュリブマンのボールルームを拠点としてニュー・イングランド一帯をツアーしている。シュリブマンはビッグバンド・リーダーの信頼厚い実力者だった。

シュリブマンは12000ドルまで膨らんでいたミラーの借金を肩代わりし、代わりにミラー楽団の利益の25%を受けるという条件でバンドのブッキングを始めた。手始めに自身が所有するボストンのローズランド・ボールルームに毎週火曜、土曜の出演(ここからはCBSネットワークを通じての全国放送が行われた)。他の曜日はボストン周辺のボールルームや大学でのワン・ナイト・スタンドという条件だ。これもミラー人気の下地をつくるうえで効果があった。

## ビッグバンドの檜舞台において人気沸騰

この頃ミラーはアレンジャーとしてビル・フィネガンを採用している。

「私がミラー楽団に移ったのはトミー・ドーシー楽団で働いていたときです。あるときグレンがトミーの演奏を聴きにきました。彼のテーブルに呼ばれていくつか質問されました。どのバンドが好きかとかそういう質問です。私はデューク・エリントンと答えました、すると彼は私が書いたアレンジを届けるように言いました。テストしたかったのでしょうね。言われた通りに届けると、数週間後にミラー楽団のためにたくさんのアレンジを書いてくれるよう連絡がありました」（『グレン・ミラー物語』ジョージ・サイモン著　柳生すみまろ訳　晶文社）

その後ミラー楽団で活躍するアレンジャーは数人いるが、フィネガンは最初の専属編曲者で週に2曲のアレンジを仕上げていくことになった。かなりのハイ・ペースといえるだろう。フィネガンのアレンジで最もよく知られた曲は「茶色の小瓶」「ヴォルガの舟歌」だが、彼は後年になって「グレンは出来上がった譜面に、楽団に合うように手を入れるので、どこまでが自分の書いたアレンジかと聞かれても困るのです」と告白している。

フィネガンは1950年代にエディ・ソーター（1914年12月2日〜1981年4月21日。コロンビア大学、ジュリアード音楽院で編曲を学び、1939年ベニー・グッドマンのレギュラー編曲者となる。1961年にスタン・ゲッツと共作した「フォーカス」が有名）とモダン・オーケストラを組むことになる進歩派だ。ミラーはビッグバンド・アレンジを革新しようとするフィネガンの力量を認めていたが、まず大衆を喜ばせることを目標とするミラーの方針とはソリが合わなかった。しきりに「(大衆向けに音楽の質を)もっと落とせ」と指示された。奇抜すぎるハーモニーは使うなということだろう。しかしヘレン夫人によると、自宅にスコアを持ち帰ったミラーは、しきりとフィネガンのアレンジに感心していたという。経営方針を別にすれば、音楽家ミラーはフィネガンのアレンジ能力に嫉妬するほどの脅威を感じていた。だからこそフィネガンに辛く当たったのかもしれない。ヘレン夫人はそのことをそっとフィネガンに伝えて彼の心を安んじている。彼は後年、ヘレン夫人の行き届いた配慮に「理想的な夫婦でした」と感謝している。

ミラー楽団のアレンジャーとしてもう一人忘れてならない人材がジェリー・グレイだ。彼はアーティ・ショウのもとで働いていた。ショウがバンドを解散(39年11月)すると翌日ミラーから誘いがあった。ショウ楽団に愛着をもっていたグレイは、初めミラー楽団は陳腐に見えたと回想している。

「私にはグレンのバンドはアーティのようにスウィングしていないと感じられました。私がグレンのバンドに参加したのはメドウブルックに出演中(39年11月のミラーの凱旋公演)のことでした。週に3曲のアレンジで150ドルの報酬です」(同)

フィネガンよりさらに多くの仕事を与えられたのは、グレイの作編曲能力のほうが高いとミラーが評価したためだろう。実際ミラーはショウ楽団のために書いたグレイのアレンジをレコードで聴いていたのだ。出来栄えの見当がつくので、指示も細かいことはいわずに「この曲をアレンジしてくれ」というだけで、完成したスコアに文句をつけることもなかった。同じくバンドのアレンジャーを務め、トランペット・セクションの一人でもあったビリー・メイは「ジェリーはバンドにぴったりだった」

と証言している。個人的にもミラーとグレイは相性がよかった。

「私はアーティのところでは音楽的に、グレンのところでは個人的に大変に幸せな日々をおくれたのです」(同)

ミラー楽団における彼の代表作は「ペンシルヴァニア6－5000」だろう。これはミラー楽団が頻繁に出演したカフェ・ルージュのあるホテル・ペンシルヴァニア（401 7th Avenue）の電話番号だ。ニューヨークで最も長く使用されている番号といわれ、現在も212－736－5000番として使われている。このほか「サン・ヴァレイ・ジャンプ」「真珠の首飾り」等々。フィネガンの重厚に対するグレイの軽快という配置になる。

こうした人事を行ってミラーは楽団の指揮に専念できる体制を整え、1939年3月5日からニュージャージーのフランク・デイリーズ・メドウブルック・ボールルームに出演する。このボールルームはマンハッタンから20㎞西方、ニュージャージーの豊かな自然のなかにホテル・ペンシルヴァニアの豪華な雰囲気を持ち込んだような造作で、放送設備も完備していた。CBSネットワークを通じての全国放送が行われており「And now from Frank Dailey's Meadowbrook on the Newark-Pompton Turnpike, in the heart of Cedar Grove, New Jersey comes the music of The Glenn Miller & his Orchestra !」というアナウンスメントが有名になった。ミラー以前にラリー・クリントン、後にトミー・ドーシー、ジーン・クルーパが出演する人気のスポットである。ニューヨーク都市圏でミラーが初めて出演する一流の場所でもある。ここで楽団は成功をおさめるとともに、ミラーが長年探し求めてきたサウンドの大完成をみている。

「メドウブルックで演奏していたあるとき、突然バンドの音がピタリと私のツボにはまったんだ。その瞬間はカチッと音がしたみたいだった。彼らは私が求める通りの演奏をしてくれていると心から感じられたんだよ。最高の気分だった」(同)

このメドウブルックへの出演が始まる直前、3月1日のミラー35歳の誕生日。ニューヨークのスタジオでリハーサル中の彼に、さらに大舞台からの出演要請の知らせが届けられた。グレン・アイランド・カジノからの夏季シーズンの出演オファーである。メドウブルック以上に大きなチャンスになるだろう。

グレン・アイランド・カジノはマンハッタンのミッドタウンから15㎞ほど北東、ロング・アイランド海峡に面したリゾートに立地する高級アミューズメント・パークで、その施設の一部にボールルームが含まれていた。ここには1932年頃からオジー・ネルソンやグレン・グレイのカサロマ・オーケストラ、ドーシー・ブラザーズ、チャーリー・バーネットなどが出ており、出演バンドを成功に導く登竜門として有名だった。ダンスはもちろんダイニングもできる部屋は広く豪華で、天井も高く、音響も照明もインテリアも極上。窓の外にはロング・アイランドの入り江が広がり、恋人とのデートには格好の場所だった。当時から若者たちの憧れであり、ミラー楽団の登場でカジノの名声は一層高まった。そしてスウィング時代の象徴的なボールルームになっていくのである。

ミラー楽団の初出演は5月17日。そしてここからの演奏はNBCネットワークにのって全米に生中継された。

この夜の客の中にはミラーの古くからの友人であり良き相談相手でもあったジョージ・T・サイモ

ンが、無名時代のダイナ・ショアを連れてきていた。サイモンによればミラーはオープニング・ナイトのためにある趣向を用意していたという。それはダンス・ファンにとって特別な場所であるグレン・アイランド・カジノで、過去に成功したバンドに所縁のある曲をメドレイで聴かせるというものだった。

このときミラーはメドレイに含まれる曲を紹介するとき「Something old, something new, something borrowed and something blue」と言ったのである。「古い曲、新しい曲、他のバンドからの曲（例えばアーティ・ショウのヒット曲「ビギン・ザ・ビギン」など）そしてブルーな曲（例えば「ブルー・ムーン」など）をお送りしましょう」という後に放送でも有名になる彼の決め台詞はここから始まったのだ。

ミラーはここグレン・アイランド・カジノでもバンドがツボにはまる経験をしている。

「私が耳にしたことのある他の、どのバンドよりも素晴らしかった。その晩帰宅する車の中で、私は自分たちが一つの頂点を極めたという手応えを噛みしめていた。その晩からすべてがうまくいくようになった」（同）

グレン・アイランド・カジノへの出演は大成功で、WNEW局の番組『メイク・ビリーヴ・ボールルーム』の人気投票で前年まで選外だったミラー楽団はグッドマン、アーティ・ショウ、トミー・ドーシーに続いて4位にランクされた。このあとに続いたのはジミー・ドーシー、ハリー・ジェイムズ、カウント・ベイシー。ミラーの躍進ぶりがわかるだろう。

1939年5月に始まったグレン・アイランド・カジノ出演は度々の延長要請をうけながらついに8月23日に終了した。最終日の夜、集まった客たちはミラーとバンド・メンバー全員を主賓としてスペシャル・パーティを開いた。カジノの歴史でこのような厚遇を受けたのは後にも先にもミラー楽団だけだという。そしてこの年の秋、『タイム』誌はミラーに対し「異論のないスウィングの王様」という肩書を進呈した。

人気上昇とともにミラーの収入も爆発的に増えていった。この年ミラーは過去10年間に支払ってきた所得税の30倍以上の税金を納めなければならなくなった。ミラー楽団の財産管理を任せられていた弁護士のデヴィッド・マッケイは、この機に所得税のないニュージャージー州への転居を助言。ミラー夫妻はハドソン川の対岸、ニュージャージーのコッツウォルドに邸宅を求めて転居する。マンハッタン都心まで車で20分の距離だ。初めはニューヨークを離れることをいやがっていたミラーだが、ゴルフ・コースに隣接する自然豊かな環境に徐々に馴染んでいった。彼の終の棲家になるのがこの家である。

## 名曲「ムーンライト・セレナーデ」とグレン・ミラー・サウンド

ミラーの上昇機運を感じてRCAもレコード制作に力を入れ、4月には一気に12曲を録音する。この中に「ムーンライト・セレナーデ（4月4日録音）」「サンライズ・セレナード（4月10日録音）」「茶色の小瓶（同）」、モートン・グールドの「パヴァーヌ（4月18日録音）」などが含まれる。わずか二週間でこれだけの録音を残すことができたのは逆境の中でも志を忘れず、自己のスタイルを追い求めてきた努力の結果といえるだろう。

ミラー本人と彼が集めたビル・フィネガン、ジェリー・グレイ、ビリー・メイらのアレンジはテーマ、ソロ、簡単なリフ、テーマという単純なものではない。曲の特質を吟味し、テーマを奏でる楽器の音色とハーモニーの在り方、カウンター・メロディーをとる楽器のあしらい方、ソロもすべてアレンジ譜に書き込まれており、メンバー個人の主張というより曲を輝かせるための一つのパーツとして扱われる。よくできた短編小説のようにその展開の鮮やかさが聴感上の快感を生んでいく。ヴォーカルやコーラスの使い方も同じことで、すみずみまで演出が行き届いている。ミラー楽団というとクラリネットがリードするサックス・セクションのきらびやかな響きを連想する人が多いが、そのサウンドも抜群の構成力という裏付けがあるからこそ生きてくるのだ。

ミラー楽団のテーマ曲となった「ムーンライト・セレナーデ」はこの録音の5年ほど前、ジョセフ・シリンジャーに師事し、作編曲を勉強していたときの課題曲と前に述べたが、旋律とハーモニーはできても作詞とタイトルが二転三転している。

初めミラーはオリジナル・タイトルの「Now I Lay Me Down to Weep」を気に入っていたが陰気すぎるので不採用に。ジョージ・T・サイモンが提案した「Gone With the Dawn」も却下。老舗音楽出版社ロビンズ・ミュージックが出版権を買い取り、大物作詞家ミッチェル・パリッシュ（ホーギー・カーマイケルの「スターダスト」他多数に作詞）に依頼して「Wind in the Trees」となったがミラーはもう一つ馴染めなかった。そこに出版社側からの提案があった。同時期録音の「サンライズ・セレナーデ」があるのだから「ムーンライト・セレナーデ」にしてはどうかと。ミラーもパリッシュもこれに同意してタイトルが決定。

パリッシュが書いた詞の歌い出しは「I stand at your gate and the song that I sing is of moonlight,

I stand and I wait for the touch of your hand in the June night, The roses are sighing a Moonlight Serenade.」となった。

「Moonlight」と「June night」と脚韻も整い「セレナーデ（小夜曲）」にふさわしく、夜半想う女性の家の門前を訪れ、彼女を称えるロマンティックな内容になっている。

モダン・ジャズ以降は廃れたが、この時代のビッグバンドには楽団ごとにテーマ曲があった。ヴィジュアル上のロゴ・マークと同じでバンドの個性を象徴した名曲が多い。

●ベニー・グッドマン楽団「レッツ・ダンス」
●トミー・ドーシー楽団「僕はセンチになったよ」
●チック・ウェッブ楽団「レッツ・ゲット・トゥゲザー」
●ルイ・アームストロング楽団「南部の夕暮れ」
●アーティ・ショウ楽団「ナイトメア」
●デューク・エリントン楽団「イースト・セント・ルイス・トゥードゥル・ウー」
　1941年から「A列車で行こう」
●グレン・グレイとカサロマ・オーケストラ「スモーク・リングス」
●カウント・ベイシー楽団「ワン・オクロック・ジャンプ」
●ハリー・ジェイムズ楽団「チリビリビン」
●キャブ・キャロウェイ楽団「ミニー・ザ・ムーチャー」

●レス・ブラウン楽団「センティメンタル・ジャーニー」
●ライオネル・ハンプトン楽団「真夜中の太陽は沈まず」
●ウディ・ハーマン楽団「ウッド・チョッパーズ・ボール」
1941年から「ブルー・フレーム」
●スタン・ケントン楽団「アーティストリー・イン・リズム」
●チャーリー・バーネット楽団「スカイライナー」
●ジャック・ティーガーデン楽団「ブルースを歌おう」

このなかでミラー楽団の「ムーンライト・セレナーデ」は魅惑のミラー・サウンドの典型であり第二のアメリカ国歌と称賛された名曲だ。

ここで木管群の柔らかな響きを特徴とするミラー・サウンドの構造に触れておこう。

前述のようにミラーは1938年からサックス・セクションを5人に増強している。「ムーンライト・セレナーデ」録音時のセクション・メンバーはウィルバー・シュワルツ（アルト・サックス、クラリネット）、ハル・マッキンタイア（アルト・サックス、クラリネット）、スタンレイ・アロンソン（アルト・サックス）、テックス・ベネキ（テナー・サックス）、アル・クリンク（テナー・サックス）。

ミラーはレイ・ノーブル楽団在団中にサックス・セクションがアンサンブルを奏でる際のメロディー・ラインを、トランペッターのピー・ウィー・アーウィンがリードするアレンジにして書いていた。このアーウィンは1937年に結成されたミラー楽団にも参加している。ところが彼がトミー・ドーシー楽団に誘われて辞めたあと、アーウィンほどきれいに高音を吹けるトランペッターが見つからなかった。そこでミラーはトランペットと同じB♭管であるクラリネットにサックス・セクションをリードさせたのだ。この役目はシュワルツが務め、テナー・サックスの1オクターヴ上をユニゾンで吹かせた。するとグッドマン楽団ともトミー・ドーシー楽団とも違う、柔らかで夢見るようなサウンドが生まれたのである。

サックスだけの合奏音が太く男性的であるのに対し、そこに一本のクラリネットが入りメロディー・ラインを取ると柔らかくデリケートな音になる。女性的な艶麗さと言ってもいい。

サックス奏者が同じリード楽器であるクラリネットを吹くことは珍しいことではなく、グッドマン楽団でもサックス・セクションの全員がクラリネット持ち替え可能だった。同時期のデューク・エリントン楽団（バーニー・ビガード、ハリー・カーネィー）、カウント・ベイシー楽団（レスター・ヤング、ハーシャル・エヴァンス）にもマルチ・プレイヤーの、それも並外れた名手がいたが、いずれもアドリブ独奏に個性を発揮する人々で格別アンサンブル構築に貢献したわけではない。ミラーはサックス4本、クラリネット1本でバンド・カラーとなるサウンドを作った。

さらにミラーはサウンドの革新だけではなくクラリネット・リードのサックス・セクションの奏法にも手を加えた。スウィーピング・レガート・スタイルと呼ばれるもので旋律の切れ目を感じさせない、流れるような吹奏法だ。奏者にとって大きな肺活量を要する奏法だが、メンバーたちは厳しいトレーニングでこれを会得していった。グッドマン楽団から移籍してきたマッキンタイアにミラーはこう助言している。

「彼はベニーのバンドにいるときと同じ息継ぎで演奏していた。そこで私は、ここでは別のやり方で演奏することが可能なんじゃないかと指摘した。簡単なことではなかったけれど、メンバーたちは皆私の求めているものを解っているし、飲み込みも早いんだ」（同）

「ムーンライト・セレナーデ」を例にとれば、クラリネットと4本のサックスの合奏に切れ目がないように聴こえる。対してミュートをつけたブラス群は短い対旋律を柔らかく助奏してきらびやかな効果を添えている。シャープな切れ味を得意とするグッドマンらと比べると、際立ってスウィートなミラー・サウンドの誕生である。1940年にミラーは『ダウン・ビート（2月号）』の取材にこう答えている。

「私はジョセフ・シリンジャーのもとで10年間真剣に勉強しました。それがいま報いてくれたのです。私はダンス・バンドではこれまで使われていなかった、たくさんの和音を用いて編曲を書くことができるのです」（『JAZZ legends　ダウン・ビート・アンソロジー　60 YEARS OF JAZZ』フランク・アルカイヤー編　廣瀬眞之監訳　田村亜紀訳　シンコーミュージック）

同時にこうも発言している。

「私は（例えばカウント・ベイシーのような）偉大なジャズ・バンドを持っていないし、持とうとも思いません。我々の耳にとってはハーモニーが第一です。私のバンドよりビートがよい黒人バンドはたくさんあります」（同）

ここにミラーのバンド経営方針が明確にあらわれている。ビートよりもメロディーやハーモニーの優先。

「豊かで深みのあるメロディーと特徴的なアレンジによる優れたアンサンブルで、新しい音色やパターンを生み出していけば、さらにチャンスが広がっていくと思います」（同）

独奏の名技よりも編曲とアンサンブルの重視。この際立った特徴がグレン・ミラー・オーケストラの独特の人気を作っていったのだ。

## 先行バンドを抜き去るグレン・ミラー

この後のミラー楽団の快進撃は素晴らしい。スウィング時代に先がけて前駆的に活動しながら、ビッグ・ビジネスとなったスウィング業界に最も遅く参入したミラーは、矢継ぎ早にヒット曲を飛ばして先行する人気バンドに肩を並べ、ついには抜き去っていった。弱点とされていたリズム・セクションにも1939年4月10日のレコーディングからはドラムスにモーリス・パーティルが、同年10月11日のセッションからはベースにトリガー・アルパートが加わっている。

ますます強化されていくこの時代のバンドの代表的なヒット曲と録音年月日、判明している範囲でアレンジャー名を挙げておく。

- **「ムーンライト・セレナーデ（1939年4月4日）」グレン・ミラー**
- **「イン・ザ・ムード」（1939年8月1日）」**
- **「ザ・ウッドペッカー・ソング（1940年1月29日）」**
- **「タキシード・ジャンクソン（1940年2月5日）」ジェリー・グレイ**

●「アリス・ブルー・ガウン（1940年3月30日）」ビル・フィネガン
●「ペンシルヴァニア6−5000（1940年4月28日）」ジェリー・グレイ
●「アンヴィル・コーラス（1940年12月13日）」ジェリー・グレイ
●「ヴォルガの舟歌（1941年1月17日）」ビル・フィネガン
●「サン・ヴァレイ・ジャンプ（同）」ジェリー・グレイ
●「パーフィディア（1941年2月19日）」
●「チャタヌーガ・チュー・チュー（1941年5月7日）」ジェリー・グレイ
●「アイ・ノウ・ホワイ（同）」ジェリー・グレイ、ビル・フィネガン
●「サン・ヴァレイの出来事（1941年8月11日）」ビル・フィネガン
●「真珠の首飾り（1941年11月3日）」ジェリー・グレイ
●「アメリカン・パトロール（1942年4月2日）」ジェリー・グレイ
●「カラマズーの娘（1942年5月20日）」ジェリー・グレイ
●「セレナーデ・イン・ブルー（同）」ビリー・メイ、ビル・フィネガン
●「アット・ラスト（同）」ジェリー・グレイ、ビル・フィネガン
●「ラプソディー・イン・ブルー」（1942年7月16日）ビル・フィネガン

このうちビルボードのジュークボックス・チャートにおいて「イン・ザ・ムード」「タキシード・ジャンクション」、マリオン・ハットンのヴォーカルをフィーチュアした「ザ・ウッドペッカー・ソ

ング」が数週間連続一位を達成した。ポーラ・ケリー、テックス・ベネキのヴォーカル、ザ・モダネアーズのコーラスを伴う「チャタヌーガ・チュー・チュー」はミラー楽団が出演した映画『銀嶺セレナーデ』にフィーチュアされた曲でレコードはおよそ120万枚が売れた。これを記念して1942年にRCAレコードからゴールド・ディスクが授与された。これはゴールド・ディスクの第1号とされている。

ミラーはこのようなヒット作を毎年、いや毎月のように連発していったのだ。ミラーのRCA系列への録音は前述のように1939年9月27日「マイ・レヴァリー」他4面のセッションから始まるのだが、それからラスト・レコーディングの「ラプソディー・イン・ブルー」まで2年10か月の間に266曲を吹き込んでいる。平均月産7~8曲というハイ・ペースだ。そのうちここに挙げた曲も含む40曲あまりが大ヒットとなり、21世紀の今日まで世界中で愛されているということはグッドマンにもドーシーにもないことだ。

グレン・ミラー楽団の人気が爆発した1940年、全米のラジオ局が連携して行ったビッグバンドの人気投票の結果が残されている。

①グレン・ミラー　44446票
②トミー・ドーシー　23645票
③ベニー・グッドマン　16321票
④サミー・ケイ　13854票

⑤ケイ・カイザー　11619票
⑥ジーン・クルーパ　10104票
⑦チャーリー・バーネット　8469票
⑧ジミー・ドーシー　7537票
⑨アーティ・ショウ　5532票（39年11月にバンドを解散しているので下位）
⑩ジャン・サビット　4377票

ミラーは2位ドーシーの倍近く、3位グッドマンの3倍近くの票を集めている。この時期の彼の楽団の人気沸騰ぶりがわかるだろう。これも彼の戦略で、ラジオ放送を実に効果的に使ったのである。必要とあれば電波料を払ってでも放送枠を確保してヘヴィ・ローテーションをかけた。レコードや放送、ジュークボックス（絶頂期には収容レコードの25％はミラーのものだった）といったメディアの力をうまく利用するという点で、ミラーは他のリーダーと比べてはるかに機敏だったのである。

## グレン・ミラー・マシーンを支えた人々

人気絶頂のミラーの猛烈な仕事ぶりを見ておこう。午前中は1週間に3回の『チェスターフィールド・ショウ』のためにリハーサルと放送（放送時間の異なるネット局のための別ヴァージョンの制作も）。昼はパラマウント劇場で3回の公演。夜はホテル・ペンシルヴァニアでの4〜5時間の演奏（ここからも放送があった）。深夜に新曲のレコード録音。こういった仕事が休みの日は地方巡業という忙しさだ。

もはや彼の組織はミュージシャン、シンガー、コーラス・グループ、アレンジャー、スコアを管理するライブラリアン、ステージ・マネジャー、プログラミング・ディレクター、ロード・マネジャー、市場やターゲットを分析するアカウント・マネジャー、法務、税務そして総務、人事、経理が一丸となって動くグレン・ミラー・マシーンのようなものになっていった。したがってこれを切り回す有能な事務方が必要だった。まだ売れていない頃は夫人のヘレンが家内工業的に取り仕切っていたが、全米随一の人気バンドとなれば内助の功だけでは手に余る。ファン・レターだけでも膨大な数が毎日のように届けられる。そして几帳面なミラーはこれを放置しておくことができないのだ。

当時全国に〈グレン・ミラー・ファン・クラブ〉ができており1943年にはその数524団体。カナダやイギリスにもクラブがあった。大きいクラブには500人もの会員がいた。大方はボビー・ソクサーといわれるティーン・エイジの女性だった。彼女たちから熱烈なファン・レターが絶え間なく届けられる。返事を書くのは大仕事だ。

ここにヘレン夫人の友人、ポリー・デイヴィスが登場する。彼女はミラーの親友のクロード・ソーンヒルと結婚していたが、離婚後は西海岸で働いていた。ミラーがオフィスの開設を伝えるとポリーは協力を申し出て、最終的には8人の事務員が働くことになるオフィスを完全に取り仕切った。彼女は単なるアシスタントではなく、ミラーの右腕としてミュージシャンやシンガーとの交渉、報酬の決定、ブッキング、放送局やスポンサーとの商談を行った。ミラーも全幅の信頼を寄せ、彼女と夫妻との絆は一層深まっていった。

「彼にとってはすべてがビジネスでした。そのため人に嫌われることもありました。でも彼は何度となく痛い目にあってきたので、収入が増え始めると実に注意深くなっていきました」（『グレン・ミラー物語』ジョージ・サイモン著　柳生すみまろ訳　晶文社）

自楽団の仕事のほかに、ミラーはチャーリー・スピヴァックとクロード・ソーンヒルのバンドのマネージメント業務も引き受けていた。多少なりとも負担を軽減するためにミラーは専任のマネジャーとしてドン・ヘインズを雇用する。彼は営業センスがあり、交渉能力、先見の明があった、

「グレンが私を気に入ってくれたのは、私は楽団に決して口出しをしなかったからです」（同）

ヘインズはバンドのビジネス面の業務に徹し、音楽面には口を挟まなかった。右腕を得たミラーは三つ目のバンド、独立させたハル・マッキンタイアのバンドに投資してマネージメントを行うことにした。そしてヘインズはミラーの秘書ポリーと結婚。二人はミラー夫妻と非常に親密な関係を結んでいく。後年、ヘインズはドーヴァー海峡で行方不明となるミラーの空軍バンドを取りまとめ、全員を無事に帰国させている。ポリーはミラーが消息を絶ってからミラー家に詰めてヘレンに付き添い、その一方でパリの夫と連絡をとり情報を集め、焦慮する彼女を励まし慰めている。

弁護士のデヴィッド・マッケイは楽団が取り交わすあらゆる契約書の監査と、ミラーのの財産の管理に能力を発揮した。

ミラーの旧友であるピアニストのチャミー・マクレガーは音楽的才能にはさほど恵まれてはいなかったが、常に忠実にミラーとともにあり彼の成功を誰よりも喜んだ。

1940年のクリスマス・イヴにバンドはハーレムのサヴォイ・ボールルームに出演して、14年間破られることのなかった聴衆動員記録を更新した。

演奏後に一行はミッドタウンのホテル・ペンシルヴァニアのロビーに集まった。マクレガーの発案でそこにはバンド・メンバー全員からの、ミラーへのクリスマス・プレゼントが用意されていた。メンバー一人一人が50ドルずつを出し合って誂えた新車、ビュイックのロード・マスターである。ナンバー・プレートは〈GM－1〉。クラクションには「ムーンライト・セレナーデ」の最初の4音が鳴る仕掛けが施された特製だ。時に冷徹で人に嫌われることもあったミラーは、このときばかりは人目もはばからず涙にむせんだという。

## スウィングに対する揺り返しとしてのグレン・ミラー現象

グレン・ミラー楽団の大衆的な人気について前出の評論家ゲイリー・ギディンズはこう語る。

「デューク・エリントンや、ましてベニー・グッドマンすら理解できなかった人々にジャズの楽しさを教えた。彼の作ったロマンティックなサウンドはこの時代を象徴するもので、いま聴いても誰でも当時を思い出すことができる。ジャズ的にクリエイティヴなものではなかったが、従来のジャズと違って大きな影響力があった」（DVD「グレン・ミラー　アメリカズ・ミュージカル・ヒーロー」日本コロムビア）

ギディンズはミラーの音楽の長短を正確に捉えている。

しかし同業者の意見は必ずしも肯定的なものばかりではなかった。同時代に同じくリーダーとして人気バンドを率いたアーティ・ショウは、かなり後年になってミラーの演奏をこのように批判している。

「グレン・ミラーには商才があった。ジャズ界のローレンス・ウェルク（1903年生まれのアコーディオン奏者、バンド・リーダー。シャンペン・ミュージックと呼ばれる楽天的な音楽で有名）だった。だから成功したし多くのファンがついたのだ。彼の最大のミスはミスを犯さないことだ。間違いを起こさないのは決して良いことではない。安全な範囲でやっているんだ。そんな演奏は、結局は退屈なものだ」（同）

ギディンズもショウもミラーの本質を、健全で冒険を冒さない手堅さと見ている。ショウの言葉はより辛辣だがミラーの弱点を突いている。先に述べたミラーの言葉を借りれば「私は偉大なジャズ・バンドを持っていないし、持とうとも思いません」と反論するところだろう。

商業的に堅調なミラー楽団のやり方は他のリーダーにも影響を与え、スウィングが次第にコマーシャリズムに陥っていったのもこの頃のことだ。大衆は人気曲を繰り返し求め、音楽はマンネリ化していく。売れる「商品」となって創造性から離れていく。ポップ化した音楽は画一化からは免れないものだ。

この傾向はグッドマンのカーネギー・ホール・コンサートの直後から顕在化していた。1938年8月の『ニューズウィーク』誌に、あるバンド・リーダーのこんな発言が掲載された。

「スウィングは徐々にだが確実に、その人気と音楽としての独特の輪郭を喪失しつつある状態で、やがてはより旋律的で踊れるタイプの音楽に移行してゆく」（『スウィング　ビッグバンドのジャズとアメリカの文化』デーヴィッド・W・ストウ著　湯川新訳　法政大学出版局）

1935年8月のグッドマンのパロマー・ボールルームでのブレイクから2年有余。早くも流行の衰退が予感されていたことになる。このバンド・リーダーの予言を裏付けたものは、若年のジターバグ・ダンサーに迎合した軽躁なスウィングに対する反動だ。そして欧亜に広がりつつある戦雲が、アメリカを覆うのではないかという恐怖感ではなかったか。

アーティ・ショウによって商才に長けたと評されたミラーは、この空気を敏感に嗅ぎ取って再建した自楽団の方針を決めたのだ。

「軽躁なスウィング」とは逆に、『ニューズウィーク』の評言にある「旋律的で踊れるタイプの音楽」を狙ったものだ。同じスウィングでも緩やかで確実なビートでゆったりと踊れる音楽。不器用な人にも踊れる工夫だ。それはアドリブや過激なリズムを強調するものではなく、計算されたアレンジを通しての表現を持前とする、ミラーの個性に合致しているものだ。しかし人気が高ければ高いほどマンネリ化も早い。

「劇場のバルコニーからダンス・フロアで揺れている7000人の顔を見下ろすのは感動的な光景だ。とりわけ1000人あたり600ドル貰える場合には」(同)

これはグレン・ミラーの言葉だ。比喩として言ったのか、実際にこのような光景を見て言った言葉かはわからないが、いかにもビジネス・ファーストのミラーらしい。もしこれが本当ならば一晩で4200ドルになる計算。当時の平均的な新車の価格が850ドルだったことと比べると、スウィング・ビジネスの規模の大きさがわかるだろう。ちなみにミラーが達成した一晩の売り上げ最高額は1942年5月カンザス・シティでのワン・ナイターで5616ドル31セントだった。

一方、音楽的な野心を捨てられないアーティ・ショウは、マンネリに陥ってまでバンドを維持することを嫌悪して、１９３９年11月18日ホテル・ペンシルヴァニアのカフェ・ルージュ出演中に自室にメンバーを集めて解散を通告。25万ドルもの純益をあげておきながら、バンドを放り出してメキシコに高跳びするという奇行を演じている。もしかしたらハリウッドの美人女優ラナ・ターナーとの恋愛が関係していたのかも知れない。帰国後に彼らはラス・ヴェガスで結婚している（1年後に離婚）。堅実なミラーに比べてエキセントリックな性格なのだ。

解散のときショウが残した捨て台詞は「バンド・リーダーなんて誰でもやれる。ステージの前面の飾り物に過ぎない」。その理由は「ブッキング・エイジェントと音楽出版社がスウィングの商業化を推進しているから」というものだった。

「真のバンド・リーダーたるものは、政治、腐敗、サポート・システム（エイジェント）と闘う用意がなくてはならない」（同）

これは同年12月2日の『サタデイ・イヴニング・ポスト』に掲載されたショウの言い分。

彼はメキシコでは現地のミュージシャンとジャム・セッションに明け暮れ、マンネリ化したスウィングにはなかった新鮮なメキシコ音楽の採集に忙しかった。３か月半後にハリウッドに舞い戻り40年3月に有名な「フレネシ」を録音している。

その後アメリカが参戦すると病身（白血球の活動が衰える顆粒球減少症）を押して海軍に入隊する。1年6か月にわたり海軍バンドを率い、太平洋戦線やオーストラリアで慰問活動を行い、１９４４年に除隊してバンドを再結成している。

以上、安全堅実を旨とするミラーとは正反対のアーティ・ショウが、スウィングの商業化に反発して、たびたび奇矯な行動をとったことを記しておく。

満つれば欠くるという。スウィングへの反動的な現象はこの頃から現れ始めていた。

今日正統的なジャズ・ファンはそれほどミラーの音楽を評価していない。少なくともグッドマンに対する評価よりも相当低いはずだ。ミラー楽団は甘いだけでジャズ的なスウィング感やアドリブのスリルがないと捉えられている。しかし苦闘の末に無類のサウンドを作り上げ、それが当時の人々を和ませたことは事実だ。しかも世紀を超えて今日まで後継のバンドが世界中の〈普通の人々〉を楽しませていることは、アーティ・ショウにもトミー・ドーシーにも、そしてグッドマンにもなかったことだ。ミラーはこの点ではスウィング・ビジネスに参画した他の誰にもできなかったことを成し遂げた。ショウが引き合いに出したローレンス・ウェルクとまでは言わないが、ミラーが作ったものはジャズ・ファンよりも一般大衆に喜ばれる音楽だったのである。

## グレン・ミラー楽団ハリウッドへ

先にこの時代のビッグバンドの人気は、ボールルームでの演奏のほかラジオ出演と映画出演によって支えられていたと書いた。多くのバンドは地方のファンのためにワン・ナイト・スタンド、ワン・ナイターといわれる巡業を行ったが、アメリカは広い。何百キロも離れた町から町への移動は時間との戦いであり、メンバーの健康維持にも配慮しなければならない。この時代の人気ビッグバンドの典型的なツアーの様子はこんな具合だ。

仕事が終わるのが午前1時頃。次の予定地が300〜400㎞程度の距離ならそのまま現地で一泊して翌朝出発する。５００㎞以上の場合は直ちにバスに乗って夜のうちに移動する。車中、熟睡も出来ぬまま朝の9〜10時に目的地に着くと、仕事時間までホテルで睡眠不足を解消する。

鉄道はともかくバス移動は横臥できぬうえ事故や渋滞、車両の故障その他なにが起こるかわからない。サーヴィス・エリアなどの施設が整備されない田舎道を走る場合は食糧の調達や排泄の問題もある。

ビリー・ホリデイの伝記『奇妙な果実』(原題：LADY SINGS THE BLUES) には、女性でも草むらで小用を足すという記述がある。その個所を引用する。

「あるとき６００マイル（著者注：約９６０㎞。東京〜下関間の道路距離相当）の旅で一度しか止まらないことがあった。初めのうちは恥ずかしかったが、ついにままよ、という気分になって、私は運転手に止めてもらい、道端におろしてもらった。レストランや町なかで、(黒人故に) 断られるかもしれない気分を味わうよりも、こんなときはもっぱら道端の茂みを利用することにした」

(『奇妙な果実　ビリー・ホリデイ自伝』油井正一、大橋巨泉訳　晶文社)

カウント・ベイシーのバンドにいたトランペッターのハリー・エディスンによればこの程度の移動は普通だったという。車中で多くの者は仮眠したり読書をして過ごすが、ある者は新曲を覚え、ある者はポーカーやサイコロなど即席の賭場を開帳する。

このような有様だからユニフォームのプレスやクリーニングも大変だったらしい。特に女性ヴォーカリストは衣装の管理にデリケートな配慮をしなければならない。こうした条件を考慮し、規律を重んじるミラーは一回の移動距離の上限を３００マイル（約４８０㎞。東京⬇盛岡間の道路距離相当）と決めたほどだ。それでも時速80㎞平均で走ったとして6時間はかかる。

ＴＶ放送のなかったこの時代、こうした骨の折れる地方巡業の代わりに津々浦々のファンに届けられたのがラジオ番組や映画だ。グレン・ミラーもハリウッドの大物プロデューサーの注目するところとなり、１９４１年3月、20世紀フォックスの映画『銀嶺セレナーデ（原題：Sun Valley Serenade）』に出演することになる。主演は当時冬季オリンピック、フィギュア・スケートの種目で三連覇（１９２８、32、36年）を成し遂げ、美貌を買われてハリウッド入りしたノルウェー出身のソニア・ヘニー。相手役は当時美男俳優として人気のあったジョン・ペイン（楽団のピアニスト役）。

映画の売りものはソニア・ヘニーのアイス・ショーだが、周到なミラーは事前に脚本の提出を求め、音楽と楽団の扱いの軽重を確認している。グッドマン『ハリウッド・ホテル』、ドーシー『ラス・ヴェガス・ナイト』、アーティ・ショウ『セカンド・コーラス』などが演奏場面が見せ場だったのに対し、ミラーは可能な限りストーリー展開への関与を望んだのだ。このため楽団の存在や演奏場面に必然性が生まれた。ミラーには多くの台詞が与えられ、バンド・リーダー（役名フィル・コーリー）役を演じている。この映画に対しグレン・ミラー楽団が果たした貢献について、『メトロノーム』誌や『ダウン・ビート』誌で健筆を振るったジャズ評論家のバリー・ウラノフは１９５２年にこう書いている。

「重要なことは信頼できる（飾りものではない）人間としてグレン・ミラーは映画の中に存在している。彼は音楽に関係のあるところで出演しているが、しかし映画の大半は音楽（場面）で、ソニア・ヘニーの美しい肢体とスケートの妙技を披露するとしないとに関わらず、グレン・ミラー楽団の見事なショー・ケースのほうに重点がおかれている。今までのどのような人気楽団よりも音楽が味わい深いものとなった。（中略）ストーリーに真実性があって楽団を中心に活気にあふれている。ともあれすべてグレン・ミラーと彼の楽団の勝利である」（『ジャズへの道』バリー・ウラノフ著　野口久光訳 スイングジャーナル社）。

ウラノフは1943年、つまり人気のあるスウィング・バンドがハリウッドに招かれ、たくさんの映画が作られていた頃、映画製作者たちのジャズ観がステレオタイプであることに憤り「大変悲惨で嘆かわしい」と発言している。実際バンドは単なる賑やかしとしてしか扱われておらず凡庸な映画が多かった。余興のようなものである。ウラノフはこれを嘆いたわけだ。『ダウン・ビート』誌は「ハリウッドはジャズの最悪の敵である」と書き、単なる流行音楽として扱う姿勢を攻撃した。メディアの効力を知悉《ちしつ》するミラーは事前に脚本をチェックして、ハリウッドの固定観念に籠絡《ろうらく》される愚を避けたのだ。

ウラノフの言う通り映画の見せ場はソニア・ヘニーのスケーティングだが、演技も英語も覚束ないソニアよりもミラーの方がぐっと存在感がある。脇役にはリン・バリ、ミルトン・バールなどの芸達者が揃い、ミラー楽団の演奏場面も充実している。

フィーチュアされた曲は「ムーンライト・セレナーデ」「アイ・ノウ・ホワイ」「イン・ザ・ムード」等々。中でも「チャタヌーガ・チュー・チュー」はリハーサル場面として演出されており、テックス・ベネキ、ポーラ・ケリー、ザ・モダネアーズの歌のあと、ドロシー・ダンドリッジ（ヴォーカル）とニコラス・ブラザーズのタップ・ダンスという華やかなショー場面がおよそ8分。プロデューサーや監督がいかにミラー楽団の人気を当てにしていたかの証左だ。

これらのサウンドトラックの録音をしているとき、20世紀フォックスのボス、ダリル・F・ザナックが見学に来たようだ。当時のハリウッドでタイクーン（Tycoon）と呼ばれた映画各社のボスの中で最も精力的だったのはザナックだ。朝、彼がザナック・グリーンといわれる塗装のキャディラックで撮影所の門を入ると、あたりの空気が一変したという。大プロデューサーのお出ましにスタジオは興奮に包まれ、バンドは最高の演奏をした。「チャタヌーガ・チュー・チュー」は1996年のグラミー賞「名声の殿堂」に選ばれている。

果たして映画は大当たりをとり、ミラーは翌1942年3月から2本目の映画『オーケストラの妻たち（原題：Orchestra Wives）』の撮影に入る。タイトル通り楽団員とその家庭を描いている（夫の巡業に同行する妻たちの、女性同士の猜疑心や嫉妬、誤解がもとで楽団が分裂の危機に瀕するというストーリー）。ミラーはここでもバンド・リーダー、ジーン・ミリソンの役を務めた。主な配役はトランペッター役のジョージ・モンゴメリー、その妻の役にアン・ラザフォード、ピアニスト役のシーザー・ロメロ、ベーシスト役のジャッキー・グリーソン等。ここで演奏された曲は「アット・ラスト」「セレナーデ・イン・ブルー」、そして前作で評判をとったニコラス・ブラザーズをフィーチュアした「カラマズーの娘」。この映画も大評判となり、公演、レコード、放送と並んでミラーは映画でも不動の人気を得たのだ。

因みに20世紀フォックスでは3本目の映画として『Blind Date』を計画したが、ミラーの従軍のために製作には至らなかった。

# 第12章――カーネギー後のベニー・グッドマン

## クラシックへの挑戦

1938年1月16日のカーネギー・ホール・コンサートは大成功のうちに終わった。ベニー・グッドマンをはじめとする出演者は、アンコール曲「イフ・ドゥリームズ・カム・トゥルー」「ビッグ・ジョンズ・スペシャル」を演奏すると、あわただしくホールを後にして8km北方、140丁目のサヴォイ・ボールルームに向かった。

かつてグッドマンが、サヴォイを根城とするチック・ウェッブ楽団と対戦してビッグバンド・バトルを行った場所である。この夜はカーネギーにも出演したカウント・ベイシーが楽団を率いてウェッブに挑戦することになっていた。ウェッブとも、そしてもちろんベイシーとも懇意のグッドマンにとって、コンサートの成功を祝う打ち上げの場所として誂え向きではないか。

サヴォイで不敗を誇るウェッブに対して、1年ほど前にカンザス・シティからニューヨークに出てきたばかりのベイシー。勝敗は観客の拍手の大きさや長さによって判定されるが、この夜はベイシーの楽団が優位であったようだ。ウェッブの専属シンガー、エラ・フィッツジェラルドとベイシーのビリー・ホリデイではエラに軍配があがった。グッドマンのコンサートの当夜、マンハッタン、ミッドタウンのカーネギー・ホールでは盛装の白人たちが、ハーレムのサヴォイでは数千人の主に黒人のダンサーが楽しんだのだ。

グッドマンは感激の一夜のあと、休む間もなく放送やレコーディング、パラマウント劇場出演というハード・スケジュールをこなしていった。

カーネギーの翌々日にあたる1月18日火曜日のCBSネットワーク番組『キャメル・キャラヴァ

ン』では一つの変わった試みが行われている。

この日のプログラムはテーマ曲「レッツ・ダンス」に続いて「メイク・ビリーヴ」「その手はないよ」、クァルテットによる「ハニーサックル・ローズ」、マーサ・ティルトン（ヴォーカル）をフィーチュアした「ママ、ザット・ムーン・イズ・ヒア・アゲイン」「ディア・オールド・サウスランド」だったが、彼のバイオ・ディスコグラフィー『BG On The Record』（Arlington House）によれば4曲目にクラシック曲を演奏しているのだ。曲目はグッドマンのクラリネットとクーリッジ弦楽四重奏団の共演でモーツァルトの「クラリネット五重奏曲イ長調K・581」。

この四重奏団のヴィオラ奏者ニコラス・モルダヴァンはカーネギー・ホールのコンサートも聴いており、グッドマンをこう評している。

「私はベニー・グッドマンを、我々の時代における最も偉大な音楽家の一人と位置付けています」（『JAZZ legends　ダウン・ビート・アンソロジー　60YEARS OF JAZZ』フランク・アルカイヤー編　廣瀬眞之監訳　田村亜紀訳　シンコーミュージック）

グッドマンは10歳のときに、シカゴ交響楽団のクラリネット奏者でシカゴ音楽大学の講師だったフランツ・シェップに師事、生涯を通じてクラシック音楽に関心と造詣が深かった。クラリネットのために作られたクラシックの名曲はほかにもウェーバー、ブラームス等があるが、モーツァルト作品への愛着がことのほか強かったことはその後の活動歴からみても明らかだ。

モーツァルトの「クラリネット五重奏曲イ長調K・581」は全曲演奏すると30分ほどかかるので『キャメル・キャラヴァン』では4楽章のうちの一つを選んだのだろう（おそらく10分弱の第1楽章）。

グッドマンは通常新曲を録音するときは、公演や放送で発表した後にスタジオ入りすることが多い。録音に備えたリハーサルを兼ねてのものだろう。この時点で既にビクターへの録音が決まっていたのだ。3か月後の4月25日に彼はブダペスト弦楽四重奏団とこの曲を録音している。12インチSP4枚組8面への録音だ。

ブダペスト弦楽四重奏団は1917年にブダペスト歌劇場管弦楽団のメンバーによって結成され1938年からアメリカで活動。メンバーを入れ替えながら1967年まで存続した20世紀を代表する弦楽四重奏団だ。特にロシア人のヨーゼフ・ロイスマンが第1ヴァイオリン奏者になると、19世紀のドイツ・ロマン主義的な過度な情感表現を廃し、当時NBC交響楽団を率いていたアルトゥーロ・トスカニーニのような即物的な演奏に徹した。テンポを必要以上に遅く取った情緒的な演奏は、19世紀中葉以降百年の間に付着したドイツやオーストリアの文化と言えよう。ブダペスト弦楽四重奏団のアプローチはここから脱却しひたすら原譜に忠実な新即物主義に依拠するものだ。それゆえクラリネットの吹奏技術において抜群の技量を持つグッドマンとの共演を受け入れたのだろう。蛇足だがこのスタイルを今に継承しているのがジュリアード弦楽四重奏団である。

グッドマンはこの名門室内楽団との共演のために入念な練習を行い、先行するクラシック奏者の演奏を聴き込み、品質の良いリードを探し求めて楽器店に通ったと記録にある。甲斐あって録音当日には万全の態勢だったという。

発表後のクラシック評論家の受け止め方は概ね好意的で「(モーツァルト作品を演奏するに)十分な能力がある」というものだった。この録音がグッドマンの初めてのクラシック作品となるのだが、その後の彼の主なクラシック録音を挙げておこう。

●1940年5月13日。ベラ・バルトークの「ヴァイオリンとクラリネットとピアノのためのコントラスツ」。共演ヨーゼフ・シゲッティ（ヴァイオリン）、作曲者自身（ピアノ）。グッドマンがバルトークに委嘱した作品。初演は1939年1月9日カーネギー・ホール。

●1940年12月16日。ドビュッシー「クラリネットと管弦楽のための協奏的作品」ジョン・バルビローリ指揮ニューヨーク・フィルハーモニー交響楽団

●1942年11月1日午後5時から放送された番組『NBC交響楽団』でグッドマンは巨匠アルトゥーロ・トスカニーニと共演している。演奏曲目はジョージ・ガーシュウィンの「ラプソディー・イン・ブルー」。ピアノ独奏はアール・ワイルド。この演奏でグッドマンは冒頭のクラリネット・ソロで致命的なミスを犯している。ご存知のようにこの曲はクラリネットの上昇するグリッサンドによって開始されるもので、通常であれば楽団の第1クラリネット・プレイヤーが演じるパートだ。奏者の腕の見せ所である。番組プロデューサーはトスカニーニとグッドマンという顔合わせを呼び物にしたのだろうが、巨匠との共演に緊張したのか、グッドマンほどの名手にあるまじき金属音的なミス・トーンを発している。彼にとって不名誉なこの演奏は現在CD発売されている。スウィング王と管弦楽指揮の王者との共演記録の歴史的価値は大きい。翌年春グッドマンはモートン・グールド指揮の管弦楽、オスカー・レヴァントのピアノ独奏で『Your Broadway and Mine』という番組で再演している。

●1946年7月29日。ウェーバー「クラリネット協奏曲ハ短調作品26」ドナルド・ヴァヒーズ指揮の管弦楽。
●1950年11月6日。コープランド「クラリネットと弦楽合奏のための協奏曲」フリッツ・ライナー指揮NBC交響楽団。
●1956年7月9日。モーツァルト「クラリネット協奏曲イ長調K・622」シャルル・ミュンシュ指揮、ボストン交響楽団。
●同7月12日。ボストン交響楽団メンバーによる弦楽四重奏とともにモーツァルト「クラリネット五重奏曲イ長調K・581」を再録音。
●1963年4月25日。モートン・グールド「クラリネットとバンドのためのデリヴェイション」。作曲者自身指揮コロムビア・ジャズ・コンボ。
●1963年5月6日。レナード・バーンスタイン「前奏曲、フーガとリフ」。作曲者自身指揮コロムビア・ジャズ・コンボ。
●1965年4月27日。イーゴリ・ストラヴィンスキー「エボニー・コンチェルト」作曲者自身指揮、コロムビア・ジャズ・コンボ。
●1966年6月18日。ニールセン「クラリネット協奏曲作品57」モートン・グールド指揮シカゴ交響楽団。

グッドマンはこのほかにブラームス、バッハ、プーランク、マルティヌーなどの作品も取り上げている。

これらのクラシック作品、現代曲の中には演奏者泣かせともいわれる超絶技巧を要するニールセンの協奏曲、グッドマンが大作曲家バルトークに委嘱した「コントラスツ」などの話題作、問題作も含まれている。ストラヴィンスキーとバーンスタインの作品はともにウディ・ハーマンと彼のファースト・ハードとセカンド・ハードのために書かれたものだが、両作とも十分な成果を上げられずに、あらためてグッドマンにまわってきたものだ。

グッドマンがこうしたクラシック作品を演奏することは、ジャズの演奏家の技量がクラシックの奏者のそれに劣らないことを証明するよい機会となった。またモーツァルトのような古典作品だけではなくバルトークやストラヴィンスキー、バーンスタインのような同時代を生きた作曲家に共鳴と感動を与えた。この意味で彼が成し遂げたことは高く評価されて然るべきだが、一方にこれに不満を表す意見もあった。

グッドマンは1957年以来、80年まで3度来日しているが、1964年2月の2度目の来日時に、ジャズ評論の第一人者油井正一が手厳しく批判している。このときの来日メンバーはディック・シャーヴ（ピアノ）、モンティ・バドウィッグ（ベース）、コリン・ベイリー（ドラムス）というクァルテット編成だった。バドウィッグを除けば無名のミュージシャンで大物グッドマンの共演者としては甚だしく格落ちである。2月24日に東京・新宿の厚生年金会館ホールで行われたこのコンサートで、グッドマンは第1部にモーツァルトの「クラリネット協奏曲」を演奏したのだ。指揮は近衛秀麿、管弦楽は東京ロイヤル・フィルハーモニー。油井正一はまずこのプログラム構成を批判する。

「客席からは失望の溜息がもれる。ダンナ芸を聴くためにではなくエキサイティングなスウィング演奏を期待して金を払ったからである」（『ジャズの歴史』油井正一著　東京創元社）

モーツアルトの演奏の質がどうであったか、いまとなってはわからない。この記事のなかで油井はメンバーの質や選曲についても不満を述べている。彼が聴いた翌2月25日の演奏曲目は「チーク・トゥ・チーク」「ライク・サムワン・イン・ラヴ」という記録が残っており、グッドマンらしい曲といえば「サヴォイでストンプ」「あなたの想い出」「グッドバイ」くらいしかない。油井としてはクラシックなどに色目をつかわず、純粋にジャズの楽しみを味わわせてもらいたかったのだろう。

私はこのときの演奏は聴いていないが、16年後の1980年に横浜スタジアムで行われたオーレックス・ジャズ・フェスティヴァルでの演奏を聴いている。テディ・ウィルソンを含むセプテットで、グッドマンは当時既に71歳だったが立派な演奏だと思った。だがそれは保存状態のよい美術品のようなもので、1930年代の火の出るような熱気は感じられなかった。油井さん（懇意にしていただいたのでこう呼ばせていただく）の1939年以降のグッドマンの評価は著しく低い。それまでの演奏があまりにも素晴らしいものだったので、彼の中の評価基準が一際高く設定されており、高レヴェルの演奏でも相対的に低くならざるを得なかったのだろう。私は前述のクラシック演奏の全てを聴いているが、それぞれの曲のベストとまでは言えないまでも優に水準点は超えていると思う。それは共演者がクラシックの世界でも超一流の演奏家であることからもわかる。それでいてなお「ダンナ芸」すなわち道楽と見られてしまうのは、頂点を極めた人の悲劇と言うべきかもしれない。

## スター・プレイヤー独立に際してグッドマンがとったバンド強化策

時代を1938年1月のカーネギー・ホール・コンサート直後に戻そう。グッドマンが目指していた新しいジャズの形、即ちスウィングが名実ともに完成し全米の一般大衆の人気を獲得すると、実力を備え野心に満ちたメンバーが次々と独立していった。

カーネギーの1か月後の2月16日、ジーン・クルーパが退団し代わりにデイヴ・タフがドラムスの席に着く。12月にはハリー・ジェイムズが退団しグッドマンの兄のアーヴィング・グッドマンに代わった。クルーパとジェイムズは楽団中のスターであり余人をもっては代えがたい実力者だ。特にクルーパは同じシカゴ出身、年齢もグッドマンと同じで無名時代から辛酸を共にしてきた仲間だ。ドラマーとしてもジャズ史上に燦然と輝く存在だけに楽団にとっては大きな痛手だった。

ハリー・ジェイムズは在団期間こそ短いが（1937年1月〜38年12月）、彼もトランペッターとして並ぶ者のない存在だ。太く艶やかな音色、素早く正確なフィンガリング、加えて美髯《びぜん》を蓄えた男前ゆえスターの資格十分。二人とも早速バンドを結成し活動を開始する。

クルーパはジョージ・シラヴォ（アルト・サックス）、ヴィド・ムッソ（テナー・サックス）らを擁する13人編成のバンドを作り、1938年4月にはブランズウィックに「おじいさんの古時計」という当時の日本のジャズ・バンドにも大きな影響を与えたスウィング・ナンバーを吹き込んでいる。

1941年3月にヴォーカリストのアニタ・オデイを加えたことはクルーパの功績だ。アニタは39年にベニー・グッドマンのオーディションを受けて落とされている。グッドマンはバンド・シンガーにアドリブを許さなかったからだ。

クルーパは同年5月に参加したロイ・エルドリッジ（トランペット）と、アニタの自在にアドリブを駆使するヴォーカルによる「レット・ミー・オフ・アップタウン」を発表して大きな話題を呼んだ。黒人ミュージシャンがバンドスタンドに並ぶだけでも指弾された時代である。白人女性と黒人男性のデュエットなどは論外とされたがクルーパは敢行した。これが進取的なファンには受け、人気も上々。スウィング・ビジネスの一角に厳然たる地位を占めている。

一方ジェイムズは39年初頭に「ミュージック・メイカーズ」を結成、自身を含む4トランペット、テナー・サックスのドリュー・ペイジにバリトン・サックスも担当させるなどの新機軸を打ち出した。ここに39年7月からヴォーカリストのフランク・シナトラが半年間加わったことが大きい（シナトラは40年1月にトミー・ドーシー楽団に移籍）。ジェイムズ楽団のヒットは「トランペット・ラプソディ パート1、2」「チリビリビン」「スリーピー・ラグーン」「メランコリー・ラプソディ」「ヴェニスのカーニヴァル」など。シナトラが歌った「オール・オア・ナッシング・アット・オール」は彼の最初のヒット曲だ。

その後バンドに弦楽器を加え、ポピュラーな人気を博した。ハンサムなジェイムズはハリウッド映画界でも活躍。アーティ・ショウとも浮名を流した脚線美女優として戦時中のGIに人気のあったハリウッド・スター、ベティ・グレイブルとの結婚がゴシップ欄を華やかに飾った（43年）。「ミュージック・メイカーズ」は46年に解散するが、1950年代に入るとバディ・リッチ（ドラムス）を加えたジャジーなビッグバンドを結成しホワイト・ベイシーと称賛された。

こうした離合集散のなかでグッドマンがとったバンドの強化策として第一にあげるべきはモダン・

ギターの開祖とされ、ウェス・モンゴメリーをはじめ後世のあらゆるギタリストの尊敬を集めるチャーリー・クリスチャンを加入させたことだ。当時珍しかったエレクトリック・ギターを弾くクリスチャンをグッドマンに紹介したのはジョン・ハモンドである。

39年8月のある晩ハモンドは、グッドマンがビヴァリー・ヒルズのレストラン〈ヴィクトル・ユーゴー〉に出演している機会を狙って、オクラホマ・シティから呼び寄せたクリスチャンを伴った。共演させてクリスチャンのジャズに対する革新的なアプローチを知らしめようと考えたのだ。午後のセッションが終わったところでハモンドは彼を紹介したがグッドマンはさして興味を示さない。その場はいったん解散となり、夜のセッションが始まるまでにハモンドはクリスチャンのギター・アンプをステージにセットした。

演奏が始まるとグッドマンはクリスチャンが加わる最初の曲に「ローズ・ルーム」を選んだ。ここがグッドマンの天邪鬼なところで「ローズ・ルーム」は全くブルージーなところがなく、黒人ミュージシャン好みの曲ではない。果たしてクリスチャンはこの曲を知らなかったが、グッドマンが吹く数コーラスを聴いてメロディーとコード進行を覚えてしまうと、よどみなく25コーラスを弾き続けてグッドマンを驚倒させたのである。このときの二人の「ローズ・ルーム」の演奏は45分以上に及んだという。

第二は1940年11月にデューク・エリントン楽団のスター・トランペッターであるクーティ・ウィリアムズを引き抜いたことだ。彼はグッドマンのカーネギー・ホール・コンサートにもゲスト出演した間柄だ。

この当時グッドマンは椎間板ヘルニアの手術のために演奏活動を一時休止している。チャーリー・クリスチャン、ライオネル・ハンプトン、アーティ・バーンスタインら主要メンバーは給与を保証されながらグッドマンの復帰を待つことになった。手術は7月12日に行われ成功したが、休養中何人かのメンバーの異動があった。この中にジギー・エルマンのトミー・ドーシー楽団への移籍もあった。補充のためグッドマンはエリントンの内諾を得たうえでクーティと交渉し、1年の契約で11月6日に入団させた。翌7日には早くもコロムビアにカウント・ベイシー、クリスチャン、ジョージ・オールド（テナー・サックス）を含むセクステット（実質はセプテット）で「ホーリー・キャッツ」他の4曲を吹き込んでいる。

グッドマンはクーティ・ウィリアムズのために、当時の人気ビッグバンドのメンバーの給料としては破格の週給200ドルを提示した（エリントン楽団で彼が受け取っていた週給は150ドル。当時のビッグバンドのメンバーの平均的週給は50〜100ドル）。この電撃的な移籍はファンの間で大きな話題となった。

作曲家で映画や放送界で活動、1930年代にはジャズ・コンボを作り、後に電子音楽などを手掛けたレイモンド・スコットは「クーティがエリントン楽団を去るとき」という曲を発表した。1929年以来10年以上にわたってエリントン楽団の中核を担ったクーティの移籍は、業界人にとってもファンとっても予想だにできないことだったのである。

クーティが退団を申し出ると、エリントンは契約更改については任せろと言って手続きを取り仕切った。クーティの「グッドマンとの契約期間が終わったら戻って来ていいですか？」という問いに「君のためにはいつだって椅子は空けてある」。こう言ってエリントンは彼を送り出した。

クーティはエリントン楽団の所謂ジャングル・スタイルの中核で、プランジャー・ミュートでグロウル（咆哮）する奏法に特徴があった。グッドマンの白人的なバンド・サウンドとは水と油のような気がするが、彼としてはユダヤ的な音楽性を持つエルマンに代わって、クーティの野性的なサウンドを取り入れたかったのだろう。12月18日にはエディ・ソーターのアレンジを用いてクーティのソロをフィーチュアする「スーパーマン」を録音している。

ソーターは前述のようにコロンビア大学、ジュリアード音楽院で学んだエリートで、当時としては非凡としか言いようのないアレンジを提供してグッドマン楽団に新風を吹き込んだ。クーティはミュート、オープン、プランジャーを駆使して熱演し、バックも黒人バンド的なサウンドを出している。ソーターのペンの力が非常に大きい。

クリスチャンとウィリアムズは同時期にグッドマンの新しい六重奏のメンバーとして、またビッグバンドの一員としても活躍した。

そして第三は1941年8月15日の「エルマーズ・テューン」（メル・パウエル編曲）のレコーディング・セッションからペギー・リー（ヴォーカル）が参加したことだ。彼女はノーマ・エグストロームの本名でシカゴのホテルで歌っているときにスカウトされた。この時点ではまだペギーはダイヤモンドの原石でしかなかったが、グッドマン楽団に参加するとたちまち輝きを増していった。

チャーリー・クリスチャン、クーティ・ウィリアムズ、ペギー・リーの三人の才能を見抜いたことはグッドマンの慧眼と称えられていいだろう。

既にエリントン楽団で盛名を得ていたウィリアムズ以外は無名である。しかし彼らがその後のジャズ界に残した足跡は、そのままスウィング期以降のジャズの在り方を予兆させるものだ。

## スウィング以降のジャズの道を示唆したグッドマン

まず忘れてならないのはクリスチャンがビバップ（モダン・ジャズ）への道を拓いたことだ。彼はグッドマン楽団在団中から仕事を終えると楽器を抱えてマンハッタンの118丁目、ハーレムのミントン・ハウス（正式にはミントンズ・プレイ・ハウス）やクラーク・モンローズ・アップタウン・ハウスに通うのが常だった。ここで行われるジャム・セッションを楽しむためである。当時録音された音源（後述）が発売されているのでミントン・ハウスの名前は何方もご存じだろう。

この店は1938年にヘンリー・ミントンが設立したその名の通り芝居小屋だが、テディ・ヒル（30年代後半にロイ・エルドリッジ等を擁したバンドのリーダー）がマネジャーになると、改装して小さなステージとダイニング・ルームを作った。客の入りが芳しくないので、ジャム・セッションを売り物にしたのだが、いつしか黒人ジャズメンの溜まり場となっていった。出演者には報酬を払わない代わりに飲食を無料で供した。常連のリズム・セクションはヒルのバンドにいたケニー・クラーク（ドラムス）、そしてセロニアス・モンク（ピアノ）。

クリスチャンはここに通いつめ（このため彼はギター・アンプを店に預けていた）、当時としては斬新としか言いようがないモダンなリズムとフレーズを奏でたのだ。

これ以前のジャズ界におけるギターの役割は、カウント・ベイシー楽団のフレディー・グリーンに代表されるように、バンドにリズムとコードを送ることだった。この点ベースと役割が共通する。ところがクリスチャンはギターを、リズムとハーモニーの役割に加え、独創的なコード・チェンジによって、大胆なアドリブを展開するソロ楽器に仕立てあげたのだ。しかも彼の楽器はエレクトリック・ギターだ。音量も管楽器に劣らないうえ、弾奏した音が延びて容易に減衰にしない。まるでサキソフォンのようなそのサウンドが織り成すメロディー、ハーモニー、リズムは明らかに次代のジャズの方向を指し示していた。

このクリスチャンの音楽を慕ってミントンズ・プレイハウスに集う若手には、この5年ほど後にジャズ界のリーダーシップをとるチャーリー・パーカー（アルト・サックス）、ディジー・ガレスピー（トランペット）、マイルス・デイヴィス（トランペット）、タッド・ダメロン（ピアノ、作編曲）、バド・パウエル（ピアノ）、オスカー・ペティフォード（ベース）らがいた。彼らは当時アール・ハインズやキャブ・キャロウェイ、ビリー・エクスタインなど黒人ビッグバンドのメンバーだった。

大物ミュージシャンにはベン・ウェブスター、レスター・ヤング、ホット・リップス・ペイジ、チャーリー・シェイヴァース、ロイ・エルドリッジなど。クリスチャンに誘われたのか、たまにグッドマンも顔を出したという。顔ぶれから想像できるように、ジャム・セッションの内容は次第に脱スウィングの方向に漸進し、数年後のビバップ誕生の気配をうかがわせた。

クリスチャンのミントンズ・プレイハイウスにおける活躍は僅か半年だったが、我々にとって幸運なことはジェリー・ニューマンという愛好家が、当時は珍しかった携帯用の録音機でジャム・セッションの様子を記録していたことだ。１９４１年5月に録音されたこの音源は現在もＣＤで入手可能である。

●Charlie Christian Jazz Immortal／After Hours (Esoteric)

クリスチャンをフィーチュアしたベニー・グッドマンのビッグバンドおよびセクステットでの演奏は以下の通り。主な参加メンバーはライオネル・ハンプトン、フレッチャー・ヘンダーソン、カウント・ベイシー、アーティ・バーンスタイン、ニック・ファトゥール（ドラムス）他。

●The Genius of the Electric Guitar (Columbia)

●Benny Goodman Sextet Featuring Charlie Christian (Columbia)

クーティ・ウィリアムズは1942年6月までグッドマン楽団に在団して独立。エリントン楽団に戻らず自己の楽団を結成した。彼の下に参じたのは若き日のチャーリー・パーカー、バド・パウエル、エディ・ロックジョウ・デイヴィスなどこれも次世代のジャズ界を担う俊英が多く、セロニアス・モンク初期の作品「ラウンド・アバウト・ミッドナイト」を初演したのも彼の楽団だ。

ちなみにチャーリー・クリスチャンは1940年に結核を患い42年3月2日に26歳の若さで亡くなるが、クーティ・ウィリアムズとの約束で快復後は彼のバンドに加わることになっていた。ウィリアムズはその後ビッグバンドやコンボを率い、1963年に古巣のデューク・エリントン楽団に戻り、74年のエリントンの死後も息子のマーサーが継承したバンドに在籍した。

ライオネル・ハンプトンの活躍は、アメリカのポップ・ミュージック全体に及ぼした影響という意味でクリスチャン以上に重要である。彼はグッドマン・クァルテット、セクステットでメジャーな人気を得て、ヴァイブラフォンという楽器の可能性を切り拓いた。このコンボに在団中からハンプトンはビクター系列に自己名義のレコーディング・セッションを持ち、そこには当時のエリントンやベイシーなど有名バンドのスター・プレイヤーがこぞって参加した。ウィルソンのブランズウィック・セッションと双璧を成すスウィング時代の至宝である。

1940年6月20日のグッドマン・セクステットの録音を最後にハンプトンは独立してビッグバンドを結成する。既にスウィングが絶頂を極めた後のことだが彼には成算があった。ハンプトンが狙ったのは黒人大衆路線である。白人バンドが次第にアレンジを偏重し複雑化していくのをグッドマン・バンドの内側から見ていたハンプトンは、黒人大衆を喜ばすにはリズムを強調することだと読んだのである。手本はカウント・ベイシー楽団だろう。

独立後の最初のヒット曲は自作の「フライング・ホーム」（42年5月26日録音）。これは既に39年10月にグッドマン・セクステットで初録音された曲だが、ハンプトンは自らビッグバンド用のスコアにアレンジして、自身のヴァイブラフォンとイリノイ・ジャケーのテナー・サックスをフィーチュアした。これは最初のロックン・ロール曲とも言われ1996年にはグラミー賞の〈名声の殿堂〉入りを果たしている。

本書に何度かその言葉を引用したラルフ・エリソンはこの曲に触発されて、第二次世界大戦中、訓練飛行で事故を起こしたパイロットを主題とする短編小説「フライング・ホーム」を従軍中の44年に書いている（37〜54年に執筆された他の短編と併せてエリソンの死後に出版された）。

この時代のビッグバンドはビバップの要素を取り込もうと苦労するケースが多かったが、ハンプトンは敢えて大衆化を目指して大当たりを取るのである。

彼が揃えたメンバーはアーニー・ロイヤル、ジョー・ニューマン、キャット・アンダーソン（トランペット）、マーシャル・ロイヤル（アルト・サックス）、デクスター・ゴードン、イリノイ・ジャケー、アーネット・コブ（テナー・サックス）、チャーリー・フォークス（バリトン・サックス）、ミルトン・バックナー（ピアノ）、アーヴィング・アシュビー（ギター）など黒人の若手、中堅の実力者。ハンプトンはヴァイブラフォンと並んで歌にピアノにドラムスとエンターテイナー振りを発揮し、別格的人気バンドとして頭角を現していく。

ハンプトンは白人と共演するスウィング・バンドを迂回して黒人大衆音楽に進んだので、音楽は十分に洗練されたものだが敢えてエンターテインメントに徹し、芸術志向のビバップや、時代遅れになりつつあるスウィングに物足りなさを感じていた黒人大衆、そして白人層にとってはその泥臭さが新鮮だったのだろう、グッドマンやミラーの音楽に飽食した人々をも惹きつけ、この音楽がジャンプ、ジャイヴ、ひいてはR&Bへの道を拓いていくのである。これらの功績が評価されハンプトンは1996年にビル・クリントン大統領から〈National Medal of Art〉を授与されている。ジャズ関係者も多く受賞しているが、彼と同時代に活躍したアーティストはエラ・フィッツジェラルド（87年授賞）、ディジー・ガレスピー（89年）、キャブ・キャロウェイ（93年）くらいしかいない。追贈もある賞だがスウィング時代を知る人への授賞が少ないだけにハンプトンの存在が際立つ。因みに前述の作家ラルフ・エリソンも同メダルが創設された85年の第一回に授賞している。

**●Hamp The Legendary Decca Recordings of Lionel Hampton (Decca)**

## １９４０年代にハンプトンがデッカに残した名演集

ヴォーカリストのペギー・リーは前述のように41年8月15日録音の「エルマーズ・テューン」でデビュー。グッドマン楽団は初代専属のヘレン・ウォード以来、マーサ・ティルトン、ヘレン・フォレストなど美人歌手が多く在団したが、その中でも最も成功したシンガーがペギー・リーだ。42年夏に楽団のギタリスト、デイヴ・バーバーと結婚して退団するまでの間にグッドマンと40曲あまりの録音を残し、その中には「レッツ・ドゥ・イット」「ホエア・オア・ホエン」「オン・ザ・サニー・サイド・オブ・ザ・ストリート」、ゴールド・ディスクを獲得した「ホワイ・ドント・ユー・ドゥ・ライト」などの名唱が含まれる。独立後はデッカ、キャピトルのスター・シンガーに成長。１９５０年代のヴォーカリスト黄金時代の一翼を担う存在となる。

**●Peggy Lee Benny Goodman The Complete Recordings 1941-1947**（Columbia）
**47年の録音は退団後にゲストとして共演したもの。**
**グッドマン楽団におけるクーティ・ウィリアムズの演奏は前述のクリスチャンとペギー・リーのアルバムに聴くことができる。**

クリスチャンやウィリアムズの動向、ペギー・リーの参加と退団（私的な理由であったにせよ）、ハンプトンのビッグバンド・ジャイヴはスウィング絶頂期の終わりの始まりを告げるものだった。

クリスチャンとウィリアムズは同朋や配下に影響を与え、それが次世代のジャズ、ビバップへとつながっていく。ハンプトンはR&Bへの道を拓くことによってモダンな黒人大衆音楽を作っていく。

そしてペギー・リーの動向はスウィング・バンドの時代からソロ・シンガーの時代への転換点となるのである。大勢的にみればレコーディング・ストライキ（第11章に詳述）の影響もあった。この趨勢の象徴的な存在が、彼女とほぼ同時期の1942年9月にトミー・ドーシー楽団から独立したフランク・シナトラである。彼の独立は同じ環境で歌っていた多くのライヴァルたちを刺激した。

42年にはテッド・ウィームズ楽団からペリー・コモが独立。その他シナトラの後任としてドーシー楽団に入ったディック・ヘイムズ、ジョー・スタッフォード。レス・ブラウン楽団のドリス・デイ。トニー・パスター楽団のローズマリー・クルーニー。ザヴィア・クガート楽団のダイナ・ショア。アーティ・ショウ楽団のメル・トーメ。黒人バンドではデューク・エリントン楽団のアイヴィ・アンダーソン、アル・ヒブラー、ハーブ・ジェフリーズ。カウント・ベイシー楽団のヘレン・ヒュームズとジミー・ラッシング。チック・ウェッブ楽団のエラ・フィッツジェラルド。ライオネル・ハンプトン楽団からはダイナ・ワシントンが独立した。

彼らは1940年代から50年代にかけて、衰退してゆくビッグバンドを尻目にソロ・シンガーの黄金時代を作っていくのである。

このようにスウィング・バンドの全盛期を作り、キングと呼ばれたベニー・グッドマンはその勢いに陰りがみえ始めたとき、次代を担う人材を育て世に出していたのである。ただし眼中人無しという彼の性格からみて、それが成功者である彼の善意に基づいて行われたことでなかったことは確かだ。

独立したフランク・シナトラが初めてソロ・シンガーとしてパラマウント劇場に出演したのは

1942年12月30日。この日から始まったベニー・グッドマン楽団の4週間にわたる公演のゲストとしてだった。しかし既に大半の観客の目はグッドマン楽団ではなくシナトラに向けられており、特に女性ファンが熱狂する騒ぎとなった。気を悪くしたグッドマンは、シナトラの伴奏時も「次はフランク・シナトラ」と言うだけで実に冷淡なものだった。

ポピュラー・ミュージックの評論家で『フランク・シナトラ 栄光の日々』（河村美紀訳　シンコーミュージック）を書いたフレッド・デラーは、この公演中にグッドマンは「シナトラの人気に（自分の）影が薄くなったことに傷ついていた」と書いている。37年3月にグッドマンがファンの異常な興奮のなかで演奏したそのパラマウント劇場で、ようやく一本立ちしたばかりの若造にしてやられたという思いだったろう。

時代はスウィングから確実に転換しつつある。しかしグッドマンはチャーリー・クリスチャンを世に出してチャーリー・パーカーらのビバップに架橋する役割を担わせた。ハンプトンはR&Bに通じる、新しい黒人大衆音楽への絶大な貢献を果たした。間接的ながらペギー・リーやシナトラなどのソロ・シンガーが大成していく道も拓いた。これらはすべて事実である。あくまでも結果論だがこれもグッドマンがジャズ史に果たした功績の一つと捉えておきたい。

## ベニー・グッドマンのモダン化

前述のようにグッドマンは1940年7月、ミネソタ州ロチェスターで公演中に椎間板ヘルニアが悪化し、同地のメイヨー・クリニックに緊急入院する。手術は7月12日に行われ成功したがバンドは一旦解散。主要メンバーは給与保障されて待機となったことも前述した。

8月から9月にかけて病気療養したグッドマンは10月にメンバーを入れ替えてバンドを再編する。メンバーはアレック・フィラ、ジミー・マクスウェル、クーティ・ウィリアムズ、アーヴィング・グッドマン（トランペット）、ルー・マガリティ、レッド・ジングラー（トロンボーン）、スキップ・マーティン、ガス・ビヴォナ、ボブ・スナイダー（アルト・サックス）、ジョージ・オールド、ジャック・ヘンダーソン（テナー・サックス）、バーニー・レイトン（ピアノ）、マイク・ブライアン（ギター）、アーティ・バーンスタイン（ベース）、ハリー・イェーガー（ドラムス）という16人編成。

クリスチャンはこの段階で新しく編成されたセプテットに加わる。こちらのメンバーはグッドマン、ウィリアムズ、オールド、カウント・ベイシー（ピアノ）、クリスチャン、バーンスタイン、イェーガー。

グッドマンはこの再編を機にバンド・カラーの刷新を断行する。その狙いはフレッチャー・ヘンダーソン・スタイルからの脱却だった。1935年以来ヘンダーソン、及びその影響下にあるアレンジャーのスコアを中心に演奏してきたグッドマンにとっては大きな冒険だった。グッドマンの配下にあったチャーリー・クリスチャンらのミントン・ハウスにおけるジャム・セッションで胎動し始めたビバップからの感化もあったと考えられる。

ここで起用されたのがエディ・ソーターだ。ソーターが清新な音楽理論の持ち主であったことは前述のとおり。彼はグッドマンとの仕事の前にレッド・ノーヴォ楽団での仕事で注目されていた。その後アーティ・ショウ、トミー・ドーシー、ウディ・ハーマンなどの一流バンドにアレンジを提供し、39年にグッドマン楽団に迎えられた。初めは当時の専属シンガー、ヘレン・フォレストのバック・アレンジなどを書いていた。ヴォーカル伴奏という制約があるが、グッドマン復帰後40年11月以降の録音からは音使いがヘンダーソン・アレンジと明らかに違ってくる。特にサックス・セクションのハーモニーに特徴が出ている。歌のバックにもサックス・アンサンブルが彩を添えて興を逸らさない。

しかしソーターの実力が最も発揮されたのはやはりインストルメンタル曲においてだ。クーティ・ウィリアムズをフィーチュアした「スーパーマン」に先立つ11月13日のレコーディング・セッションで収録された「ベニー・ライズ・アゲイン」でバンドは完全に旧態から脱している。グッドマンのクラリネット・ソロが聴こえなければ、どこのビッグバンドかと思うだろう、41年10月2日録音の「クラリネット・ア・ラ・キング」は全編にグッドマンのソロがフィーチュアされるが、彼自身の変貌ぶりから感じられるのは脱却への強い意志である。

ソーターのアレンジに言えることはヘンダーソンに比べてはるかに精密であることだ。ヘンダーソンが金管、木管の整理とコール・アンド・レスポンスに特徴を出したのに対し、ソーターは楽想ごとに楽器の組み合わせを変えながら自在に変則的なクラスターを作り、ソロのバックに配置するので、バンドのトータルな音が常に緊張感をもって維持される。ソロを盛り上げるための簡単なリフというレヴェルではない。むしろデューク・エリントンの方法に通じる色彩感豊かなものだ。

ソーターはこれほどの名アレンジをグッドマンに提供したにも関わらず、41年に肺結核のために療養生活に入り退団。健康を取り戻してからは、52年からグレン・ミラー楽団のアレンジャーだったビル・フィネガンとともにソーター＝フィネガン・オーケストラを結成した。61年にはスタン・ゲッツの傑作アルバム『フォーカス』（ヴァーヴ）の弦楽アレンジを書いている。

そしてこの時期ソーターと並んでモダンなアレンジを提供したのがピアニストでもあるメル・パウエル（41年6月入団）だ。彼はペギー・リーの「レッツ・ドゥ・イット」「ハウ・ロング・ハズ・ジス・ビーン・ゴーイング・オン」などのヴォーカル・アレンジも手掛けたが、本領は「ジャージー・バウンス」（42年1月23日録音）、そしてAFMのレコーディング・ストライキ（後述）突入の前々日42年7月30日に録音された「ミッション・トゥ・モスコウ」などで、胸のすくようなアレンジで前時代とは違うグッドマン楽団の良さを引き出した。

パウエルはこのあと従軍してグレン・ミラーが率いた陸軍航空隊バンドでも活躍。除隊後、筋ジストロフィに罹患して音楽活動を休止し、以後作曲に専念することになる。イェール大学に学び、パウル・ヒンデミットに作曲を師事。アルノルト・シェーンベルクの無調音楽や十二音技法に取り組む現代音楽の作曲家になった。1958年からはイェール大学で音楽を教え、69年にはカリフォルニア芸術大学に移り音楽学部長を務めた。芸術音楽に専念したあとも、グッドマンとはしばしば共演し、テディ・ウィルソン張りのピアノを弾いている。同じユダヤ系アメリカ人として、またクラシック指向である点でも二人には相通じるところがあったのだろう。カーネギー以降のグッドマンが持ったバンドのなかで、ソーターとパウエル在団中のバンドが最も充実していることは偶然ではないのだ。

そしてグッドマンが最もバップに接近したといわれる録音が、49年10月10日ハリウッドで行われたキャピトル・セッションだ。

当時グッドマンは、既にチャーリー・パーカー、ディジー・ガレスピーらによって確立され、ジャズの最前線として確固たる地位を占めていたビバップと折り合いをつけようと考えていた。ウォーデル・グレイ（テナー・サックス）、ファッツ・ナヴァロ、レッド・ロドニー（トランペット）、バディ・グレコ（ピアノ）、マンデル・ロウ（ギター）らと共演し〈ベニーズ・バップ・セプテット〉なるコンボも結成した。セプテットのメンバーはダグ・メットーム（トランペット）、ウォーデル・グレイ、バディ・グレコ、フランシス・ビーチャー（ギター）、クライド・ロンバルディ（ベース）、ソニー・アイゴー（ドラムス）。グレイ以外は全員白人である。

グッドマンは当時所属していたキャピトル・レコードと共催でビバップ普及のためのパーティさえ計画した。「奇を衒《てら》った逸脱に過ぎないコードに基づく音楽で、刺激的というよりむしろ苛立たしい」と罵っていたにもかかわらずである。彼はビバップのプレイヤーには麻薬癖など品行に問題があるとも発言していた。

「自分のバンドに彼らを入れるとすれば、FBIと同じように彼らをすみずみまで調べておかなければならない」（『私の話を聞いてくれ　ザ・ストーリー・オブ・ジャズ』ナット・シャピロ、ナット・ヘントフ編著　新納武正訳　筑摩書房）

しかし時流に押されたのだろう、ニューヨークでも超一流のストーク・クラブで行われることになっていたパーティに、グッドマンは角縁眼鏡にベレー帽をかぶって、つまりディジー・ガレスピーのビバップ風の扮装で演奏する予定だった。ここまで前のめりになってビバップへのアプローチを試みたのは、好意的にみればスウィングにおいてやれるだけのことはやり尽くしたグッドマンが、ビバップのなかに挑戦すべき新たな可能性を見たからだろう。

しかしその痛ましい結果が形として現れたのが、キャピトル・セッションだ。当時レギュラーだったウォーデル・グレイやミルト・バーンハート（トロンボーン）、ニック・トラヴィス（トランペット）他が参加してチコ・オファリル作編曲の「アンダーカレント・ブルース」が録音された。

この曲の評価は二分されている。バンド全体のサウンドは、オファリルのアレンジが多少くどくはあるが、同時代のクロード・ソーンヒル楽団に通じるものがある。バーンハート、トラヴィスのソロもモダンなものだ。しかしグッドマンのソロだけがバンドから浮き上がって聴こえる。彼の持ち味である流麗さが消え失せ、フレーズは途切れがちで時に戸惑いさえ感じる。この環境ではやりにくかったのだろう。これをグッドマンの新しいジャズへの挑戦として評価する人もいたが、大方のファンはスウィングへの裏切りと感じた。「奇を衒った逸脱に過ぎないコード」に妥当する楽想がグッドマンにはなかったのだ。あったとしても所詮好みではなかった。

グッドマンはスウィング期を通じて常に第一人者だった。メンバー、側近も一流だった。従って周囲にはジャズの潮流に敏感な者もいただろう。怜悧なグッドマンがこの変化に気付かないはずはない。漸悟《ぜんご》してビバップに接近したが、前時代のキングにとって、そこは筋違いの場所だった。過誤に気付くとグッドマンはあっさりと前進を止めて古巣に戻り、死ぬまでその場所から離れることはなかった。

彼は永世〈King of Swing〉だったのである。

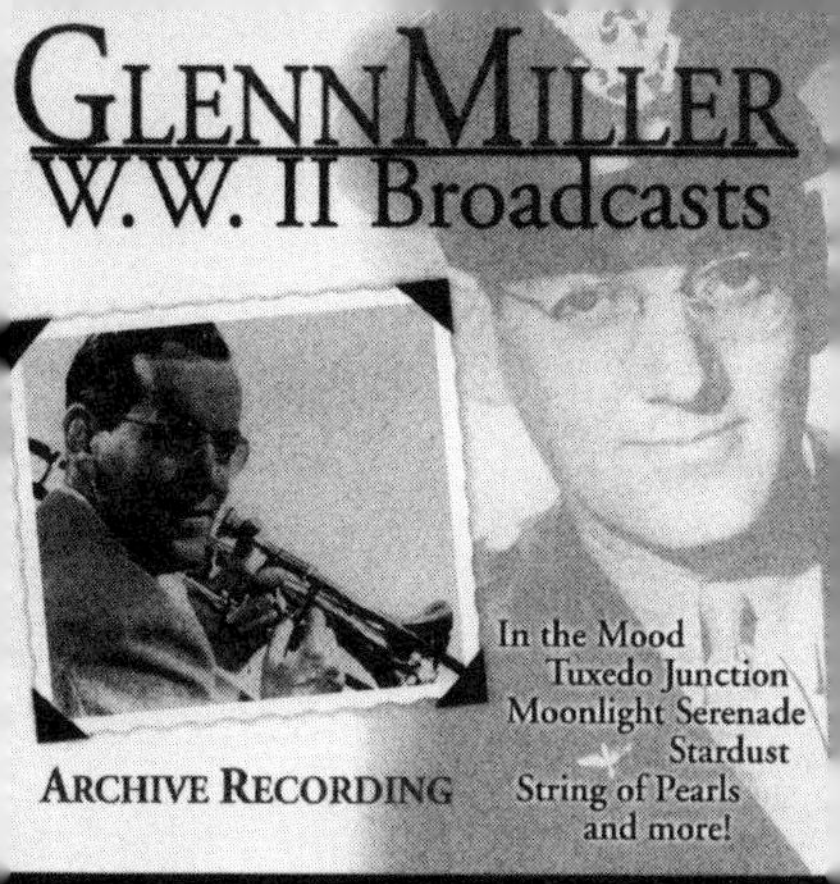

GLENN MILLER
W.W. II Broadcasts
In the Mood
Tuxedo Junction
Moonlight Serenade
Stardust
String of Pearls
and more!
ARCHIVE RECORDING

GLENN
MILLER
AND THE ARMY AIR FORCE BAND
RARE BROADCAST-PERFORMANCES FROM 1943 · 1944
A-TISKET A-TASKET
HERE WE GO AGAIN
WHAT DO YOU DO IN THE INFANTRY
JEEP JOCKEY JUMP
MY BLUE HEAVEN
I'LL BE AROUND
OH, WHAT A BEAUTIFUL MORNING
I GOT RHYTHM
OVER THERE
SOLITUDE
RHAPSODY IN BLUE
LONG AGO AND FAR AWAY
THERE'LL BE A HOT TIME IN THE TOWN OF BERLIN
PEGGY THE PIN UP GIRL
SUN VALLEY JUMP...
15712
LASERLIGHT
DIGITAL

## 人気絶頂のビッグバンドを解散して従軍を志願するグレン・ミラー

多くのビッグバンドが人気を競ったスウィング時代の後半期は戦争の時代と重なる。第二次世界大戦は1939年9月1日のドイツ軍のポーランド侵攻から始まったとされている。この前後の時期を本書の主人公であるベニー・グッドマンとグレン・ミラーの年譜から追ってみよう。グッドマンは9月2日にビッグバンドとセクステットを率いてデトロイトで番組『キャメル・キャラヴァン』に出演。セクステットのメンバーであるチャーリー・クリスチャンが「スターダスト」で感銘深い演奏を行ったと記録されている。

ミラーはこの9月、リズム・セクション強化のためにベーシストのトリガー・アルパートと入団交渉を進めていた。9月11日にはニューヨークでヴォーカルのレイ・エバリーをフィーチュアしてベニー・カーターの「メランコリー・ララバイ」など4曲を録音している。

この9月の時点で対独参戦したのはイギリス、フランス、ソ連でアメリカ合衆国は局外中立。ローズヴェルト大統領の下で1935年に作られた、第五代モンロー大領以来アメリカ伝統の孤立主義に基づく中立法が守られており、9月5日に宣言が発令された。アメリカ一般市民の意識は、ヨーロッパで戦争が勃発した直後の39年12月に行われた世論調査でも、67・4%が参戦に反対だったのである。

しかしローズヴェルトは1940年11月の大統領選挙で三選を果たすと、危機に瀕していたイギリスの要請に応じて、41年3月に武器貸与法を成立させ非常事態を宣言。これによって対独参戦しているイギリスをはじめとする友好国に軍需物資を譲渡貸与することが可能となった。この頃既にノルウェー、ベルギー、オランダ、ルクセンブルグそしてフランスまでもがドイツに侵されていたが、それでもアメリカは参戦していない。アメリカが参戦を決意するのは41年12月7日（米国時間）、日本海軍がハワイ、オアフ島真珠湾基地に停泊中の米海軍太平洋艦隊を攻撃したことによる。

こうした不穏な世界情勢のなかで米議会は、40年9月に中立法のなかで徴兵制を承認し有事に備える態勢をとっていた。ビッグバンドの若手メンバーが徴兵される事態も近づいている。

ミラーはこうした情勢をみて非常に不機嫌になっていった。近づいてくる戦争の影に愛国的な憂憤を感じ、しかしながら無力な自分に苛立ちを感じていたようだ。多忙と精神的なストレスのため体中に発疹ができたのもこの頃だ。

アレンジャーのビル・フィネガンは当時のミラーを「感傷的な愛国者」と感じていた。なんとか国のために役立ちたいという思いから、NBCネットワークの電波料を自費で負担して従軍兵士のための番組『サンライズ・セレナーデ』を制作。41年8月30日から放送が開始される。

そしてついに41年12月に日本によるハワイ真珠湾基地が攻撃され、太平洋でも戦火の火蓋が切られる。ミラーの憂国の思いは一層強くなり、周囲を驚かす意外な行動に出るのだ。

ニューヨークやロサンジェルスなどの大都会と異なり、保守的な風土である中西部出身のミラーは、ヨーロッパとアジア、太平洋で激化する戦争の状況をみて、自らの意思で兵役に就くことを志願したのである。この時点の米国には選抜訓練徴兵法が成立しており、18～26歳までの男性に徴兵登録を義務付けていた。ミラーはとうの昔にこの年齢をこえていたが、祖国が参戦する民主主義を守るための戦いに加わろうとした。

42年6月20日、海軍予備役の任命を受けるために経歴書、身分証明書、ビング・クロスビーに依頼して書いてもらった推薦状を、第9海軍軍管区の指揮官に送っている。

クロスビーの文書には「ミラー氏は大変に優れた若者で、機転に富み十分な知性を備え、指揮官となるに適しております」と書かれていた。

8月1日に海軍は「貴殿の特殊な才能を活かす仕事を海軍予備役に求められても、ご満足いただける役職がございません」と回答。

落胆したミラーは、今度は8月12日付で米陸軍チャールズ・D・キング准将に対し、陸軍救済基金などへの寄付と然るべき地位（軍隊内での楽団結成や指揮の権限）を与えられるなら入隊の意志ありとしてこのような書簡を送っている。

「過去数か月間、私のところには兵隊になった人たちから、軍キャンプならびにUSO（米軍慰問協会）放送にたいする多大な感謝状が送られております。（中略）我らの兵士は現在のポピュラー・ミュージックを、私たちのような楽団が演奏するのを望んでいるのです。もし私の従軍が叶えば、軍隊生活にいささかでも和らぎをもたらすことになろうと考えております」（『グレン・ミラー物語』ジョージ・サイモン著　柳生すみまろ訳　晶文社）

直ちに返信が来てミラーは8月23日にワシントンに赴き公式に志願。翌日に身体検査も受けている。このときミラーは38歳。記録によると彼の体格は身長181㎝、体重81kgだった。身体検査にパスしたミラーに対し、9月10日、陸軍からの公式電報がマンハッタンのミラーのオフィスに届けられた。

「貴殿の入隊は10月7日、詳細と命令は追って知らせる。入隊おめでとう、幸運を祈る」

こうして陸軍大尉任官が決まった。

ミラーは従軍志願に係わる行動を秘匿していたが噂が流れ始めた。そこで彼は楽団員を集めて自らの意志を告げ、バンド解散後のメンバーの身の振り方にも配慮した。ともに従軍を希望する者には然るべき便宜が与えられること。他のバンドからの引き合いがあれば移籍は自由であることも伝えた。ベニー・グッドマン、ボブ・クロスビー、レス・ブラウン、トミー・ドーシー楽団などに移る者が多かった。ボビー・ハケットは独立して自分のコンボを結成することになった。

入営前の最後の演奏は9月24日にニュージャージー、パセイックのセントラル劇場で行われた公開番組『チェスターフィールド・ショー』だった。ミラーは番組の後任バンドとして自らの事務所でマネージメントするクロード・ソーンヒルやハル・マッキンタイアのバンドをさしおいて、躍進著しいハリー・ジェイムズ楽団を推薦した。この頃のジェイムズ楽団の人気はすさまじく、ファンの人気投票ではミラーやグッドマンを抜いてトップに躍り出ていた。事務所の利益よりも、自身の力で人気番組に育ててきた『チェスターフィールド・ショー』を、当代一の実力者に引き継ぎたかったのだろう。スポンサーに対しても配慮したビジネスマンとしてのバランス感覚である。

この夜ジェイムズはミラー楽団のバンドスタンドに座り、自らのバンド・テーマ曲「チリビリビン」を演奏した。劇場には大喝采が起こったが、ラジオ放送の聴取者はトランペット・セクションの一人の物真似だと思った。演奏が終わるとミラーは「本物のハリー・ジェイムズです」と紹介し、ジェイムズをセンター・マイクに招きよせると「あなたがこの番組を引き継いでくれることは、他の誰にもましてふさわしい」と挨拶した。

このように華やかな演出はあったものの、この夜はリーダーが苦節の末に成功に導き、手塩にかけて磨き上げたバンドの解散、全米随一の人気を投げうっての従軍をメンバーや歌手も悲しみ、陰鬱なムードが漂ったという。「カラマズーの娘」を歌ったマリオン・ハットンは演奏中に泣き出してしまい、つられたメンバーも万感胸にせまり顔を上げられなかったという。

## グレン・ミラーの死の謎

以下は推論だが、ミラー従軍の背景を考えてみたい。

ミラーに軍隊入りを決断させたのは、もちろん国民としての責任感や愛国心もあってのことだろう。しかし彼の性格や1942年当時の立場を考えると志願の動機はそれほど単純勁烈《けいれつ》なものではないような気がする。年齢的にみても1904年3月生まれのミラーは既に中年の域である。徴兵の対象でもないことは、彼より5歳若いグッドマンが従軍していないことからもわかる。あくまで個人の自由意志による決断だが、人気絶頂の楽団を解散してまで従軍した真の動機は何か。

理由の一端にはラジオ局にたいする「ASCAP（American Society of Composers, Authors and Publishers 米国作曲家作詞家出版者協会）」の楽曲使用料値上げと「AFM（American Federation of Musicians アメリカ演奏家組合）」によるレコーディング・ストライキ」があったのかもしれない。

この二つの紛争は演奏家、放送局、レコード会社を巻き込む大騒動を引き起こした。ジャズ史的にみても一つの曲がり角となった事件だ。

まず1939年秋にASCAPと、ネットワークを持つラジオ局との間に紛争がおこった。ASCAPの要求は、36年以来据えおかれていた音楽著作権使用料を、41年には従来のほぼ2倍にあたる750～900万ドルを支払えというものだ。さらに41年以降は放送収入の7・5％の定額使用料を支払うブランケット・ライセンス方式に切り替えることを要求。現在の日本の放送局が負担する楽曲使用料（ブランケット方式）は放送収入の1・5％だからASCAPの要求が如何に途方もないものであるかがわかるだろう。

放送局側はこれを拒否し、ASCAPの管理楽曲を番組から排除することにした。さらに対抗措置として全米放送事業者協会（NAB）は39年10月に急遽「BMI（Broadcast Music, Inc. 放送音楽協会）」を設立した。

ASCAPはそれまで音楽著作権を取り扱う独占的代行機関だったので、ビッグバンドの主要レパートリーはすべて放送できなくなった。このためASCAPに属さない作曲家に大量の新作を依頼する一方、PD曲（Public Domain＝公共財。知的財産権が消滅した作品）をスウィング・アレンジにして演奏せざるを得なかった。例えばフォスターの「金髪のジェニー」やクラシック作品などである。

ビッグバンドが出演する番組では事前に選曲が管理され、さらに独奏者が迂闊にアーヴィング・バーリン（ASCAP創立メンバーの一人）などの曲の一部を引用したりしないように、バンドに対してアドリブ部分も記譜することが要求された。局員による監視も強化され、不注意に既存曲の旋律が出た場合は即刻停波の措置が取られた。

この紛争は41年11月にASCAPとCBSネットワーク、NBCネットワークが和解することによって解決した。ASCAPは管理楽曲が放送で使用された方が、音楽著作権料収入の上で有利であることに気付いたのである。

一方AFMによるレコーディング・ストライキは、40年6月に組合の委員長に選ばれたシカゴ支部長ジェイムズ・C・ペトリロ（在位1940〜58年）という人物の指導によって行われた。

彼はミュージシャンの権益擁護、地位向上に辣腕を振るった。着任早々ネットワークを持つ放送局に対してレコードの使用料増額を訴えたが、ペンシルヴァニア州最高裁が「レコードの所有権はレコード販売の段階で（購入者に）移転する」という判決を下したため、AFMはラジオ局に対して影響力を行使できなくなった。

かわってペトリロが着目したのはレコード産業の隆盛である。スウィング・ブームによってレコード業界はかつてないほど潤っていた。不況の影響が最も深刻だった1932年に全米で600万枚だったレコードの売り上げが、38年4000万枚、40年8000万枚、41年1億3000万枚と急伸していたのである。このうち25％がスウィングのレコードだった。

ペトリロは「ミュージシャンがレコードを吹き込むことによって生じる演奏機会の逸失」と「逸失によって被る損害は補償されるべきだ」いうロジックをもって、レコード各社に対し1941年末までに300万ドルの補償金をAFMに支払わなければ、組合加入の全ミュージシャンは〈ある期日〉をもってレコーディング・ストライキを行うと通達。

イギリスの評論家でプロデューサー、ジャズ史の研究家でもあるケン・バーンズはこの暴挙を「強請《ゆす》りにも等しい」として「（報酬を受け取って家を建てた大工が）家の家賃から月々の取り分を要求するようなものだ」と批判している。

ペトリロは実行前月の7月まで開始日を晦《くら》ましていた。駆け込み録音を困難にするためである。最終的にAFMは7月25日にストライキ開始日を8月1日と通達。レコード各社はなお支払いを拒否し、AFMは予告通りストライキに突入した。

ジャズメンであろうとクラシック管弦楽のメンバーであろうと、カントリー・アンド・ウェスタンのギタリストであろうと、組合に加入している以上、望んでもレコードを作れなくなったのだ。

デッカは一年後の43年9月にペトリロの要求を呑んでレコーディングを再開。最大手のコロムビアとビクターは44年11月まで要求を拒んでいたが最終的に陥落した。この間、戦時の国策として製造された軍隊慰問を目的とする〈V-Disc〉以外、アメリカではAFMに加入するミュージシャンのレコードは一枚も作られていない。

ASCAP、AFMに端を発する紛争はビッグバンド・ビジネスに対して大きな打撃を与えた。これもスウィング大流行の終焉の要因の一つとされている。音楽著作権者や演奏家の利益のための闘いだったが、結果的に職場や表現の場を制限されてしまうことは痛手だった。

当時のミラーの動きを整理してみよう。

海軍への入隊申し込みが1942年6月20日。RCAへの最後の録音日（「ラプソディー・イン・ブルー」等5曲）が7月16日。7月25日AMFストライキ断行を予告、ストライキ開始が8月1日。キング准将への書簡送付が8月12日。入隊が許され大尉に任官したのが9月10日。入営は10月7日となる。

国際情勢としてはドイツ、日本の近隣諸国への侵襲による緊張感の高まりがある。特に1941年12月の日本軍のハワイ真珠湾攻撃を受けてアメリカが参戦すると、若者たちが次々と徴兵されていった。若いミュージシャンも同様である。

42年1月に戦時生産局が物価管理局に物資の配給制度を指令する。すべての食糧は配給切符との交換になった。

音楽業界へのダメージとしては、新品の楽器製造と販売の禁止、軍需物資であるガソリンの配給制、列車の座席予約制の廃止でツアーが困難になった。加えてタイヤの原料のゴム、レコード盤の原材料であるシェラックの使用等が制限された。AFMとの紛争に加えてレコード会社にとっては泣きっ面に蜂である。各社は操業短縮を余儀なくされた。停電条例は夜の娯楽産業（特に東西海岸地方の大都市）に打撃を与え、さらにボールルーム、ナイトクラブ、ジュークボックスのあるカフェに戦時課税として入場料、飲食料に30％（後に25％に引き下げられる）の税金がかけられた。大型のボールルームは閉鎖または転業を余儀なくされ、ジャズメンの仕事場はダンス・フロアのない小さなクラブに移っていった。マンハッタンの52丁目〈ザ・スウィング・ストリート〉などが繁盛していく原因の一つである。このようなクラブに、ビッグバンドを乗せることができるステージを備えた店は少なかった。この時代に台頭してくるビバップなど小編成による演奏が多くなる要因でもある。

この当時、ミラーが不機嫌だったことは前述した。祖国の危難に際して自らの無力を感じてのことと解釈するのが普通だが、ここでは彼を取り巻く諸条件にもう少し踏み込んでみたい。

自ら従軍を志願したミラーの胸中には、今述べた二つの業界内の紛争と並んで、戦時体制下におけるビッグバンド・ビジネスの危機を見据えたという側面もあっただろう。

放送番組における選曲幅の規制、そしてレコードがディスク・ジョッキー番組やジュークボックスでかけられれば、生演奏の機会は減少する。1940年時点で全米には35万台のジュークボックスがあり、年間1億5000万ドルを売り上げていたのだ。少予算で制作できるDJ番組も増加している。

これらの出来事はラジオ番組での生演奏を収入源とするビッグバンドにとっては痛手となる。

しかしミラーほどの稼ぎがあるバンドにとっては左程のことではない。彼はRCAとは概算推計でレコード1面の録音（約3分）に対し本人は200ドル、メンバー1人30ドル。レコードの売り上げに対し5％の印税という契約を取り交わしていた。グッドマン、ドーシーなど他の有名バンドと同率である。仮に新規の録音ができなくなっても、人気が維持されている間は既発レコードからの印税収入がある。

レコード録音と並んでライヴ演奏の収入の一例をあげておく。ホテル・ペンシルヴァニアのカフェ・ルージュとの契約では、演奏料は週に3000ドルだった。3か月13週間続くことが普通だったので、単純計算すれば39000ドル。メンバーに3か月で26000ドル（週給平均100ドル×20人×13週間）支払ってもミラーには13000ドルの粗利が出る計算だ。キング准将に送った書簡にミラーは「（入隊直前には）週に15000〜20000ドルの収入を得ている（現在の邦貨にしておよそ2千500万〜3千300万円）」と書いている。この年のアメリカ人労働者の平均年収が1725ドルだから、ミラーの収入の大きさがわかるだろう。

従ってミラーには経済面での不安はなかった。蓄えが十分過ぎるほどあったことは、ミラーの財産管理を担当した弁護士のデヴィッド・マッケイが証言している。徴兵によってメンバーが欠けても、ミラー楽団の業界内の地位と人気ならば補充も十分可能である。

だからミラーに限って言えば、ASCAPとAFMの紛争はさほどの痛手にはならないし従軍の真の動機ともいえない。状況をより俯瞰的にみる必要があるだろう。

そこで考えられることは、スウィングを支えてきたファンの心理の変化だ。戦争や業界内の紛争によってビッグバンド・ビジネスが衰退し、別の流行が現れることを見通したのかもしれない。

彼にそう思わせる兆候は既に出始めている。AFMに加入しないシンガーたちは続々とビッグバンドの庇護から離れ、伴奏にコーラス・グループなどを使ってレコーディングを始めようとしている。最初にこれを行ったのはディック・ヘイムズだった。コーラス・グループのソング・スピナーズをバックに歌った「ユール・ネヴァー・ノウ」はミリオン・セラーとなった。

1942年9月にトミー・ドーシー楽団から独立したフランク・シナトラは、ストライキ期間中の43年6月から11月の間にアレック・ワイルダーのアレンジ、男女混声12人編成のボビー・タッカー・シンガーズをバックに12曲のレコーディングを行っている。

演奏家とちがって、歌手もコーラス・グループもアレンジャーもAFMのストライキ指令には縛られない。ミラーは時代がスウィングから別のフェーズに移り始めていることを懸念したのかもしれない。

しかしそれでもまだ疑問が残る。音楽業界の変化を懸念するならば、従軍するより一旦身を退いて静観していればよいではないか。周到な彼は42年春に隠居所または別荘のつもりでカリフォルニア州のモンロヴィア（ロサンジェルスのダウンタウンから20㎞北東郊）に7万5000ドルを投じて55エーカー（およそ6万6000坪。サッカー・グラウンド25面分）の広大な牧場を購入しているのだ。そこに建設する邸宅のプランも持っていた。屋敷は「タキシード・ジャンクション」と名付ける予定だった。音楽家としての野心を満たしたければ、この牧場に身を落ち着けて、業界の今後を分析し対応策を練ることも可能だ。ミラーならば優秀なヴォーカリストを育てることもできたはずだ。スウィングに代わる流行現象が現れても、プロデューサーとして新しい潮流に乗っていくこともできただろう。現にミラー・オフィスでは他のバンドのマネージメント・ビジネスも手掛けていた。少なくとも従軍するよりもはるかに安全ではないか。しかし彼はこの方法もとらなかった。

そこで浮かび上がるのが個人的な動機である。ビッグバンド・ビジネスで大きな人気を得、十分すぎる蓄えを残した彼は、次に名誉欲を満たすことを求めたのではないか。それと憂国の情が合わさってこのような飛躍した考えに至ったのではないか。

より穿った見方をすれば、ミラーは自らの音楽性と、近未来のジャズの在り方との間で、到底折り合いが付けられないという見通しをもっていたと思われる。ヴォーカリストの台頭はともかく、ビバップやジャンプ、ジャイヴとミラーの考えるジャズとは水と油である。自身やグッドマンが若かった頃、スウィングの躍進によって凋落していったスウィート・バンドの末路が脳裏をかすめたのかもしれない。ならばいっそのこと軍隊に、と別天地に活路を求めたという想像である。

楽団のトランペッターの一人で、50年代からフランク・シナトラ他の有名シンガーのアレンジャーとなって大成するビリー・メイは、ミラーが「この戦争に加わって英雄になるつもりだ」と言ったことを覚えている。富と名声に満足すれば、次に人間が欲するのは栄誉だろう。この意味でミラーは音楽的に頑固な理想主義者である反面、個人的には名望好きという世俗的な一面もあったと思われる。

アメリカの軍隊というのは独立戦争以来、原則的には市民が作る義勇軍であって、市民が自衛のために自発的に義務を果たすという考え方が根底にある。家族だけではなく、バンドのメンバー、取引先など関係者のなかには従軍に反対する者もあっただろうが、これを論理的根拠としてミラーには従軍を強行する名分が立った。ファシズムによって民主主義が侵される現状に義憤を感じたという誰も反対できない大義もある。音楽によって兵士を慰めることで音楽家としての満足も得られるだろう。功績をあげれば位階昇進も期待できる。行方不明になることまでは慮外だったろうが、軍隊に入る以上は死に対する相応の覚悟もあったはずだ。

こうしたことをすべて考え抜き、仮に不慮の戦死を遂げても名誉だけは残るように準備したのではないか。この当時のミラーにとって名誉こそが、功利主義の理念に基づいた最大幸福だったという見方である。

結果としてミラーは戦争未亡人を一人、戦争遺児（養子の長男スティーヴ、同長女ジョニー）を二人つくり、多額の財産とミラー・ブランドによって長く人気を保つバンドを残し、本人の望み通り英雄となった。苦節や成功の物語は美化され伝説の人となった。ミラーの晩年の行動を見ていくと、思惑どおりの最後を飾ったのではないかと思えてくるのだ。もし彼が民間に留まったり、従軍しても無事に凱旋していたら、伝説として語られるグレン・ミラーは存在しなかったに違いない。

## 軍隊内のグレン・ミラー

入隊後のミラーは「陸軍専門家兵科」に配属され体操、行進、ライフル演習など新兵としての基礎訓練を受けた後「陸軍航空隊」に転属となる。軍隊生活に馴染むべく努力はしたようだが、生来頑固で短気な性質の彼は、伝統を愚直に守るだけの軍隊音楽に我慢ができなかった。なんとか刷新しようと試みたが根強い抵抗があった。

有名人であるがゆえに、陰湿ないやがらせも経験したようだ。軍隊内での活動でも大きな貢献があったことを知っている我々から見ると不思議な気もするが、民間で大成功した人気者であり資産家であるミラーへの嫉妬があった。しかもジョン・フィリップ・スーザ以来のアメリカ軍楽隊の伝統を軽視する素振りすら見られるとあっては、古参兵の間に不寛容な空気が生まれたのだろう。反対者にとってジャズは浮華な流行音楽と映ったはずである。

しかしミラーを擁護する言論も現れる。イェール大学グリークラブの指導者マーシャル・バーソロミューは『タイム』誌にこんな意見を発表した。

「我が国の軍隊音楽の状況を改善することは望むところである。私は若きグレン・ミラー大尉に脱帽する。彼は一流のプロだけが手にすることができる仕事と収入を投げ打って、陸軍バンドの安い給料（任官当初は週給200ドル。人気バンドの一流メンバー相当）を甘んじて受け入れ、課せられた任務のために情熱をもって当たり、音楽を聴くすべての人の心を明るくしようと日夜努力しているのだ」（『グレン・ミラー物語』ジョージ・サイモン著　柳生すみまろ訳　晶文社）

こうした意見により多少風向きが変わったところで、彼は既に徴兵されている旧メンバーや他のジャズ・ミュージシャンを集めて、兵士慰問のためのミラー楽団を軍隊内に結成することを提案し、陸軍航空隊軍楽隊訓練のリーダーとして人選に入る。

旧メンバーとしてはジミー・プリディ（トロンボーン）、ジーク・ザーチー（トランペット）、トリガー・

アルパート（ベース）、ジェリー・グレイ（作編曲）。他のバンドからはグッドマン楽団にいたメル・パウエル（ピアノ、作編曲）をはじめアーティ・ショウ、クロード・ソーンヒル、レス・ブラウンなどのバンド出身者も多く入団した。そして15年来の親交がありリーダー・バンドを率いていたドラマーのレイ・マッキンレイはミラーの空軍バンドに大きく貢献することになる。

こうして出来上がったミラーの軍隊内のバンドは正式にアーミー・エアフォース・バンド（AAFB）となり、マーチ曲のほかに「ムーンライト・セレナーデ」「イン・ザ・ムード」などの定番レパートリー、シヴィリアン・バンドではとりあげていなかった新曲を演奏した。このAAFBが残した最大のヒット曲が「セント・ルイス・ブルース・マーチ」だ。これはレイ・マッキンレイの思い付きから生まれたものだ。

あるときマッキンレイは兵舎の外で彼の民間バンド時代の編曲者ペリー・バジェットと語りあっていた。

「ブルースをマーチングのビートでやるのはどうだろう? 例えば〈セント・ルイス・ブルース〉をトゥー・ビートのスウィングで演奏するというのは」（同）

バージェットは早速簡単なアレンジを書いて演奏すると全員が気に入った。そこでミラーがジェリー・グレイに指示して大型のAAFB用アレンジを書かせた。これが「真珠の首飾り」などの作編曲者であるグレイの才腕によって痛快ともいえるアレンジに発展し、行進訓練の若い兵士たちを喜ばせた。しかし軍楽隊の伝統を重んじる旧弊な上官である少佐はミラーに反対した。

「我々はスーザのマーチで第一次世界大戦を戦い、すべてうまくいったのだ」（同）

これに対するミラーの回答は機知に富んだものだった。

「もちろんです少佐。しかし一つだけ教えてください。少佐は未だに前の戦争で使ったのと同じ飛行機に乗っておられるのですか?」（同）

## AAFBによる「セント・ルイス・ブルース・マーチ」の録音は1943年1月29日

様々な軋轢があったものの陸軍側もAAFBの有用性を認めざるを得なくなり、ミラーの裁量権も大きくなっていった。1943年夏には、初めCBS、のちにNBCネットワークの番組（『アイ・サステイン・ザ・ウィングス』。43年9月から44年6月までミラーがホストを務めて放送された）を持ち、構成者、アナウンサー、ディレクターなどのスタッフも揃えた。この頃まではトスカニーニのNBC交響楽団などから入隊していた弦楽器奏者も加わりAAFBはさらに大型化していった。

ミラーはこのほか〈V-Disc〉（戦地の兵士のための慰問用レコード）録音を精力的に行った。この活動に対しても「徒《いたずら》にミラーの名声を上げるだけだ」という信じ難いような反対があった。ミラーは「ならば私の名前を消せばいい」と立腹して答えている。

しかしウォー・ボンド（戦時国債）募金で一晩に数百万ドルを集める彼の人気と実力に軍の中枢部の意見も次第に好転していった。ドイツ軍の空襲に脅かされるロンドンに飛び、イギリス市民や米軍兵士の士気を高めるためのバンド活動を行うことも許可された。この頃には捨身の覚悟で、ひたすら軍のために行動するミラーの純粋な気持ちが将軍たちにも理解されていた。

連合軍のノルマンディ上陸作戦の直後、1944年6月18日にミラーは航空機で単独渡英する。3

日後の21日にバンド全員がニューヨーク港からクィーン・エリザベス号で大西洋を渡った。イギリスにおけるAAFBは空襲下のロンドンを避けて80㎞北方のベッドフォード基地を根拠地として活動を開始する。このときまでにメンバーは62人の大所帯になっていた。彼らはイギリス各地をバスや列車、航空機で移動し、殺風景な無蓋貨車の上や飛行場の格納庫の中で演奏した。

バンドがイギリスで経験したことはドイツ軍のV1ロケット（ドイツ空軍が開発したミサイル兵器。フランスのカレーやオランダからロンドン首都圏に向けて発射された）による攻撃である。危険な空襲下でAAFBはイギリス滞在中に711回のコンサートで25万人を動員した。また急造のスタジオを整備しAEF（連合軍）ネットワークとBBC（イギリス国営放送）を通じて放送業務にも従事した。この番組はイギリス王室や連合軍最高司令官のアイゼンハワー元帥も喜ばせた。彼はミラーのAAFBの演奏が兵士の士気を高めたことを認めていた。

この頃十代だったプリンセス・エリザベス（後の女王）とマーガレットの王女姉妹はベッドフォードの赤十字施設を視察中にAAFBと遭遇してミラーと会話を交わしている。

「ミラー大尉と楽団の皆さんは本当に素晴らしいお仕事をなさっていらっしゃいます。私たちはグレン・ミラー楽団の熱心なファンで、放送は欠かさず聴いております」（『グレン・ミラー物語』ジョージ・サイモン著　柳生すみまろ訳　晶文社）

AAFBは軍の指示のもと、イギリス各地の基地、病院などを飛び回った。演奏中に空襲警報が鳴り響くことも度々あったが、ミラーは聴衆が満足するまでステージに立ち続けた。会場に入りきれない兵士がいると、客席を入れ替えて何度でも演奏を繰り返した。

ドイツ兵の戦意を挫くための対敵謀略放送も制作し、ドイツ語の流暢な女性出演者イルサ・ワインバーガーと共にミラーもドイツ語をまじえて彼女と喋っている。こんな調子だ。

「ところでミラー大尉、お家からの連絡はありますか?」

「女房からは電報が来るんですよ。ここにその電報があります、彼女が言ってきたことは〝あなたは結婚していることをお忘れなく〟」

ミラーにしてはユーモアを効かせたつもりだったのだろう。このような会話を挟みながら「ムーンライト・セレナーデ」「イン・ザ・ムード」、ジョニー・デズモンドのヴォーカルをフィーチュアした「ナウ・アイ・ノウ」などを演奏してドイツ軍兵士にスウィングを聴かせていた。

1944年8月、ドイツ軍が占領していたパリが連合軍によって解放される。8月17日ミラーは少佐に昇進。

ビング・クロスビーが従軍兵士慰問のためにイギリスにやって来たのもこの頃だ。彼らは同時期にイギリスに来ていたダイナ・ショアと共演している。クロスビーは大スターの貫録か、ウィスキーの差し入れなどをして、ミラーの規律一辺倒のAAFBメンバーを寛がせたそうだ。

こうした仕事とV1ロケットがいつ襲ってくるかわからない恐怖との闘い、慣れぬイギリスの食事などでホーム・シックにかかり、この頃ミラーはひどく憔悴していたと伝えられている。ドン・ヘインズはミラーが語ったこんな話を日記に残している。

「もう私はヘレンや子供たちに二度と会えないような気がする。この5年間私にはツキがあった。でももうツキが変わる頃のように感じる。長いこと感じていたことだが、私はV1ロケッ

トのどれかにやられるんだ」(同)

彼の予感は的中する。この発言の一週間後、ミラーが滞在していたホテルの至近に新型のV2ロケットが着弾する。幸い命に別条はなかったが、憔悴はさらに昂進していった。

11月15日パリ近郊のヴェルサイユに設けられた連合国遠征軍最高司令部から、パリでの6週間の演奏の指令を受ける。将兵や病院の慰問演奏である。

彼はロンドン不在中に必要となる102回分の放送用の録音を残すと、パリ行きの準備に取り掛かる。軍の正式な指令はアイゼンハワー元帥から下されたもので命令書には「12月14日(前後の時期)に軍用機でパリに赴き、慰問任務終了後はベッドフォード基地に戻る」とあった。このパリ行きにミラーは信頼するジェリー・グレイを同伴したかったようだ。あいにく彼は風邪で寝込んでおり、バンドの連中と共に後から行くことになった。ミラーがバンドより先行したかったのは、62人という大人数のバンドの受け入れ態勢を軍当局に任せず自ら整備したかったためだ。彼は当局の手際の悪さにいら立ちを感じていた。

しかし13日から濃霧が発生し軍用機は一機も飛び立てない。14日も霧が濃かった。待ち時間にミラーはマネジャーのドン・ヘインズと終戦後の楽団経営のことを話し合っていた。ヘインズが残した日記の記述によれば、ミラーは一年のうち半年働いて、残りの半年はゴルフや釣りを楽しみ、カリフォルニアの牧場でオレンジを育てながら暮らしたいと考えていたようだ。農家育ちのミラーらしい発想だ。

こんな話をしながら14日の夜を過ごし15日を迎えた。相変わらずの荒天だったがパリ方面では回復の見込みとの予報に、ミラーはヘインズとともにベッドフォード郊外のトゥインウッド飛行場に向かった。同乗者はモーガン操縦士と、ミラーの便乗を快く了承してくれたベーセル大佐。雨足がさらに強まるなか、彼は単発9人乗りC64型ノーズマン機に乗り込んだ。

ヘインズが「明日パリで会いましょう」と言うとミラーは「是非そうしなければならないな」と答えたという。

このときの気温はほぼ氷点。雨が降り続いている。飛行機嫌いのミラーは乗り込むとベーセル大佐にパラシュートの有無を聞いたようだ。大佐は「君はいつまで生きるつもりなのかね」と答えた。ヘインズはこの会話を覚えている。扉が閉まり、滑走して飛び上がった機は雨雲に吸い込まれるようにヘインズの視界から消えていった。

AAFBのメンバーはその3日後にパリに着いた。そこで彼らはミラーが消息不明になっていることを知るのである。一行とともにパリに到着したドン・ヘインズも軍の捜索に希望をもって家族への連絡は控えていたが、1週間が過ぎた23日に戦死報告書がヘレン夫人に届けられた。彼女は夫の生還に希望を持っており、ヘインズにこんな電報を送っている。

「グレンがいつか帰ってくることを信じています。彼から連絡があったら、私が元気に彼の帰りを待っていると伝えてください」(同)

この間ヘレンの不安を慰めようと、ヘインズ夫人のポリーがミラー家に泊まり込んで家族に付き添っていた。

ミラーの消息不明については諸説ある。憶測による馬鹿げたものもあったが、悪天候が原因の海上墜落説が一般的だ。まずC64型ノーズマン機には除氷のための装備がなかった。地上で氷点ならば雨中に上空に上がれば確実に氷点下となる。機体に着氷して重くなり操縦にも障害が出る。視界も悪かった。このため機は海面に近い低空を飛ばざるを得なかった。

事故後こうした離陸時の条件を聞いた陸軍航空隊の将校は「考えられない暴挙だ」と言った。悪天候、そして命令に従って一刻も早くパリに着き、バンドの受け入れ態勢を整えたいミラーの焦燥、さらに32回も大型のB24爆撃機を飛ばしてきたモーガン操縦士の、己の飛行技術への過信が事故の原因とされる。おそらくこれが真相だろう。

しかし事故の40年後にイギリスのジャズ専門誌『ジャズ・ジャーナル』はこんな記事を掲載した。1984年7月号の読者ページに投稿された「Did the RAF blow up Glenn Miller ?（イギリス空軍がグレン・ミラーを爆破したのか?）」という驚くべき内容だ。

記事によると12月15日早朝、メスウルド基地所属のイギリス空軍149爆撃隊は、ルクセンブルグ付近に展開中のドイツ軍を空爆するために出撃した。午後1時過ぎ、パイロットのフレッド・ショウ中尉が空爆を終え作戦終了との報告をすると司令部から、基地に戻る途中、残余の爆弾は海上に投棄しろという命令が出た。中尉が予定の海上に達し爆弾投棄が始まったとき彼は「(下方に) 小型機が飛んでいる!」という爆撃手の声を聞いた。中尉もフランス方面に向けて飛行中のノーズマン機を目撃している。

彼はこの9日後にミラーの行方不明と彼の乗機がノーズマン機であることを知るのである。ミラーの出発時刻、機の向かっていた方角等からも投棄爆弾命中の蓋然性は高いという訳だ。事故後の入念な捜索にもかかわらず、乗員乗客はおろか機体の破片すら見つからない事実がこの説を裏付けるとされている。いずれにしろ今日にいたるまで謎は永遠に残ることになった。

ミラー亡きＡＡＦＢの運営はヘインズが、楽団指揮はマッキンレイが執り、21日から活動を再開し将兵の慰問を続けた。翌１９４５年5月にはヨーロッパ戦線が終結。楽団はドイツまで遠征し、米軍とソ連軍幹部による昼食会でも演奏。

7月1日には4万人の連合軍兵士を前に演奏した。会場はニュールンベルグ・スタジアム。ニュールンベルグはかつてナチスが党大会を開き、１９３３年に政権を獲ってからはこの町を「帝国党大会の都市」として毎年数万人の支持者を集め、ヒトラーが悪魔的な演説を行った場所だ。彼がジャズを退廃の音楽と決めつけた場所で、レイ・マッキンレイ指揮のグレン・ミラーＡＡＦＢはスウィングを演奏したのだ。

このような活動を続けながら滞欧中に５００回の放送、基地、ホール、病院などで３００回の兵士慰問演奏を行い、最終的に60万人の兵士に故郷の音楽＝スウィングを届けた。

そしてついに14か月におよぶヨーロッパ戦線の慰問楽旅を終えて帰国したのが8月12日。一行はひとまずニューヨークのキャンプ・シャンクスに落ち着いた。ハドソン川沿いのマンハッタンからもほど近い場所だったので、いの一番に専属シンガーだったマリオン・ハットンが駆けつけた。

**「その晩は彼らと歌い続けました。誰の目にも涙があふれていました」**（同）

バンドのメンバーは、次は戦争継続中の太平洋戦線に送られることを心配したようだが8月14日（日本時間15日）に日本が無条件降伏して第二次世界大戦が終結。間もなくＡＡＦＢには一カ月の休暇が出た。その後しばらくは軍属として毎週土曜日のNBCネットワーク番組の仕事に従事した。

グレン・ミラーのAAFBとしての最後のコンサートはワシントンのナショナル・プレス・クラブで行われたものでアイゼンハワー元帥、アーノルド将軍やトルーマン大統領の前での演奏だった。当夜の司会を務めたエディー・キャンター（俳優、歌手）はこう挨拶した。

「（前略）グレンはアメリカに留まることもできました。素晴らしい楽団を率い、たくさん稼ぎ、引退して悠々自適の生活をおくることもできたでしょう。しかし彼はアメリカを救うという責任感にかられて従軍したのです。彼は故国のために尊い犠牲をはらったのです」（同）

この言葉のあと「ムーンライト・セレナーデ」が始まるとトルーマン大統領が立ち上がり、続いてアイゼンハワー元帥ら軍の高官たちがスタンディング・オヴェイションをおくったという。元帥はAAFBの海外における多大な功績に感謝の言葉を述べ、こんな言葉で謝辞を締めくくった。

「そういうわけで諸君、君たちはこれで軍隊を辞めてよろしい！」（同）

20年近くも親友同士といえる存在だったベニー・グッドマンはミラーの死後、こんな言葉を手向けている。

「お互いに苦しい生活をしていた頃のグレンと、それから10年くらい経ってこの国で最もポピュラーなダンス・バンドのリーダーになったときの彼は少しも変わっていなかった。グレンはいつも正直で、仕事に対してはいつも誠実だったが、仕事を離れたときの彼は常に信頼できる最高の友人であり、素晴らしいユーモアのセンスの持ち主だったことが思い出される。特に彼は罪のないシャレの名人であった。グレンは仲間のジャズメンに人望があり、付き合いのいい仲間だったし、優秀なアレンジャーだった。私はグレンのような素晴らしい友人、そしてよきライヴァルを持ったことを心から喜び、大いに励まされたものだった。彼の温かい友情は彼が故人となってからも生涯わすれることはないだろう」(同)

# 第14章——スウィング時代に起きたアフリカン・アメリカンの意識の変革

## 第二次世界大戦が覚醒させたアフリカン・アメリカンの意識

グレン・ミラーの従軍と戦死に触れたので、スウィングと戦争がアフリカン・アメリカンに与えた精神的変化にも触れておきたい。

ベニー・グッドマンの項に1930年代の人種差別について書いた。人種にこだわらず優れたジャズを演奏するために積極的に黒人ミュージシャンを登用したグッドマンの、こだわりのない姿勢が誘引となって、少しずつ黒人ミュージシャンの活動の場が広がっていった。これにつれて一般の黒人たちの精神にも変化が萌してきたのがこの時代の特徴だ。ビバップ以降の黒人ミュージシャンは差別に対する抗議を積極的に表明していくが、その先例となったのがテディ・ウィルソンやライオネル・ハンプトン、チャーリー・クリスチャンだった。

「アンクル・トム」という黒人にたいする蔑称があるように、卑屈で白人に従順な黒人のイメージは20世紀前半まで残っていた。当時製作された多くの映画にその痕跡が残されている。

映画脚本家で戦後の冷戦下でおきた〈赤狩り〉に反対して議会証言を拒否、1948年に有罪判決を受けたハリウッド・テン（反共産主義運動でマッカーシー上院議員が主導した非米活動委員会での証言を拒否した10人のハリウッド関係者）の一人ダルトン・トランボ（代表作『ジョニーは戦場へ行った』、ハリウッド追放中の『ローマの休日』では他人名義で書いた脚本がアカデミー賞授賞）は、1943年に『風と共に去りぬ』（1939年公開）を名指して「黒人をうんざりさせ、毀損する映画」と発言した。

「（このような映画で）黒人の娘は娼婦に、息子は賭博師、父親は卑屈なアンクル・トム、母親は迷信深い奇怪な老婆として描かれた」（『スウィング　ビッグバンドのジャズとアメリカの文化』デーヴィッド・

W・ストウ著　湯川新訳　法政大学出版局）

『風と共に去りぬ』はハリウッド100年の歴史の中で、常に最高の作品の一つと評価されてきた。しかしこの映画に描かれた黒人は、トランボの眼には白人の視点からみた、白人にとって都合の良い黒人像としか映らなかった。

多くの黒人奴隷を抱える大規模農園主、ジェラルド・オハラ家の家政婦役で出演した女優ハッティ・マクダニエルは、『風と共に去りぬ』で黒人初のアカデミー助演女優賞を受賞した。彼女の役柄は白人が期待するステレオタイプな黒人奴隷像だった。働き者の、太った気のいい小母さんという役柄。跳ね返り娘の主人公、ヴィヴィアン・リーが演じるスカーレットに厳しく行儀を教え込むが、主家にはあくまで従順である。優れたシナリオ・ライターであるトランボは、そんなものは黒人奴隷の実相とは異なる、彼らの真の姿ではないと言っているのだ。

そもそも『風と共に去りぬ』の原作者マーガレット・ミッチェルが描きたかったのは、奴隷制度を基盤として成り立っている南部農園主たちの貴族的な暮らしや社会が、南北戦争のために消え去ったことへの哀惜の情だった。トランボのようなリベラルな立場からすればこんな感傷主義は独善にしかみえない。

近頃知ったことだが、1939年2月29日にハリウッドのアンバサダー・ホテルで行われたアカデミー賞授賞式におけるマクダニエルの待遇も差別的なものだった。他の候補者とは別に、一人だけ貧相な控え室（オスカー像を保管しておく部屋）をあてがわれていたのだ。俳優にとってアカデミー賞受賞は名誉なことだが、この差別待遇には喜びも掻き消えたことだろう。

1946年に製作された映画『ニューオリンズ』にはミュージシャン役のルイ・アームストロング、キッド・オリー、バーニー・ビガードと並んでビリー・ホリデイが出演している。彼女の役はやはり女主人公の家の女中で、台詞は主人公の問いに従順に答える「イエス、ミス・メリー・ルー」「ノー、ミス・メリー・ルー」が大半だった。屈辱を感じたビリーは役を降りることを考えたが、アームストロングに宥《なだ》められ、マネジャーのジョー・グレイザーが彼女の怒りを抑え込んだ。

「ひとかどのたしなみと自尊心を持った歌手として、地位を確立した私が、なぜこの年になってから、ハリウッドで女中役を振り当てられなければならないのだろう」（『奇妙な果実　ビリー・ホリデイ自伝』油井正一、大橋巨泉訳　晶文社）

46年（31歳）のビリー・ホリデイといえば麻薬癖に苦しみながらも、歌に深みが増していた絶頂期。映画出演の前後にはデッカに「ラヴァー・マン（44年）」「イージ・リヴィング（47年）」「ゴッド・ブレス・ザ・チャイルド（50年）」などの名作を吹き込み、48年にはカーネギー・ホールでリサイタルを行っている。彼女のようなアーティストですらハリウッドではこのような扱いでしかなかった。

しかしある雑誌が1943年に行った調査では黒人も白人も等しく「映画における黒人の描写は下品である」と回答している。ハリウッドよりもこの時代の一般人のほうが開明的だったことがわかる。44年にはニューヨークのマディソン・スクエア・ガーデンで当時のフィオレロ・ラガーディア市長、作家で詩人のラングストン・ヒューズなどが出席して黒人自由集会が開かれた。これを取材した『アムステルダム・ニュース』は「ここでは生きた人間たちが偏見と人種差別に対して怒りの声をあげていた」と報じた。

このような人種差別反対の世論形成を背景に、ジャズにおいて白人よりも優れた技量や表現力を持つスウィング期の黒人ミュージシャンは、一般黒人を劣等意識から解放してくれるヒーローだったのだ。

スポーツ界で黒人初の大リーガーとなったジャッキー・ロビンソン、サッチェル・ペイジ、ボクシングのシュガー・レイ・ロビンソン、ジョー・ルイス、1936年のベルリン・オリンピックの100メートル走競技に出場して金メダルを獲ったジェイムズ・オーエンス、走り高跳びのコーネリアス・クーパー・ジョンソンなど優れたアスリートも同様である。

こうした黒人の意識をさらに啓発する大事件が国家をあげての戦争だった。

第一次世界大戦にも黒人兵40万人が従軍した。黒人たちの指導者は、従軍することで国民としての義務を果たし、それが黒人の地位向上に資すると説き、戦後の政治社会の変革を目指す路線を採った。しかし1910年代の黒人兵を待っていたのは、激しい人種差別、人種隔離だった。「民主主義を守る戦争」と標榜されても、彼ら自身が国内で民主的に扱われていなかったため、大多数の黒人兵の戦意は低かった。例外的にニューヨーク第369連隊「ハーレム・ヘル・ファイターズ」などの奮戦する部隊は黒人の自我の覚醒をうながしたが、この時代では社会変革を起こすには程遠かった。

1940年代の戦争でも、第一次世界大戦での不快な記憶のため黒人の参戦意識は低かったが、戦間期20年の時間は多少の変化を生み出していた。第二次世界大戦には100万人の黒人が従軍し、黒人だけの部隊と並んで混成部隊も組織され、空軍など熟練を要する兵科にも進出していった。戦争終結までに600人の爆撃機や戦闘機の黒人パイロットが活躍したのである。この部隊は通称〈タスキーギ・エアメン〉と言い、アフリカ系アメリカ人のために設立されたタスキーギ大学で訓練を受けた若者たちのうち355人が渡欧し地中海、イタリア、ドイツなどの戦線で軍務についた。

また黒人女性だけで編成されたチャリティー・アダムズ少佐と第6888大隊〈シックス・トリプル・エイト黒人女性中央郵便大隊〉の活躍も目覚ましい。アダムズ少佐の指揮のもと855人の黒人女性兵士は、イギリス、バーミンガムの倉庫に滞貨し放置されていた前線で戦う兵士宛ての郵便物1700万通を見事に捌《さば》いて兵士に届けた。6か月で処理しろという命令だったが、彼女たちは7曜日24時間体制を整え、黒人のプライドにかけて3か月で任務を終えたのである。戦時の混乱のなか、部隊名も認識番号もなく姓名しか書いていない手紙を前線の、それも常に移動している兵士に届けることは並大抵のことではない。

6888大隊はフランスのルーアンにも進出し同じ作業を行った。黒人女性中央郵便大隊の信条は「No mail, low moral」すなわち故郷からの手紙こそが士気を高めるというものだった。

チャリティー・アダムズ少佐は中佐に昇進して除隊し、後にジョージア州立大学の教授、赤十字理事会員、公民権運動団体の理事などを務め2002年に83歳で亡くなっている。

一部に公然たる差別が残されていることに変わりはなかったが、国のために命を張るという行為が彼らの意識を変えていった。指導者に提唱され導かれるのではなく、黒人大衆自らが国民意識を自覚していった。大学進学も含め黒人の学歴、教育レヴェルも飛躍的に向上した。

1942年にローズヴェルト大統領は、労働力の大規模な需要増に対し、男女差や人種差をなくすべくこんな発言をしている。

「（軍需産業の）経営者が女性や黒人の雇用をためらうこともあるだろう。しかしわれわれはそうした偏見に浸る余裕をもはや持ちえない」（『スウィング　ビッグバンドのジャズとアメリカの文化』デーヴィッド・W・ストウ著　湯川新訳　法政大学出版局）

こうして人種男女の別なく軍需工場で働き、健康な若者は従軍していく。

アメリカの歴史学者で『ビッグバンド・ジャズとアメリカ文化』他、ジャズとアメリカの社会、文化を研究テーマとするデイヴィッド・W・ストウは同書に「スウィングと徴兵」という一章を設けこのように書いている

「ジャズはファシズムにたいする勧善懲悪的な闘争に団結して参加するために理想的な音楽だった。軍隊のばらばらな成員たちを結集することができる音楽だった。軍隊の内部には第一次世界大戦時の行進曲や軍歌の共有を願う人もいたが、アメリカの文化とその音楽は、1941年以前の5年間に、スウィングの登場によって復元不可能なまでに変貌していた。第一次世界大戦（1914～18年）の頃に人々が意識し始めたばかりのスキャンダラスな音楽（ジャズ）が、スウィングに変形されて、1940年頃には多くの人々が世界の音楽文化にたいするアメリカの最も独自な貢献とみなす音楽に化けていた」（同）

ストウが書いたこの文章は44年12月15日発行の『ダウン・ビート』誌（奇しくもグレン・ミラーが行方不明になった日だ）に掲載された読者投稿エッセイに触発されたものだ。エッセイには次のような情景が描かれている。

背景はアリゾナかどこか、南西部の或る鉄道の操車場。東に向かう列車には海軍兵が、西に向かう列車には陸軍兵が乗っており、隣り合わせに停車した。燃料や水の補給のためだ。夜の中を小雨が降っている。一人の陸軍兵がトランペットを取り出して「セント・ルイス・ブルース」を吹き出した。すると隣り合う列車からもトランペットを持った男が降りてきて、カッティング・コンテスト（トランペット・バトル）が始まる。兵役のために楽器から遠ざかっていた二人の吹奏は流暢とは言いがたい。「ハニーサックル・ローズ」「ブルー・スカイズ」「ワン・オクロック・ジャンプ」。双方の列車の兵士たちの喝采のなか、二人とも負けてはいない。力一杯の演奏が続いていくなか、一方の列車がゆっくりと動き出した。二人の奏者は我知らず「蛍の光」を演奏する。陸軍、海軍の兵士たちも歌い始め、互いに別れの挨拶をおくる。（同201ページ掲載の文章を著者要約）

エッセイはトランペッターの一人は南部の田舎町出身の黒人、一人は北部の都会に住むユダヤ人であることを示唆しているという。ストウはこれらを総合してスウィングは「アメリカの民族の多元性、民主主義的平等にたいする信仰は、ファシズムと戦う民主主義国家の集合的な目標に適合していた」と分析している。

ベニー・グッドマン、ビリー・ホリデイ、カウント・ベイシーらの才能を見抜き、彼らを育てたジョン・ハモンドは自ら創刊に関わった『ミュージック・アンド・リズム』（1942年3月号）に、

ＡＦＭ（アメリカ演奏家組合）の内部に残る人種差別を非難してこう書いた。
「我々はヒトラー主義と戦っているのに、ＡＦＭはヒトラー自身の人種理論を実践している有様だ。この戦争は我々が有色人種（中国人、インド人）の同盟軍に非常に依存している戦いだ。ところが我々が（国内の）人種差別を黙認している以上、我ら自身の同盟軍をも侮辱していることになる。人種分離のＡＦＭは国民的な屈辱である」（同）
血の気の多いハモンドが言うとおり、アメリカ全土におけるＡＦＭ地域支部６７３組合のうち、黒人と白人を差別なく受け入れていた支部はニューヨーク８０２（支部の番号）とデトロイト５だけだった（１９４３年の資料）。

## ジャズの主導権を奪還するアフリカ系ミュージシャン

ジャズはアフリカン・アメリカンが創始した音楽に違いない。ここに１９１０年代からニック・ラロッカのオリジナル・ディキシーランド・ジャズ・バンドのように、これを慕い自ら演奏する白人が現れ、１９１７年にはジャズのレコード録音も始まる。20年代にはビックス・バイダーベックらにより白人に可能なジャズのイディオムも生まれた。30年代にはグッドマンを筆頭とする白人ビッグバンドの全盛時代が幕を開ける。

この趨勢に創始者たち直系のルイ・アームストロングやフレッチャー・ヘンダーソン、デューク・エリントンらに葛藤や屈託がなかったはずはない。だからこそジェリー・ロール・モートンは「ジャズは俺が作った」と言ったのではないか（彼はスウィング・ビジネスの繁栄をみて〈ジャズの創始者〉である自分に300万ドルを払えと発言した)。

黒人ミュージシャンに言わせれば、自分たちが苦労して掘った井戸の水を渇いた白人に分けてやったら、たちどころに彼らは衆を頼んで井戸にポンプや配管設備を取り付け、水道事業で大儲けしたというようなものだ。

スウィング時代は白人バンドばかりが注目され、本来黒人が作ったジャズが白人によって剽窃《ひょうせつ》され金儲けに利用されたと見る人も多い。商業主義は「破壊と堕落」というわけである。

1963年に『ブルースの魂』(原題Blues People)を発表したアミリ・バラカ(1934～2014年。出版時の名義はリロイ・ジョーンズ)はこう書いている。

「スイング様式がアメリカ民俗音楽の純粋な土俗性を単なる形骸に変えてしまったとき、それを救ったものは、土着のブルース形式であった」(『ブルースの魂』アミリ・バラカ著 上林澄雄訳 音楽之友社)

63年は公民権運動が高まりをみせ、8月28日にはキング牧師の〈I Have a Dream〉という演説で有名になる首都における〈ワシントン大行進〉が行われた年だ。これを支持したケネディ大統領は同年11月23日に暗殺されるが、後任のリンドン・B・ジョンソン大統領によって翌64年に公民権法が制定される。バラカの発言はこうした時代背景における極めて民族主義的な立場からのものだ。

私も「はじめに」で書いたようにブルースがジャズの土壌であることに異論はない。バラカの著作が日本で翻訳出版されたときには激しく共感した。

しかし現在では1940年までにジャズがここまで進展した以上、素朴な土着ブルース(1900～1910年代)の段階に戻すことは難しいし無意味でもあると考えている。黒人白人が相互に関与して混淆してしまったものを、いまさら分離することは不可能だ。バラカの民族的な憤懣は理解できたとしても、スウィング以降のジャズの在り方を求めて〈土着ブルース〉と入力しても最適解は出力されない。スウィングという時代を経ることによって、ジャズには近代化というエンジンが掛かってしまったからだ。

もっとも彼が言いたかったことは、それほど単純なものではないという解釈も成り立つだろう。そうでなければ1963年という時代に悪びれることもなく「ジャズの堕落を救ったものは土着のブルース」などと書けるはずはない。昂然たるこの表現には何か含みがあるはずだ。

そもそも『ブルースの魂』という本はいわゆる音楽書ではない。音楽を通して見た黒人の文化史だ。この観点からバラカの意見を「かつてアフリカン・アメリカンの音楽にとって土着ブルースという黄金時代があった」という歴史的祖述とみることは可能であろう。

祖述とは先人の説を受け継いで述べることだ。バラカのこのケースに「その先人とは誰か」という問いを立てても無意味である。彼は「今は失われたが、かつては在った」という仮構を踏まえ、一歩下がってこれを祖述する立ち位置を選んだのだ。巧妙な方法である。

1934年生まれのバラカは土着ブルースの時代はおろか、スウィング流行期の実体験すら持っていないはずである。だから彼は祖述者を装った。即ち述べて作らず。物語の作り手である自分は一歩退いて「私は祖先の作ったかつての黄金時代のことを述べているにすぎない」という見掛けを装った。信憑はこの謙譲から生まれる。

彼はまず「黒人には、白人には不可能な音楽表現（バラカはこれをブルース衝動と呼んだ）が可能である」

とする。しかしそれは「白人の関与のために失われてしまった」と慨嘆してみせる。ジャズはスウィング流行によって堕落したが、バラカは祖述という手法を用いて、黒人は（その昔、黄金時代があったように）かつては理想的な音楽を作った。そしてこれからも黒人には理想の音楽を作る潜在的な能力があるというストーリーを描いたのだ。

こう読み取れば彼の意味するところが片々たるブルース論ではなく、広く黒人文化の偉大さと、これを支える黒人たちの精神を称揚したものと受けとめることができる。

ならばスウィング以降の黒人ジャズメンの意識はどの方向に発現していったのか。バラカの言うように、スウィング流行の後には様々な音楽現象が起こったが、ジャズにとって重要なものはすべてアフリカ・アメリカンの手になるものだった。

1940年前後から胎動を始めるビバップ他の黒人音楽は、通俗化したスウィングに対する黒人側からの革命としてジャズの歴史書に描かれる。しかし本物の革命のように、全ての価値観が顚倒《てんとう》したわけではない。ニューオリンズ・ジャズからスウィングに振り子が揺れることによって、楽理や奏法が洗練され体系が作られた。再び黒人主導に振り子が揺れたとき、多くの黒人ジャズメンはこの歴史段階における楽理体系から出発していった。

まずグッドマンのクァルテットで名をあげたライオネル・ハンプトンは自らビッグバンドを率い、都会的なブルースを演じて喝采を集めた。戦時中に起こったリズム・アンド・ブルース、戦後のロックン・ロールへの道を拓く大衆路線である。本流のジャズ路線からは外れるが、実はここに黒人マジョリティにとって最も大切なソウルが継承され、21世紀のポップスにも絶大な影響を与えることになる。

本流のジャズとしては、ミントンズ・プレイハウスなど黒人プレイヤーを中心とするジャム・セッションから興ってくるビバップをチャーリー・パーカー、ディジー・ガレスピー他が主導した。パーカーら若い世代が考えるジャズ、ビバップは現代社会の複雑さとスピードを体現するものだった。ガレスピーは素朴だった時代のジャズをこのように見ていた。

「あの時代はあれでよかったんだが、子供っぽかったな」（『スウィング　ビッグバンドのジャズとアメリカの文化』デーヴィッド・W・ストウ著　湯川新訳　法政大学出版局）

ビバップはスウィング期を通った黒人の意識を反映してリズムやコード進行が極端に複雑化され、見方によっては排他的になっていった。ガレスピー流のレトリックを用いれば「（俺たちのように）やれるものならやってみろ」ということだ。これはスウィングが達成したものをさらに洗練化させたジャズといっていい。ビバップはニューオリンズこのかた大衆音楽だったジャズを、初めて自立した芸術音楽へと成長させたのだ。

チャーリー・パーカーは「ビバップはジャズとは違う別のものだ。ビバップがジャズから得たものは何もない」と発言したが、パーカーにしてもジェイ・マクシャン、ビリー・エクスタインのビッグバンドで働き、憧れのレスター・ヤングから受けた影響が大きい。彼が言いたかったことは「白人スウィング・バンドから得たものは何もない」ということだと思うが、１９２０年代よりビックス・バイダーベック、フランキー・トランバウワーらの白人が関与して洗練化され、スウィングへと進んだジャズから学ぶものが何もなかったとは考えにくい。

パーカーは白人スウィング・バンドも楽しみながら聴いていた。彼がニカ男爵夫人の家で息を引き取るとき、TV番組『トミー・ドーシー・ショー』を観ていたのは有名な話だ。パーカーはドーシーの滑らかなトロンボーン演奏が大好きだった。番組を観たがるパーカーのために男爵夫人はTVの前にアーム・チェアを置き、ベッドから起き上がらせて彼をそこに座らせたのだ。

パーカーは、私生活ではストラヴィンスキーやバルトークを聴くという嗜好をもっていた。またこの時点のジャズにとって未踏だったパウル・ヒンデミットの音楽を好み、エドガー・ヴァレーズへの師事を望んだ。現代音楽に興味を持ち、その管弦楽法を学ぼうとしていたのだ。パーカーの出発点はブルースだが、才気煥発の彼はスウィング期に黒人白人が相互に関与したジャズの構造から思量して、未来のジャズの在り方を20世紀現代音楽との融合の中に見出していたと考えられる。少なくともその技法をジャズに取り込みたいと考えていた。パーカーの夭折によって実現されることはなかったが、黒人的な民族色に彩られた素朴なジャズは、発生からおよそ50年経ったこの時代には、黒人的要素と白人的要素がここまで輻輳《ふくそう》するものに変容していた。

『ダウン・ビート』誌のジョン・マクドナフはこの時代を概括し、パーカーを高く評価したうえで、こんな記事を書いた。

「バップは一度として伝統に真っ向から挑みかかるようなことはなかった。なぜならそれは最もメイン・ストリームなスウィングのロジカルで漸進的な延長線上にあったからだ。難解なフレーズと付加和音が増強されていたが、やはり強力にスウィングしていることに違いはない」
(『JAZZ legends ダウン・ビート・アンソロジー 60YEARS OF JAZZ』フランク・アルカイヤー編 廣瀬 眞之監訳

田村亜紀訳　シンコーミュージック）

ジャズは黒人的な特殊性のある音楽を、ユダヤ系を多く含む白人が模倣し（1910年代）、ある時点で抽象化を成し遂げ（20年代）、さらに概念化される（30年代）ことによって普遍性をもったジャズの一流派スウィングを成した。

これをアフリカン・アメリカンの側からみれば、黒人としての意識が覚醒してゆく時代でもあった。新しい学びもあった。収奪に対する怒りもあっただろう。この過程で黒人としての意識が研ぎ澄まされ、彼らはジャズの主導権を奪還してアフリカン・アメリカンが主導するモダン・ジャズに至る道を先駆していく。

あるいはシリアスで芸術的なモダン・ジャズに満足できない層は、ライオネル・ハンプトンが狙ったジャンプ、ジャイヴひいてはR&Bと続く路線に魅了されていく。この過程からは、まさにバップ勃興と同時期に黒人スウィング・バンドの雄、チック・ウェッブ楽団出身のルイ・ジョーダンという大物が現れる。彼が独立後に率いたバンド〈ティンパニー・ファイヴ〉の陽気で親しみやすい音楽は白人大衆の心をも奪っていくのである。踊れないジャズ、バップにかわってポピュラー・ミュージックの王道を築いたのはむしろジョーダンの路線で、これが10年後にはロックン・ロールに化けてエルヴィス・プレスリーを生み出すことになる。

こうした現象を社会的側面からみれば、人種差別撤廃に向けて、1950年代のマルティン・ルーサー・キング牧師、マルコムXらの活動や、公民権運動を育む種子を生んだ時代だったと考えられるのだ。アフリカン・アメリカンのアイデンティティの覚醒である。これを促した一つの要素が大戦争でありスウィングだった。前掲のデイヴィッド・W・ストウの言葉を借りれば「アメリカの文化とその音楽は、1941年以前の5年間に、スウィングの登場によって復元不可能なまでに変貌していた」のである。

# 第15章——ベニー・グッドマン、グレン・ミラーの伝記映画の虚構と真実

## スウィングの巨人の伝説化に拍車をかけたハリウッド映画

スウィング時代を代表する名バンド・リーダーには映画スター並みの人気があったことは前述した。彼らはハリウッドに請われて多くの映画に出演したが、その人生や成功譚を描いた伝記映画まで作られたスターはそれほど多くない。

ジミーとトミーのドーシー兄弟には本人たちが出演した『ドーシー兄弟物語』（1947年）がある。ドラムスのジーン・クルーパには容貌が似ているサル・ミネオが扮して作られた『ジーン・クルーパ物語』（1959年）がある。コルネットのレッド・ニコルズの伝記は『五つの銅貨』（1959年）となった。『五つの銅貨』はダニー・ケイという名優がニコルズに扮し、人気者ルイ・アームストロングが歌に演奏に大活躍して評判となったが、いずれも荒唐無稽とまでは言わないが演出が凡庸で作品としてAクラスとは言い難い。

そこへゆくとベニー・グッドマンとグレン・ミラーの伝記映画はまずまず一流といえるだろう。製作年の順に紹介する。

### 『グレン・ミラー物語』

**1954年2月公開ユニヴァーサル作品**

**監督アンソニー・マン、主演ジェイムズ・スチュワート（グレン・ミラー）、ジューン・アリソン（ミラー夫人ヘレン）**

製作年をみればわかるが、この映画が高評価を得た要因の一つは、主人公ミラーの亡くなった10年後に作られた点にある。比類のないサウンドを残して逝ったバンド・リーダーの記憶が今しも美化され、生前の彼の性格や日常の些事よりも、彼が残した音楽だけが美しいノスタルジーとしてその魅力が増す時機だった。

物語はミラー青年がベン・ポラック（本人出演）楽団に入団する１９２５年から、第二次世界大戦中の１９４４年12月英仏海峡で行方不明になるまでの19年間を、音楽家としての挫折と栄光、悲劇的な戦死という流れで描かれる。

ヴァレンタイン・デイヴィスによる脚本はストーリーを滑らかに進めるため、要所で演奏されるグレン・ミラー・ナンバーの発表順を都合よく入れ替えるなど、誇張や潤色が目立つものになっている。

例えば恋人時代のヘレンに「茶色の小瓶」が好きだと言われても、古臭い曲だと一顧だにしないミラーがまず描かれる。この場面ではヘレンの音楽の好みがわかるだけで、さしたる意味を持たないが、次にこの曲があらわれるのはその数年後。単身ニューヨークで作編曲を研究中のミラーが、街のレコード店から流れる男声合唱版の同曲を聴いて故郷のヘレンを思い出し、電話で強引に求婚する場面だ。そしてミラーが英仏海峡で不慮の死を遂げた１９４４年のクリスマス、リーダーを失ったバンドがドイツ占領から解放されたパリからの放送番組で「茶色の小瓶」を演奏し、ニュージャージーの自宅でラジオを聴いたヘレンが亡き夫の追憶に耽る場面。いずれも夫妻にとって格別な想いのある曲という扱いである。番組が流れるラスト・シーンでは、この曲を嫌っていたはずのミラーが、愛妻のために遥々パリから予想外のプレゼントを贈ったとものとして描かれる。ミラーの愛情の深さが強調される場面である。

ヘレン夫人は本当にこの曲が好きだったのかもしれないが、実際には「茶色の小瓶」は１９３９年

4月10日に録音されたミラー楽団初期の大ヒット曲だ。これを夫婦愛のテーマとしてとらえ、結婚と死別という重要な場面に仕組むというハリウッド流の作劇術だが、このドラマにリアリティを持たせるのは、夫妻を演じたジェイムズ・スチュワートとジューン・アリソンの演技力と存在感だ。特にスチュワートはグレン・ミラー本人を彷彿とさせるばかりか、彼をジャズへの情熱と不屈の信念を持つ理想的な人物として演じきっている。

ミラー本人は短気で怒りっぽく、時に楽団員には無慈悲でもあった。旧メンバーの一人は、皆がミラーを怖がっていたと証言している。人の好き嫌いも露骨だったが、こうした神経質な面は拭い去られ、スチュワート演じるミラーはひたすら優しく善良である。ジューン・アリソン演じるヘレンも甲斐甲斐しく夫を助ける良妻の鑑として描かれている。

はるか後年、ジェイムズ・スチュワートは映画の思い出をこう回顧している。

「グレン・ミラーの音楽は非常に独創的なものでした。私は若い頃彼のバンドのファンでしたから役をもらったときは興奮しました。演じるにあたって決心したことは、トロンボーンをしっかり習っておこうということでした。しかしレッスンを始めて三日くらい経つと、先生のジョー・ユークル（サウンドトラックでスチュワート演じるミラーの音を担当したトロンボーン奏者）が辞めさせてくれと言ってきました。〝あなたの出す音を聴いていると人格が変わって怒りっぽくなるんです。犬を蹴ったり家族に当たったり〟と。そこで私はマウスピースに詰め物をして音を出さずに、吹く真似だけをしたんです」（DVD『グレン・ミラー　アメリカズ・ミュージカル・ヒーロー』日本コロムビア）

もちろんこれはスチュワートのユーモアだが、スターとしての彼の誠実なイメージと名演技が、グレン・ミラーその人と彼の音楽の長い人気を支えたといっても過言ではない。

ちなみにスチュワートは1908年生まれで『スミス都へ行く』（フランク・キャプラ監督の1939年コロンビア映画作品）などでスターの座についた頃と、ミラーの躍進時期は重なっている。

そしてこれも偶然というより、この時代を生きた米国の青年たちに共通する心情かも知れないのだが、スチュワートは名作『フィラデルフィア物語』（1940年MGM作品。アカデミー主演男優賞獲得）などに出演したあと、41年1月に志願してミラーと同じ陸軍航空隊に所属した。若手スターとして月額報酬1万2000ドルを投げ打って月給245ドルの少尉になったのだ。市民としての義務を果たそうという思想もミラーと共通している。彼は積極的に戦闘軍務に就き、欧州戦線においてB－24爆撃機のパイロットとなって戦果をあげた。飛行時間1800時間という記録が残っており1945年3月に大佐に昇進。帰米後も陸軍（予備役）に留まり59年7月には准将にまで昇りつめている。ハリウッド関係者で従軍した者は多数いたが、ここまで昇進したのは海軍で記録映画製作に功績のあった監督のジョン・フォードだけだ。

このような軍歴の共通点もあって、スチュワートが4歳上のミラーに親近感を持ったのは自然である。「若いころにファンだった」いうのも事実だろう。彼が演じたればこそ映画は成功したのである。

実際リーダーの死後その名を冠した後継バンドが21世紀の今日まで存続しているのは奇跡的なことだ。ミラー亡きあとAAFBはドラマーのレイ・マッキンレイが率いたことは前述した。戦後は未亡人ヘレン・ミラー、弁護士デヴィッド・マッケイ、マネジャーのドン・ヘインズが管理運営してバンド活動を維持していくことになる。1946年1月からバンドのスター・プレイヤー、シンガーのテックス・ベネキが後継バンドのリーダーを務めた。大半がAAFBのメンバーで固められていた。名称は〈テックス・ベネキ指揮のザ・グレン・ミラー・オーケストラ〉。このバンドには『グレン・ミラー物語』の音楽を担当することになる作曲家のヘンリー・マンシーニも在籍していた。彼の回想。

**「音楽家というのは映画にしにくい人種なんです。映画のミラーはよく描けています。ジェイムズ・スチュワートという配役のおかげでしょう」**（同）

ベネキはこのバンドをリニューアルしようと考えたが、ミラー・ブランド堅持に固執するマネジャーのドン・ヘインズと意見が対立し50年に解散。この頃にはラルフ・フラナガンをはじめとするミラー・サウンドのイミテーション・バンドが林立していた。しかしどのバンドもミラーの音楽の表層を真似るだけで、本質からは遠かった。AAFBでシンガーとしてミラーの指導を受けたジョニー・デズモンドは、ミラー・サウンドはただ腕の良いミュージシャンを集めただけでは作れない、ミラーの指揮指導があの音を作るのだと証言している。

**「彼がメンバーに（楽譜に記された）この記号に注意するんだ！と叫んでいる姿が今でも目に浮かびます」**（『グレン・ミラー物語』ジョージ・サイモン著　柳生すみまろ訳　晶文社）

1956年に本格的なザ・ニュー・グレン・ミラー・オーケストラが、ミラー財団の管理を任されていたデヴィッド・マッケイが推進して〈正統な後継バンド〉として発足する。リーダーに選ばれたのはレイ・マッキンレイ。未亡人も旧知の彼の就任を喜び、手元に保管されていた膨大な楽譜を彼に託した。最初の公演は56年4月6日だった。

楽団再結成の動機の一つには映画のヒットもあっただろう。世界的にミラー・ブームが起きていたのだ。レイ・マッキンレイはミラーの精神を受け継ぎ、立派なバンドを作り上げ66年1月まで10年にわたって世界的に活躍した。64年に初来日したザ・ニュー・グレン・ミラー・オーケストラはこのバンドである。

以降バディ・デフランコ（66年1月～74年1月）、ピーナッツ・ハッコー（74年1月～74年9月）、バディ・モロウ（74年9月～75年3月）、ジミー・ヘンダーソン（75年3月～81年5月）らが受け継ぎ、現在のニック・ヒルシャー（2012年1月～）まで連綿と続いている。この間の来日回数は50回を超え、都度全国を巡演する一か月ほどのツアーを行っている。

後継バンドがこのように成功した例は他にはない。これもミラーの個人技に依存しない編曲重視の姿勢と、伝記映画の成功のためだ。生前のミラー夫妻を知る関係者は映画『グレン・ミラー物語』は90％作り話だというが、21世紀まで人々の記憶に残る〈グレン・ミラー伝説〉を作り上げたことは間違いない。

## 『ベニー・グッドマン物語』

**1956年2月公開ユニヴァーサル作品**

**監督ヴァレンタイン・デイヴィス、主演スティーヴ・アレン（ベニー・グッドマン）、ドナ・リード（グッドマンの恋人アリス・ハモンド）**

ジャズ界の成功者グッドマンの伝記映画製作は、本作以前にも様々な映画会社、プロデューサーによって企画提案されたが、具体化されたことは一度もなかった。グッドマン自身が承諾しなかったたからだ。自身が現役であり映画化によって、盛りを過ぎた過去の人とみられることを回避したいという思惑があったようだ。しかし『グレン・ミラー物語』のプロデューサー、アーロン・ローゼンバーグに口説かれてその気になったらしい。『グレン・ミラー物語』の成功も刺激になったのだろう。したがって二番煎じの感があるのは否めない。出来栄えもはるかに及ばないが、アカデミー賞助演女優賞（『地上より永遠に』1953年コロンビア映画作品）に輝くドナ・リードの存在がかろうじて全体を引き締めている。

この映画のわずかな強みはなんといっても製作当時、未だ46歳のグッドマンが演奏場面の音楽を直接担当したことだ。ゲスト・プレイヤーにはテディ・ウィルソン、ライオネル・ハンプトン、ハリー・ジェイムズ、ジーン・クルーパら1930年代のグッドマン・オーケストラに在籍したスター・プレイヤーが続々と登場し名演を披露している。ほかにもアラン・リュース、ハイミー・シャーツァー、ベイブ・ラッシン、ゴードン・グリフィン、コンラッド・ゴッツォ、アーヴィング・グッドマン、スタン・ゲッツ、アービー・グリーン（トロンボーン）などのバンドOB。他にカウント・ベイシー楽団のスター、バック・クレイトン（トランペット）、そしてここにもベン・ポラックが本人役で出演している。

物語は少年グッドマンが初めてクラリネットを習い始めた1919年、10歳の頃から、カーネギー・ホールで成功するまでの19年間が描かれる。近所の悪童たちからの感化を防ごうとHull House（アメリカの慈善事業家ジェーン・アダムズが1889年に設立した施設。アダムズは1931年にノーベル平和賞受賞）の音楽教室に通わせる愛情深い父親。チューバ（ハリー・グッドマン）やホルン（アーヴィング・グッドマン）を与えられた兄たちを凌いでクラリネットに才能を発揮するベニー少年。先生の反対を押し切ってミシガン湖の遊覧船のダンス・バンドで働くうちに、ニューオリンズのトロンボーンの名手キッド・オリーと邂逅しジャズに目覚めて進路を決定。そしてベン・ポラックに認められて入団する。

ポラック・バンドとの最初の演奏場面に選曲されているのが「ウェイティン・フォー・ケイティ」だ。ちょっと気付きにくいが、この場面でグッドマン（この映画では10歳からのグッドマンを描いているので子役と少年役が配されており、この場面は16歳のグッドマンを演じたバリー・トゥルークス）の後ろに座ってトロンボーンを吹いている俳優が、眼鏡をかけた角ばった顔つきなど本物のグレン・ミラーと実によく似ている。ソロが終わって着席したグッドマンの肩を叩いて健闘を称えるシーンなど演出の芸が細かい。おそらくミラーとの友情を強調するためにグッドマンが助言し、挿入された場面と思われる。

成長した後は挫折を経験しながらも番組『レッツ・ダンス』の成功、パロマー・ボールルームやパラマウント劇場での人気沸騰などアメリカ人好みの成功譚が続いていく。

しかし『グレン・ミラー物語』と違って主人公が存命しているため、出来事や人物の描写にどうしても遠慮が働いてしまう。当人にとって不都合な事実は抹消されるのだ。従って同じ美談調でもミラーのように悲劇的な戦死という結末に持ち込めず、美談が絵空事に見えてしまう嫌いがある。

作曲もするスティーヴ・アレン（ピアニスト、ＴＶ番組司会者。代表作は１９５４年に書いた「This Could be the Start of Something Big」）はクラリネットの運指を研究し、接写場面でも上手くこなしているが、如何せん彼に名優ジェイムズ・スチュワートのような演技力は望むべくもない。脚本も先例にもれずストーリー展開が優先され事実は粉飾される。

一例をあげれば、アリスとの愛のテーマとして扱われる「メモリーズ・オブ・ユー」がカーネギー・ホール・コンサートで演奏されたことになっている点だ。場面はクライマックスのカーネギーの客席、グッドマンの母親ドーラ（ベルタ・ガーステン扮）が息子の晴れ姿を見守っている。彼女の隣にはアリスが並んで座っている。コンサートの終盤になってグッドマンは「メモリーズ・オブ・ユー」を演奏する。これを聴いたドーラは「息子はきっとあなたに求婚するわよ」とささやく。するとアリスは喜びに満ち溢れた表情で「今ポロポーズしていますわ」と答える。クラリネットが奏する旋律は管弦楽に引き継がれハッピー・エンディングとなる。

事実に即すればグッドマンはカーネギー・ホール・コンサートで「メモリーズ・オブ・ユー」を演奏していない。この曲の初録音は１９３９年11月22日、ハンプトンやチャーリー・クリスチャンを含むセクステットによる演奏だ。グッドマンの盟友であり財閥ヴァンダービルト家の血をひくプロデューサー、ジョン・ハモンドの妹アリスとの結婚はカーネギーの４年後の１９４２年のことだ。

このように映画はグッドマンの音楽的成功とアリスとの恋が並行して進行するわけだが、グッドマンの女性関係はこれだけではない。楽団の初代専属シンガーとなったヘレン・ウォードへの懸想《けそう》は有名な話だ。後年彼女はこう振り返る。

「ベニーは毎晩のように、私にガーデニア（クチナシの花。胸に秘めた想いという花言葉がある）を贈ってくれました」（『BG on the Record A BIO-DISCOGRAPHICAL OF BENNY GOODMAN』By D.RUSSELL CONNOR and WARREN W. HICKS ARLINGTON HOUSE）

グッドマンの好意にウォードも満更でもなかった。彼女は稀に見る美人で、バンド・シンガーらしい丁寧な歌唱のなかにみせる上品な色気が魅力的だ。彼女は１９３４年から専属歌手としてグッドマンの伴奏で多くの名唱を残した。ウォードは既婚だったが、二人は親密な関係だった。しかし結婚となると煮え切らない態度を見せる彼に、ウォードの思いは次第に先細りとなっていった。

彼女は１９３６年11月に前夫と離婚し、かねてより付き合いのあったアルバート・マルクスの求愛を受け入れ36年12月9日の録音を最後に退団を決意する。バンドが出演中だったホテル・ペンシルヴァニア、マドハッタン・ルームのテーブル席で退団を告げると、グッドマンはテーブルにあったメニューを取り上げ彼女の顔に投げつけたという。退団後彼女はマルクスと結婚している。

ショート・リリーフを二人挟んで後継の女性シンガーは37年8月に入団したマーサ・ティルトンに落ち着く。カーネギー・ホール・コンサートでは彼女が「ロック・ローモンド」「素敵なあなた」を歌い、伝記映画にも出演している。

恋愛はプライヴェイトな問題なので判然としないが、ウォードの回想によれば確かにグッドマンは彼女に求婚したようだ。36年の秋のある日、突然ウォードのもとを訪れ、何の前触れもなく「結婚したい」と告げたという。ウォードが前夫との離婚を決意したのも、グッドマンの意を受け入れたかったのかもしれない。しかし人気急上昇中のグッドマンは、結婚がビジネスの障害になると考えたのか踏み切ることはなかった。恋とビジネスとを天秤にかけたのだ。

このようにグッドマンにとって重要な人物だったヘレン・ウォードに映画は一切触れていない。この恋の顛末は主人公が亡くなっていれば描けたかも知れないが、グッドマン本人が健在であり、アリスとの恋の成就を物語のクライマックスに持ってくるためには脇筋としても邪魔になる。映画ではグッドマン楽団成功の契機となるラジオ番組『レッツ・ダンス』出演場面、パロマー・ボールルームの場面も克明に描かれるが、そこにもバンドの看板だったウォードの姿はない。

もっとも1946年から58年の間にウォードは何度もグッドマンに招かれてツアーやレコーディングに参加しているから、歳月が諸事情を解消して淡い関係を続けたのかもしれない。そのあたりは謎のままだ。

映画の潤色をもう一例をあげれば、バンドのクロージング・テーマとして有名な「グッドバイ」が、劇中では主人公の悲しみや苦悩のテーマとして使われていることだ。アレン演じるグッドマンは悩み事を抱えては自宅の屋上で一人「グッドバイ」を吹奏する。この曲は1935年にゴードン・ジェンキンズが作曲した旋律で、甘い感傷を誘う名曲である。少年時代も含めて劇中数か所で使われており、その都度グッドマンの鬱懐《うっかい》を表現するが、グッドマン本人はいたってドライな性質で感傷とは無縁の人物。眼中人無しというタイプだ。1940年代に専属歌手だったペギー・リーがこんなエピソードを語っている。

あるときペギーはグッドマンと一緒にタクシーに乗った。運転手は行く先の指示を待っていたがグッドマンは押し黙ったまま数分が過ぎた。たまりかねて運転手が「どこまで行きますか」と聞くとグッドマンは「(目的地に着いたのかと思い込み)いくら？」と言ってタクシーを下り財布を出したという。

1958年秋にグッドマンに頼まれてヘレン・ウォードがレコーディングに参加したときのことを、ピアニストを務めたアンドレ・プレヴィンが語っている。メンバーはリハーサルのためグッドマンの自宅に集められた。マンハッタンから50㎞北東の高級住宅地パウンド・リッジに建つ豪邸である。

このときのメンバーはプレヴィンのトリオでベースのレッド・ミッチェル、ドラムスのフランク・キャップ。非常に寒い日でリハーサルが行われた部屋の暖房が入っておらず、プレヴィンの指も凍えるようだった。たまりかねたウォードが「ここは寒いわね、温かくしましょうよ」と頼むと、グッドマンは「そうだね、君の言うとおりだ」といって部屋を出ていった。しばらくして戻ると彼は温かそうなセーターに着替えていた。何事もなくリハーサルは再開された。

かなり後年、グッドマンの娘のレイチェルはこう証言している。グッドマンがアリス夫人を亡くしたときのことだ。

「父は極端に自分にのめり込むタイプでした。母が亡くなったときに父に会いに行くととても孤独にみえました。ただ彼の横にはクラリネットがありました。それを見て私はこの楽器こそが彼の伴侶だったのだ、そう思いました」（DVD「Adventures in the Kingdom」ソニー・ミュージックエンタテインメント）

集中力というと聞こえはいいが、考え事に耽ると周囲が見えなくなるタイプだ。こうしたグッドマンの性格に関する逸話は、ジャズ界にはこれでもかと言うほど残されている。グッドマンのバンドからは多くのスターが巣立っていったが、彼らが等しく〈キング・オブ・スウィング〉に対して持った印象は吝嗇《りんしょく》、頑固、傍若無人。

このなかにはズート・シムズ、フィル・ウッズ、メル・ルイス、ジョー・ニューマン、ジミー・ネッパーなどの一流ミュージシャンも多い。1940年代に雇用されたスタン・ゲッツはグッドマンの完璧なバンド統制能力に尊敬の念を抱いており、映画にも顔を出しているが、不品行のため何度も馘首《かくしゅ》を言い渡されている。彼らモダン派もキングと称される人物が率いるバンドで演奏できることを誇りに思い、勇んで参加したのだ。しかもスタイルは違っても彼らは等しくグッドマンのクラリネットの技量、豊かな音楽性、リーダーシップに感銘を受けた。にもかかわらず数日、数週間と経つうちにリーダーとの間に確執が生まれ、去っていく例が後を絶たなかった。理由は厳しすぎる規律、報酬に関して約束を反故にする、反抗的なメンバーにはソロを取らせない、人の意見を聞かない等々。これがキングと呼ばれたグッドマンの実像である。

## 映画が日本人に与えた影響

以上にグレン・ミラー、ベニー・グッドマンの伝記映画のハリウッド的な虚構と事実を対比した。一世を風靡するような人物はよく言えば個性的、悪く言えばアクが強い。ミラーもグッドマンもこのカテゴリーに入るが、映画では多分に美化され長所ばかりが強調されている。このため両作品が1950年代にわが国で公開されたときのファンの感動の波紋は大きかった。戦前から映画とジャズの評論家として活躍した野口久光は『ベニイ・グッドマン物語』についてこう書いている。

「(グッドマンの) 音楽家としての出世物語は希望の国アメリカのお伽噺ではなく、一人の芸術家の勇気と努力と闘争の現実的な人生物語であるといった方がよいかもしれない」(『ジャズ・ダンディズム』野口久光著　講談社)

そこに描かれた世界の華麗さに幻惑され、ミラー、グッドマンの人間性やアメリカのジャズ業界に過剰な憧れを持ったひとも多かった。私の知る年配のジャズ関係者の多くもこの両作品に感激し自らの進路を選んだと聞く。無理からぬことで、戦後間もない時代の日本には情報も少なく、映画に描かれた美化された物語を疑う術もなかった。

文学者で評論家、神奈川近代文学館長を務めた紀田順一郎は、２００８年に小学館から刊行された『昭和シネマ館 黄金期スクリーンの光芒』に『ベニイ・グッドマン物語』『グレン・ミラー物語』についてこう書いている。

「大枠から見れば私たちが耳にタコができるほど聞かされた立身出生談にすぎないとみえるが、１９５０年代から60年代にかけては、素朴に訴える力をもっていたことを忘れてはならない。(中略)一言でいえば、いまだ第二次世界大戦の勝利の余韻に浸ることができたアメリカの庶民にとって、これらの文化的背景としてのアメリカン・ドリームには絶大な共感を抱く余地があったからだ。(中略)日本人にとっても、アメリカン・ドリームという概念自体、敗戦の現実から自分たちを救出する一種の新思想であったことは間違いない。(中略)日本ではその原初的な理念が戦後になって直輸入され、アメリカ風俗とともに普及し始めていた。その一環としてもジャズやポピュラー音楽に対する熱狂ぶりを、単に流行とのみ解釈し去るのは間違いだろう」(『昭和シネマ館 黄金期スクリーンの光芒』紀田順一郎著　小学館)

紀田が『ベニイ・グッドマン物語』に接したのは公開当時の１９５６年１月。彼が大学生の頃だ。文学と並んで映画や音楽を愛する青年が、主人公が努力の末に成功し上昇機運に乗る姿に感激したことは自然である。しかし文学者、評論家であり、歴史考証にも長けた紀田は、後に彼らの伝記やディスコグラフィーなどの資料を渉猟《しょうりょう》したのだろう、史実との乖離部分を正確に解き明かしている。彼の目的は美化を非難することではなく、むしろあの時代のアメリカ人や日本人がハリウッド映画に見た夢を追認すること、そしてその夢の持っていたエネルギーが多量であったこと、それが戦後日本人に大影響を及ぼしたことを文章として残されたのだ。

私は彼より一回りほど下の世代だが、若き日の紀田が受けた衝撃に近いものを十代の頃に受けている。リヴァイヴァル公開された『グレン・ミラー物語』を築地の松竹セントラル劇場で観たのだ。1960年代が始まって間もない頃のことだが「敗戦の現実から自分たちを救出する一種の新思想」と受け止めたことは間違いない。「敗戦の現実」を「貧しい日本の現実」と読み替える必要もあったのだが。

duke ellington
at fargo, live-1940 (complete) crystal ballroom, fargo, north dakota

COUNT BASIE
THE COMPLETE
DECCA RECORDINGS

## 日本の中高生バンドにまで浸透したスウィング・ミュージック

ベニー・グッドマン、グレン・ミラーが華やかに活躍した1935～45年はビッグバンドが人気を集めるスウィング時代であった。ポピュラー・ミュージックの歴史のなかでジャズがただ一度だけ人気の頂点に立った時代であり、その後ジャズは極めて稀な例外を除けば、人気投票などが決める所謂チャート・ミュージックの世界に登場したことはない。スウィング時代の後を受け継ぐビバップ以降のジャズは、一般大衆にとって難しすぎる音楽になったからだ。

ジャズの歴史を単線的に捉えるとスウィングやビッグバンドの時代は1945年で終わり、その後はビバップやジャイヴ、リズム・アンド・ブルース、ソロ・ヴォーカリストの時代になったように見える。作曲家で音楽学者、ニュー・イングランド音楽院院長を務め、ジャズとクラシックを融合させる「サード・ストリーム」を提唱したガンサー・シューラーは「スウィングは第二次世界大戦中にリズム・アンド・ブルース、ビバップ、歌手に人気の集まる商業的なダンス・ミュージックに分派した」と語っている。

しかし複線的にみればビッグバンドによるスウィング・ミュージックは根強く生き残り、優雅で洗練された音楽として、あるときは懐古的な衣装をまとって現在も世界各地で演奏されている。日本の中学校、高等学校の吹奏楽部の重要なレパートリーにもなっている。

いまから10年と少し前、現在の上皇夫妻の「御成婚50年及び天皇陛下御即位20年奉祝行事」が行われ、そこで〈原信夫とシャープス・アンド・フラッツ〉がスウィングを皇居内の桃華楽堂で演奏し、両陛下や皇太子殿下（今上天皇陛下）夫妻から盛大な拍手を送られたことがある。このようにスウィングは様々な流行現象と同じように、初めは新しもの好きの若者の間に浸透し、1930年代〜40年代には流行現象となり、現在では各国の上流社会に至るまでの諸階層に親しまれる、落ち着いた上品な音楽になっている。

ジャズ評論家のレナード・フェザーは1953年にこんな発言をしている。

**「スウィングは今日ではテレビのショウ番組で聞けるし、クラブのバンドの演奏でも聞ける。彼らは15年前には先駆者としてこの音楽を演奏したかもしれないが、今日では、生活費を稼ぐ日常の仕事の一部となっている」**（『スウィング　ビッグバンドのジャズとアメリカの文化』デーヴィッド・W・ストウ著　湯川新訳　法政大学出版局）

だいぶ前のコメントだが、スウィングのこのような在り方は、大なり小なり現在まで続いていると言えるだろう。これをジャズの堕落と捉えるかどうかは個人々々考え方によると思う。同じく評論家のユーグ・パナシェは同じことを「昨日の変革は今日の定型」と述べている。

## ビッグバンド・ジャズのその後の動向

1940年代後半からビッグバンドは一時衰退する。後続のビッグバンドに絶大な影響を与えたフレッチャー・ヘンダーソンは、1939年に単身ベニー・グッドマン楽団のアレンジャー、ピアニストとなり、その後再び自己のバンドを結成するが1950年に脳梗塞で倒れ、52年に亡くなる。しかし彼のアレンジの型はグッドマン他によるスウィング時代を作り、進化応用されながら、その後のビッグバンドの基本形として残った。グッドマンは終生ヘンダーソンに恩義を感じていた。彼が病床に伏したとき、グッドマンはジョン・ハモンドとともに、かつてのバンド・メンバーを集め放送番組やレコードを制作し、収益金をヘンダーソンの家族に贈ったのである。グッドマンは晩年にこんな言葉を残している。

「ヘンダーソンのアレンジにたいする感嘆の念は決して色あせない。彼こそはまさに天才だった」（『スウィング　ビッグバンドのジャズとアメリカの文化』デーヴィッド・W・ストウ著　湯川新訳　法政大学出版局）

デューク・エリントンは1974年5月に亡くなるまで一貫して最高のビッグバンドを維持し続けた。彼の唯一無二の個性はその後のジャズ界に圧倒的な影響を与え、あらゆるミュージシャン、ファンから最大の敬意をもって遇されている。数千ともいわれる彼が作曲した作品はジャズ界の至宝としてあらゆるプレイヤー、シンガーによって取り上げられたが、最も本質的な部分はセロニアス・モンク、チャールズ・ミンガス、ギル・エヴァンス、セシル・テイラーなどのモダン派、前衛派さらに彼らに連なる人々に受け継がれた。エリントンの音楽の影響力は、型の模倣ではなくジャズの精神の継承という形式をとったのだ。

人気を誇ったカウント・ベイシー楽団も1950年には7人編成に縮小した。しかし間もなく再結成し、サッド・ジョーンズ、フランク・フォスターなど優れた若手を登用、彼らやニール・ヘフティ、クインシー・ジョーンズなどのペンによるアレンジを重視したモダンなビッグバンドに変貌を遂げた。51年の再結成以降、84年に亡くなるまで彼が率いたビッグバンドはデューク・エリントンと並び称される実力と人気を集めた。その音楽の在り方はバンドOBのサッド・ジョーンズとウェスト・コーストで活躍したドラマー、メル・ルイスが結成したオーケストラや、現在も活動中のヴィレッジ・ヴァンガード・ジャズ・オーケストラに受け継がれている。

ベニー・グッドマン楽団出身のライオネル・ハンプトン、ビバップから出たディジー・ガレスピーも人気バンドを率いた。

二人の方法は対照的だ。ハンプトンは黒人向けの大衆化路線をとり、それはリズム・アンド・ブルース、ロックン・ロールやソウル・ミュージックに繋がっていく。大ヒット曲「フライング・ホーム」がハーレムのアポロ劇場で演奏されたときの興奮を、劇場オーナーのフランク・シフマンの息子ジャックは著書『THE STORY OF HARLEM'S APOLLO THEATER』でこう語っている（このときの公演では紗幕に飛行中のジェット機の映像が映し出されていた。興奮は一層煽られたことだろう）。

「大混乱という言葉が、いま起きている状態を表現するのにふさわしい、ただ一つの言葉だろう。劇場中の二千人もの人間はほとんど全員が、気が狂ったように立ち上がり、胸も張り裂けんばかりに叫び始めたのだ」（『黒人ばかりのアポロ劇場』ジャック・シフマン著　武市好古訳 スイングジャーナル社）

レコードを聴いただけではこの状況を想像するのは難しいだろう。興に乗れば10分でも20分でも演奏は続けられ、興奮した女性は二階席から「ジャンプする！」と叫び手すりを乗り越えようとする。スタッフはあわてて彼女を押し止めようとし、ステージでは演奏を止めようとしないハンプトンのヴァイブラフォンを舞台袖に引っ張り込もうとするが、楽器が動けばハンプトンも動く。

「（それでもハンプトンは）舞台袖で演奏を続け、もう一つの世界に没入していた。バンドボーイは

彼のそばに立ち、額からあふれ出る汗をなんとか拭きとろうと懸命になっていた」(同)

これが白人スウィング・バンドと同時期に、ハーレムで喝采を浴びていた黒人バンドの在り方なのだ。このエキサイトメントの中から次代の大衆音楽が現れて来る。

ディジー・ガレスピーはエンターテインメントを意識しつつも、パーカーらと共にジャズを芸術的な方向に押し進めることに力を注ぎ、モダン・ジャズの礎を築いた。彼のビッグバンドはジャズ史上最も荒々しいと言われ、ギル・フラーのモダン・アレンジを超絶的な技巧で演奏した。またキューバ音楽も積極的に演奏した。

白人ミュージシャンもモダン・ビッグバンドのはしりとなったウディ・ハーマン、チャーリー・パーカーを魅了しプログレッシヴ・ジャズを標榜したスタン・ケントン、進歩的なボイド・レイバーン、クロード・ソーンヒル楽団出身でマイルス・デイヴィス(トランペット)と共演して個性的なビッグバンド・サウンドを作ったギル・エヴァンス、ヴァルヴ・トロンボーン奏者のボブ・ブルックマイヤー、彼らから影響を受けたマリア・シュナイダーらが現在のビッグバンド・シーンを作っている。日本の若手作曲家でバンド・リーダーの挾間美帆のラージ・アンサンブルも国際的に活動している。

彼らに共通することは、常にジャズと社会の進展に歩調を合わせてリニューアルを行ってきた点だろう。それを可能にした基礎工事を担ったのがグッドマンやミラーだったのだ。

## ジャズのポータビリティについて

ジャズはバディ・ボールデン、ジェリー・ロール・モートン、キング・オリヴァー、ルイ・アームストロングなどニューオリンズの古老が始祖と言っていいだろう。ジャズ・ファンは彼らの業績を忘れてはならないと思う。しかし彼らを筆頭とするジャズの始祖たちの唯一無二の個性は誰にも真似のできないものだった。

例えば日本の能楽や箏曲、浄瑠璃など純邦楽に残る一子相伝という芸の継承。ここでは書かれた譜や言葉では表せない芸の妙諦を身体的に伝承する方法がとられている。父祖から伝えられてきた道統の継承が最優先され、皆伝したと見做されると同じ名前を引き継ぐ。

近く十一代目市川海老蔵による十三代目市川團十郎襲名披露が予定されている歌舞伎の成田屋を例にとれば、17世紀の元禄時代以来、過去12人の團十郎がいたことになる（追贈も含む）。襲名とは同じ芸名を名乗ることによって先代と同じ芸格を持つこととされており、これは一種様式化された幻想を本人、興行主、観客が共有する行為である。

初期のジャズにはこれと僅かだが似た点がある。トランペットの系譜を例にとれば、初代ジャズ王といわれたバディ・ボールデンの芸は二代目バンク・ジョンソン、三代目キング・オリヴァー、四代目ルイ・アームストロングと受け継がれた（この間およそ30年）。さらにこの系譜を辿ればロイ・エルドリッジ、レックス・スチュアート、クーティ・ウィリアムズ、チャーリー・シェイヴァース、クラーク・テリー、ディジー・ガレスピー、ファッツ・ナヴァロ、クリフォード・ブラウン、リー・モーガン、フレディー・ハバード、現在のジャズ・シーンで威勢を振るうウィントン・マルサリスへと続く。もちろん彼らに血縁関係はないが、エルドリッジはアームストロングを学び、ガレスピーはエルドリッジに学んだのだ。正統的な方法に違いないが、汎用性は著しく低いと言わざるを得ない。なぜならこれは非常に難しい継承方法で選ばれた者にしかできないからだ。

ジャズの始祖たちの肌の上には、奏法技術のほかに奏者の身体性、地域性、属した時代性、その時代が持っているニュアンス、内面性、精神性などが重層的に固着している。彼らが生きた時代、暮らした地域のコミュニティが持っていた文化だ。

彼らと同じようにやろうとするなら、同じ時代性、同じ内面性をもって同じ流儀で行わなければならない。一子相伝とは、時代の変化の中で最大限の努力で芸統を伝える作業なのだから。

しかし別の時代に生きる別の人間が完全にコピーすることは不可能だ。系譜を受け継いだ者は自分が属する地域性、時代性を自分の個性に即して咀嚼し、新たな一流を建てるべきなのだ。道統の誤りなき継承だけがジャズの伝承方法ではない。

このトランペットの系譜にマイルス・デイヴィスを加えなかったのは、彼はあらゆる先人に学びながら、最も個性的に、そして最も深く、最も自由にジャズの言語と精神性を受け継ぎ、デューク・エリントンに匹敵するほどの大流儀を打ち建てたからだ。マイルスの影響下から出発したジョン・コルトレーン、ビル・エヴァンス、ハービー・ハンコック、ウェイン・ショーター、チック・コリア、キース・ジャレットたちは、大成しそれぞれに一流を立てた。

音楽は、それが生まれた地域やコミュニティから地理的時間的に遠ざかるほど本質的なものが失われていく。それは当然だ。歴史は常に動いているのだから。芸の系譜とは動き続ける歴史の中で、先人の芸の中の最も本質的なものを抽出し、時代や社会に応じて普遍化できた者が受け継ぐことによってのみ成り立つ。謂わば芸をポータブルなものに成し得るかどうかが問われる。この過程で固有の文化は少しずつ整理されていく。古色は洗われていくのだ。否定され、変革されていくのだ。

## 文化の文明化

例えをクラシック音楽にとってみよう。一昨年（2020年）生誕250周年を迎えたベートーヴェン（1770年〜1827年）の九つある交響曲がウィーンで初演されたのは19世紀の初めの24年間。現在からざっと200年前のこと。それから今日までの世界の歴史はここに記すまでもなく変化激動の連続であった。

このベートーヴェンの交響曲が初めて録音されたのは1913年。伝説的な指揮者アルトゥール・ニキシュ（1855〜1922年）がベルリン・フィルハーモニー管弦楽団を指揮したものが最初である。曲は交響曲第5番。ベートーヴェンの没年から86年後のことだが、楽聖が亡くなって30年ほどして生まれたにニキシュの成長期、ヨーロッパ音楽界にはウィーン古典派の空気は薄れドイツ・ロマン派の気分が充満していた。

この意味でニキシュの演奏はベートーヴェン自身の指揮による演奏というよりも、19世紀後半を代表するハンス・フォン・ビューローやグスタフ・マーラーが編曲改訂し指揮した演奏に近いものと推測される。作品の持っている精神性（構造性ではない）が、当時の演奏家の情緒的な解釈によって時代の記憶となり、累積してベルリン・フィルの伝統となっていく。露骨に言えば情緒過多。ダイナミック・レンジやテンポの幅も大きく思い入れもたっぷり。19世紀後半のベートーヴェンの在り方だ。ニキシュは自分の音楽の作り方をこう語っている。

「私の解釈は、私の中に起きる感情の力によって、演奏のたびに変わってくる」(『巨匠神話　だれがカラヤンを帝王にしたのか』ノーマン・レブレヒト著　河津一哉、横佩道彦訳　文藝春秋)

芸術表現は個人の感情や直感を通してのみ表現されるべき、という考え方だ。確かに一面ではとても美しい考え方だが、私的に過ぎてポータブルとはなりにくい。この流れはニキシュの後任ヴィルヘルム・フルトヴェングラーに受け継がれる。彼がベルリン・フィルの常任指揮者に就くのは1922年。薄れゆく19世紀ロマン派の香りを先輩から学び、かろうじて20世紀に運ぼうと努力したのだ。

しかし19世紀後半に確立されたベートーヴェン演奏における芸の継承はここで終わりを告げる。1955年にフルトヴェングラーの後を襲ってヘルベルト・フォン・カラヤンが常任指揮者に就くと、ベートーヴェン像も少しずつ変わっていく。

1991年に『巨匠神話』(文芸春秋)という20世紀の大指揮者列伝を書いたノーマン・レブレヒト(イギリスの音楽評論家)はカラヤンの音楽の変化をこう説明した。

「彼の初期(1950年代中頃)のレコードが持つ気概と情熱〈音楽が危険に満ちて聴こえた〉激しいアタック、最初のベートーヴェン・チクルスの沸き立つエネルギーは、〝カラヤンの美しい音〟として知られる均一さのなかに、じわじわと和らげられていった」(同)

レブレヒトの言う通り初期のカラヤンの演奏にはドイツ＝オーストリア系の指揮者としての熱情と重厚さはあるが、その後フルトヴェングラーが重視した精神性は徐々に薄れ構造美が表面に出てくる。精神的な意味性よりも洗練を極めたサウンドそのものが強調される。カラヤンはロマン派の時代や地域から生じた固有の文化を拭いさり、20世紀後半に全世界的に通用するベートーヴェン像を作ったのだ。だから彼の演奏はアジアでもアメリカでも受け入れられたのである（反対に19世紀ドイツ・ロマン主義を信奉する人々からは無国籍化として非難された）。

作曲家で評論家の柴田南雄は1950年代に来日したカラヤンの指揮を振り返り、こう指摘している。

「フルトヴェングラーが19世紀的なロマン主義の濃厚な演奏をしたのに対し、カラヤンはあくまで楽譜に忠実、新即物主義的な演奏を目指した」（『カラヤンと日本人』小松潔著　日経プレミアシリーズ）

こうした手法の開祖ともいえる指揮者がイタリア人のトスカニーニだ。カラヤンは即物的な演奏に批判的だった師筋ともいえるフルトヴェングラー（彼はカラヤンを毛嫌いしていた）ではなく、トスカニーニの方法こそ20世紀にふさわしいと考えたのだろう。1929年にミラノ・スカラ座歌劇団を率いてベルリンを訪れたトスカニーニの演奏に接して、当時ウルム（ドイツ南部の小都市）の歌劇場の指揮者だった若きカラヤンは「啓示を受けた」と語っている。この方法ならアメリカ人のジェイムズ・レヴァイン、日本人の小澤征爾、インド人のズービン・メータが指揮するベートーヴェンも成立する。

そしてカラヤンの後のベルリン・フィルの指揮はイタリア人のクラウディオ・アバド、イギリス人のサイモン・ラトル、ロシア人のキリル・ペトレンコに継承されていく。こうしたポータビリティ、汎世界性はベルリン・フィルに限ったことではない。

「音楽はそれが生まれた地域やコミュニティから地理的時代的に遠ざかるほど本質的なものが失われていく」のだ。代わりにカラヤンが目指した構造美がオーケストラ演奏の主目的になっていく。それは第12章に書いたトスカニーニ的なもの（彼はこれを直写主義と提唱した）、すなわち指揮者によって恣意的に作られる夾雑物を取り去り「原典（オリジナル譜）」に書かれた音に即して、技術と訓練によって近づけるものであった。

トスカニーニも100％の直写主義ではなかったという指摘もあるが、過度の解釈主義者ではなかった。少なくともフルトヴェングラーの言う「一般の法則となり得る、どんなケースにも当てはまる、すべての正しい表現法などは存在しない」という立場には真っ向から反対した。多分それはトスカニーニが指導してきた19世紀末のイタリア（スカラ座の楽団員すら当時はぞんざいなものだったという）や、20世紀前半の未熟だったアメリカの管弦楽団の有様を見て考案したものだろう。

トスカニーニの管弦楽の統制力は圧倒的なものだった。場合によっては残忍なほどに独裁的な権力を振るってオーケストラを鍛え、ヴェルディやプッチーニなど祖国イタリアの作品はもちろん、ワーグナーも含むドイツ＝オーストリア物、ロシア物、フランス物からアメリカの現代曲まで精力的に演奏した。フルトヴェングラーがガーシュウィンの「ラプソディー・イン・ブルー」を取り上げるなどは想像だにできないが、前述のようにトスカニーニはベニー・グッドマンと共演して平然とやってのけたのだ。それが優れた音楽であるならば「指揮者は書かれた音符の従僕」という姿勢こそがトスカニーニの一貫した立場であった。彼の言葉を紹介しておく。

「解釈者のいらない作品こそ、あがめられるべきだ。それらは、音楽の神聖な芸術によく起こりうる、芝居がかったいかさま師によって傷つけられることもない」（『巨匠神話　だれがカラヤンを帝王にしたのか』ノーマン・レブレヒト著　河津一哉、横佩道彦訳　文藝春秋）

## ジャズに普遍性をもたらしたスウィング

グッドマン、ミラーに代表させた白人スウィング・バンドのリーダーたちがやったことは上述のトスカニーニやカラヤンの仕事に通じるものだ。アフリカン・アメリカンの歴史、共同体の記憶から形成されてきた文化を、誰にでも参加できる文明に変換したのだ。

彼らにヒントを与えたのがフレッチャー・ヘンダーソンだ。ジェリー・ロール・モートン、アームストロングやエリントンが創造したジャズとは違い、ヘンダーソンはビッグバンドというフォームとアレンジという方法をもって、そこに固着した必要以上の「意味」を抽象化した。ここで言う「意味」とは黒人コミュニティが固有に持っている身体性や精神性のことで、黒人文化そのものを指す。

これとは逆に「意味」を濃厚に残そうと考えたのがエリントンだ。エリントンはフルトヴェングラー的な音楽家と言えるかもしれない。彼は1936年に、アフリカン・アメリカンとしての民族性を抑制されることを嫌い、正式（ヨーロッパ古典音楽を指す）な作曲方法を学ぶことを拒んだと発言している。

「我々の音楽はいつも明確かつ純粋に民族的であろうとしている」（『JAZZ legends　ダウン・ビート・アンソロジー　60YEARS OF JAZZ』フランク・アルカイヤー編　廣瀬眞之監訳　田村亜紀訳　シンコーミュージック）

彼は「ソフィスティケイテッド・レディー」や「プレリュード・トゥ・ア・キッス」のような官能的で都会的に洗練された曲も作るが、一方では「黒と褐色の幻想」「ザ・ムーチ」「ココ」のようなワイルドで、ときに古怪、さらに言えば奇怪とすらいえるような曲もたくさん書いている。そういった曲はとても他者には演奏できない。演奏できたとしても意味を持たせられない。意味を浮かび上がらすことができるのは、エリントン自身がメンバーを選び指揮をする、彼のオーケストラだけなのだから。

長く父のバンドでトランペッターとして活動した息子のマーサー・エリントンは、父の死後何人かの旧メンバーが残るバンドを引き継いだが、長男といえども最早「意味」を持つエリントン・サウンドを出すことはできなかった。

エリントンの音楽の特有の性質を、作編曲家として長く行をともにしたビリー・ストレイホーンはこう説明する。

「エリントン楽団の各メンバーは、彼にとっては独特なトーン・カラーの集まりです。彼はその特性を等分にミックスして、〈第三の音〉を作るのです。エリントンが関心を持っているのは、全員の音がミックスされたとき、どんな効果が出るかということです。彼の動きを観察すると、彼が指揮する指のひらめきが思うままのサウンドを引き出していることがわかります。エリントンはメンバーの心の奥底まで探ることができたし、メンバー自身が心の中にあることを気付いていないことさえ、見つけることができました」（『私の話を聞いてくれ　ザ・ストーリー・オブ・ジャズ』ナット・シャピロ、ナット・ヘントフ 編著　新納武正訳　筑摩書房）

このような神技は実子にすら伝わることはなかった。むしろエリントンの音楽の本質を見抜いたセロニアス・モンクの創作や、マイルス・デイヴィスとギル・エヴァンスの共同作品のなかに、エリントンのレガシーは継承されたと言えるだろう。

この点ヘンダーソンは「意味」を捨象してスタイリッシュでスマートなアレンジを施し、この方法を受け継いだグッドマン他のスウィング・バンドはジャズが白人にも演奏できる音楽であることを実践的に証明した。より敷衍すれば「いつでも」「どこでも」「誰にでも」「時代を超えて」「演奏できる」ものにしたということだ。技量の優劣は別にして、グッドマンやミラーのレパートリー、さらにはカウント・ベイシーの得意曲は現在の日本の中学校や高等学校のバンドでも演奏されている。これは彼らの音楽が「地理的時代的に遠ざかって」いても技術と訓練によって演奏可能だからである。

このように個性的に過ぎる個人技を超越し、時代や空間を超えてポータビリティ（持ち運び可能）をジャズにもたらしたことこそ、スウィング時代を作った人々の最大の功績ではないだろうか。

それはあたかも民主主義思想と同じものであった。個（独奏）の自発性と集団（合奏）の調和は即ち個人の権利と公共の利益の均整をとることに他ならない。ここには現代人の暮らしにとっての普遍性がある。従ってポータブルであり汎用性が高い。

スウィング・ミュージックがアメリカで盛んになった頃、ドイツではナチスが政権を獲り（１９３３年～45年）近隣諸国の脅威となるのみならず、世界中を戦争に巻き込んでいった時代だった。ナチスはスウィングについてこう喧伝した。ドイツの哲学者、音楽評論家でユダヤ系であるにもかかわらずナチスに協力的だったテオドール・アドルノ（１９０３年９月11日～１９６９年８月６日）の言葉と考えられる。

「ジャズは愚かであって救済すべきものはなにもなくユダヤ人（前述のようにベニー・グッドマンをはじめ多くの白人ミュージシャンはユダヤ系）と黒人によって作られた下劣な音楽」（『スウィング　ビッグバンドのジャズとアメリカの文化』デーヴィッド・Ｗ・ストウ著　湯川新訳　法政大学出版局）

このナチス一党独裁国家のジャズへの侮言に対して、例えばグレン・ミラーのＡＡＦＢがスウィング・ミュージックを引っ提げて戦時下のヨーロッパに渡り、ナチスの聖地ニュールンベルグまで行ってビッグバンド・スウィングを高らかに響かせたという事実は、民主主義的なスウィングがファシズムに勝利し、アメリカ人の自負心を奮い立たせた歴史とは言えないだろうか。彼らがジャズの始祖から受け継いだものを「自分が属する地域性、時代性を自分の個性に即して咀嚼した」からこそスウィングとその時代は、ジャズが国際性をもった最初の時代となったのだ。

## 流行の衰退

一方民主的であるからこそ、そしてわかり易く大衆的な人気があったからこそ、失われるものも大きかったことも事実だろう。その人気ゆえに巨大なビジネスとなって商業主義に侵され、ジャズとしての輪郭が不明瞭になっていったのだ。第二次世界大戦という社会を一変させる大事件もスウィングに深刻な影響を与えた。反動としてジャズ本来の自由な創造に向かう傾向、すなわちモダン・ジャズの母胎となるビバップが生まれたことは前述した。スウィングが生まれたときと同じように、ここでも振り子は揺れたのである。

アメリカ研究家で東京大学名誉教授の本間長世はこう述べている。

「第二次世界大戦終了後、ビッグバンド・スウィングが衰え、白人移民の音楽と黒人の音楽の具体的な性格の違いが再び明らかになっていったのである」（『アメリカ文化のヒーローたち』本間長世著　新潮選書）

畢竟、スウィングという音楽現象は、戦間期（1919～38年）のアメリカのジャズ・エイジ（20年代）、株式暴落と大不況時代（29～34年）、復興と第二次世界大戦への参戦（35～41年）、そして戦勝（45年）という社会現象を映したものであり、その趨勢が冷戦という位相（46年～）に移ったときに流行としての力を失った。ジャズはチャーリー・パーカーらアフリカン・アメリカンの手に奪回されてビバップが主流となっていく。

この流行の推移を見て『ニューズウィーク』誌は「ビバップは原子爆弾の世界と対面する際に着用する防具」だと書いた。つまり楽天的なスウィングは冷戦時代の人々の気分に適さないと。グレン・ミラーの後継バンドを率いたレイ・マッキンレイは「(戦後)時代の気分はペシミズムと紙一重の不安定なものだが、スウィングとペシミズムは融和しない」と発言した。

このような時代の変化のなかで、ベニー・グッドマンをはじめ、一部のリーダーたちはバンドをビバップに適合させようと試みたが、思い切りがよく柔軟なウディ・ハーマン、現代音楽に親近感を抱いたスタン・ケントン以外は、それが成功しないと悟るとそそくさと旧態、即ち踊れるスウィング演奏へ戻っていった。しかし最早踊る人々そのものが激減していた。ポピュラー・ミュージックの世界は、かつてビッグバンドの従者だったシンガーがソリストとして活躍する時代、あるいはR&Bからロックン・ロールへと展開していく時代になっていたのだ。

人間には、特に時代を画するような活躍をする人間は、二つの時代を生きることは難しいのかもしれない。

スウィングの流行期間中、渦中にありながら激流に左右されることなく、常に超然とした姿勢を崩さなかったエリントンは、ジャズの潮目がビバップに変わったときこのような発言をしている。

「なぜ人々はビバップが愚弄されることに驚くのか。ジャズとスウィングだってその初期の頃は同様の(際物的な)扱いを受けたではないか」(『私の話を聞いてくれ　ザ・ストーリー・オブ・ジャズ』

（『ナット・シャピロ、ナット・ヘントフ編著　新納武正訳　筑摩書房）

これは1950年の発言で、ビバップがその新奇性ゆえに非難に晒されていた時代の言葉である。エリントンは、スタイルや呼び名が変わってもジャズの本質に変わりはないと言っているのだ。歴史を俯瞰する知性を持っているエリントンは、スウィングもビバップもジャズの周期的な変容にすぎない。ジャズが自らの力で「時代性を自分の個性に即して咀嚼して新たな一流を立てるべく動いたのだ」と言っているのだ。

第7章で引用した『アメリカン・ポップス』の著者チャールズ・ベックマンは、ビッグバンド・スウィングは現在でもメディアを通じて聴くことができるが、生きた音楽は時代と不即不離であると述べている。

「音楽（ビッグバンド・スウィング）そのものが、もはや当の音楽を生んだ時代や場所と無関係に存在しているということだ。音楽の素晴らしさは変わることがないが、われわれが今それを聴くとき、もう二度と取り戻すことのできない何かがそこにある。（中略）その時代はフランクリン・D・ローズヴェルトが大統領であり、ニュー・ディール政策があり、ジョー・ルイスはヘヴィー級の世界チャンピオンであった。（中略）要するにビッグバンド・スウィングはあの時代の若者によって親しまれた音楽なのであり、そしてもう二度と帰ってくることのない時というものが、最も生きた思い出として、その時代の歌を、われわれに残してくれるのだ」（『アメリカン・ポップス』チャールズ・ベックマン著　浜野サトル訳　音楽之友社）

スウィングにポータビリティはあるが、その時代に生きた人々が音楽に抱いた情趣、風情、熱烈なシンパシーや感傷までは運べないという意味だ。大不況から立ち直り、パラマウント劇場やグレン・アイランド・カジノで青春を謳歌した、あの時代の佇まいや雰囲気……。

しかし一世を風靡する音楽には作り手や聴き手という個人を超えて、時代の芳香がつきまとうものだ。人が死んでもこの香りは失せない。我々がビッグバンド・スウィングを聴くとき、その時代と場所を知らなくても、聴き込むほどに微かな残り香が運ばれ香り立ち、あの時代の風韻とともに、その情景がありありと現前するのだ。

本書ではベニー・グッドマン、グレン・ミラーというスウィング期、ビッグバンド時代を代表するミュージシャンを軸にその流行と盛衰を描いてきた。現在からみればスウィング時代は90年近くも前のことだ。その間、世界は激変したが、その動きにつれてジャズもまた今後も変容していくことだろう。

擱筆《かくひつ》にあたって本書の冒頭にあげたラルフ・エリソンの言葉を再々度引いておく。

「突然の方向転換であり衝撃である。そしてまた速度の急激な変更である」（『スウィング』デーヴィッド・W・ストウ著　湯川新訳　法政大学出版局）

人々にこの驚愕を与える音楽である限り、ジャズは存在し続けていく。振り子は常に盛衰の間をスウィングしているのだ。

# あとがき

ダウンビート誌１９４０年12月1日発行号に、アフリカン・アメリカン向けの新聞『アムステルダム・ニュース』の以下のような記事が紹介された。

「黒人バンドに破滅の兆しが現れているのか」

ビリー・ホリデイは自伝『レディィ・シングス・ザ・ブルース（奇妙な果実）』にこう書いた。

「白人たちはまずスウィングを、次いでバップを盗作した」

いずれもベニー・グッドマン、グレン・ミラーをはじめとする白人ビッグバンドの大流行へのアフリカン・アメリカン側からの懸念、もしくは反発の意見表明だ。

私はこれらの意見に１００％同意する。ジャズは黒人が作り、始めた音楽だという点で。

ただしそこには条件がつく。アフリカから強制的にアメリカに連行されてきた黒人たちが、数世紀後に始めた音楽であるという前提条件だ。

なぜなら1600年代初頭から、ジャズが始まったとされる1800年代後半まで、アメリカにおけるアフリカ系の人々の数世代の歴史と文化がなければ、ジャズは発生しなかったはずと考えるからだ。これは一口に徳川三百年といわれる江戸時代とほぼ同時期だし、時間量的にも匹敵する。

この長大な時間の大半を、アフリカン・アメリカンは奴隷として生きることを余儀なくされていた。「はじめに」に書いたように彼らは英語を強制され、キリスト教に改宗を迫られ、白人による強姦にも等しい行為の結果だったと思われるが、混血も進んだ。ジャズが生まれたとされる19世紀末の時点で、彼らは既にアフリカ人ではない。

だとすれば黒人たちが生んだジャズの不可視的な深層には、白人から押し付けられた（音楽も含む）文化が濃厚に横たわっているはずではないか。米国深南部地方で萌芽したジャズが、瞬く間に白人に模倣され、シカゴ・スタイル、スウィングへと発展していった素地はここにある。

私がジャズを初めて聴いたのは1950年代初頭に幼稚園に上がった頃で、父が買ってきたアーティ・ショー楽団のアルバムだった。表紙は緑色の地に野口久光氏の手によるハンサムなショーの顔が描かれた10インチSP3枚組。

子供心に面白かったのは異国風のドラムスからはじまる「インディアン・ラヴ・コール」。楽団員がインディアン風の奇声を発したり男（後年トニー・パスターと知った）が変な声で歌うのを楽しんだ。「ザ・ドンキー・セレナーデ」もドラムス（バディ・リッチ！）ではじまり、ショーのクラリネットや他の楽器が動物の鳴き声を模すのが面白かった。

あまりにも執拗に聴こうとするので、父はSPプレイヤーを子供の手の届かない箪笥の上に置いたが、私は椅子によじのぼってでも聴いていた。危なっかしい姿勢でSPレコードをかけようとするものだから、落として何枚も割った。

多分この経験が私の耳を作ったのだと思う。両親に連れられアメリカ映画をたくさん観た小学生時代を経て、ジャズという音楽を意識したのは1960年に中学校に上がった頃だった。

当時の日本のジャズ愛好家を取り巻く空気の中には、黒人らしさを強調するファンキー・ブームや人種差別反対運動の波紋が広がるあまり、白人の、それもスウィング・ビッグバンドを軽視する風潮が感じられた。無邪気にベニー・グッドマンやグレン・ミラーなどのスウィング・ビッグバンドを聴いていた私からすると、肩身が狭い思いがした。

1960年代半ばにジャズ喫茶通い（横浜野毛の〈ちぐさ〉。1933年に店を開いた店主の吉田衛はまだ50代で意気軒高だった）が始まった頃は、ジョン・コルトレーン、エリック・ドルフィーのレコードが雷鳴のように鳴っていた。そして『スイングジャーナル』や『ジャズ批評』には、ビバップ革命に始まるモダン・ジャズは、商業化し堕落したスウィングに対する革命であり、チャーリー・パーカーらはその旗手であると書かれていた。

ジャズ喫茶でこのような評論文を読みながら、幼稚な私は「そんなものか」とも思ったが、完全に腑には落ちてこなかった。例えばカーネギー・ホールのベニー・グッドマン楽団の怒涛の如き演奏に感動していた私は、この論調に疑問が残った。

革命とは価値の逆転現象だ。前代の価値観を代表する支配者は、革命者によって弑殺されることは歴史から学ぶことができる。しかしジャズ史はそうではないだろう、というのが当時の私の認識である。トランペッターの歴史的系譜は前述した。ピアノでいえばアール・ハインズ、ファッツ・ウォーラー、アート・テイタムからバド・パウエル以降、ウィリー・ザ・ライオン・スミス、デューク・エリントンからセロニアス・モンク以降がこれに相当するだろう。

原初的なブルースやニューオリンズ・ジャズから、一足飛びにバップやモダン・ジャズにはつながらない。バップはスウィングという歴史時間を通過することによって初めて成立した現象ではないか。

だから私は、評論の筆者は故意に革命という言葉を使って、話を面白くしているのではないか。刺激的な言葉で読者を煽動しているのではないかと感じた。

この当時、私が最大の衝撃を受けたのが1964年に初来日したデューク・エリントンのコンサートだった。モダン・ジャズ一辺倒だった当時、6月26日に新宿厚生年金会館の大きなホールで行われたコンサートには150人ほどの人しか集まっていなかった。招聘元の神原音楽事務所の方が、ステージから遠いC席に座っていた私を、親切にもA席に案内してくれた。7月8日に同じく厚生年金会館で急遽行われた新潟地震（6月16日）被災者のためのチャリティーコンサートにも行った。エリントンの折角の厚意にもかかわらず、この夜も閑散としていた。

こうした客席の有様は、全てとは言わないが、当時の評論家たちが一方的にバップ以降のモダン・ジャズの肩を持ち、この論旨補強の目的でスウィング・ビッグバンドを時代遅れと軽視したためだと感じた。情報が少なかったあの頃、ジャズ評論家の言葉の重さは現在とは比較にならないほど大きかったのである。

閑古鳥が鳴くような客席であっても、流石はエリントン。堂々たる風格でにこやかに登場した。当時65歳。幾多のステージを踏んできた貫禄で「黒と褐色の幻想」「クリオール・ラヴ・コール」「ザ・ムーチ」の三曲からなるメドレイで演奏を始めた。後に日本の印象「アドリブ・オン・ニッポン」を加えて「極東組曲」として完成される大曲からは「デリーの青い鳥」「デプク」「イスファハン」。エリントンの第二の故郷を描いた「ハーレム」。豪快極まりない「ロッキン・イン・リズム」など。メンバーはトランペットにクーティ・ウィリアムズ、キャット・アンダーソン。トロンボーンにローレンス・ブラウン。リード・セクションには下手側からポール・ゴンザルヴェス、ジミー・ハミルトン、ジョニー・ホッジス、ラッセル・プロコープ、ハリー・カーネィー。ドラムス、サム・ウッドヤード。ビリー・ストレイホーンも帯同していた。

そこで私が聴きとったものは、ジャズの新旧、文化の差異など遥かに凌駕した巨大なジャズであり芸術だった。アフリカン・アメリカンたる自己の語るべき主張の輪郭、その普遍性、音の色彩感と重量感。

その音楽にはジャズの歴史の全てを包括してしまう広大無辺の大きさがあった。白人ビッグバンドだろうが、黒人ビッグバンドだろうが、バップ、モダン・ジャズ、ファンキー・ジャズ、フリー・ジャズであろうが、ジャズのすべてを呑みこむ音楽がそこにあった。

エリントンはその後66年、70年、72年と都合4回来日し、私はその都度東京や横浜での公演のすべてに足を運んだ。本書の執筆を進めながら、結局わたしはこうした経験によって作られたエリントン芸術から受けた感動と、彼から教えられたものを書きたかったのだと思うようになった。

本書の執筆依頼は2020年3月に亡くなった60年来の親友、デューク・エリントンをはじめ多くのコンサートに同行した柴田浩一から受けた。

彼は横濱ジャズプロムナードのプロデューサーを務める傍ら、ジャズ・ヒストリアンを名乗りジャズ史の研究に余念がなかった。その成果は『デューク・エリントン』（愛育出版）、『ビッグバンド大辞典』（同）、『日本のジャズは横浜から始まった（瀬川昌久との対談集）』（吉田衛記念館）などの著作に結実した。

彼は2018年春頃から体調を崩し、自身の出版計画にあったスウィング時代を集大成した書籍の執筆を私に託した。発売元も決まっているという。私は2020年の1月から書き始め、粗々書きあがった頃に柴田は亡くなった。計画されていた出版計画も立ち消えのような形になってしまった。

そこで私は改めて締め切りを考えず自由に書き始めた。そして書き進むうちに単にスウィング時代の有様を書くだけでは物足りなくなり、やがて「あの時代がジャズ史に何を付け加えたのか」が主題となっていった。執筆中常に念頭にあったのは、前述のようにデューク・エリントンである。

脱稿したのは2021年初頭だったが、この時点で版元が行方知らずとなり原稿は宙に浮いた。伝手を頼って駒草出版に相談すると、編集者の浅香宏二氏が拾ってくれることになった。有り難いことに、粗末な原稿を丁寧に読み込み編集していただいた。感謝申し上げたい。

最後に執筆の機会を与えてくれた柴田浩一にも感謝したい。この20年ばかり専門誌や新聞にジャズについて書き、ラジオ番組やジャズイベントを制作してきたが、まとまったものを書くチャンスはなかった。彼とのジャズを通じての長く篤い交友がなければ、曲がりなりにもライターやプロデューサーとしてジャズに携わる現在の私はなかったと思うからである。

２０２１年12月１日
小針俊郎

## 参考資料

・「BG on the Record A BIO-DISCOGRAPHICAL OF BENNY GOODMAN」
By D.RUSSELL CONNOR and WARREN W. HICKS（ARLINGTON HOUSE）
・「グレン・ミラー物語」ジョージ・サイモン著　柳生すみまろ訳（晶文社）
・「スウィング　ビッグバンドのジャズとアメリカの文化」
デーヴィッド・W・ストウ著　湯川新訳（法政大学出版局）
・「私の話を聞いてくれ　ザ・ストーリー・オブ・ジャズ」
ナット・シャピロ、ナット・ヘントフ編著　新納武正訳（筑摩書房）
・「ジャズ 栄光の巨人たち」バリー・ウラノフ著　野口久光訳（スイングジャーナル社）
・「ヂンタ以来（このかた）」堀内敬三著（アオイ書房　復刻版 音楽之友社）
・「近代日本の音楽百年 第４巻 ジャズの時代」細川周平著（岩波書店）
・「ポピュラー音楽２００年」青木啓著（誠文堂新光社）
・「もうひとつのラプソディ ガーシュインの光と影」ジョーン・ペイザー著　小藤隆志訳（青土社）
・「アメリカン・ラプソディー　ガーシュウィンの生涯」ポール・クレシュ著　鈴木晶訳（晶文社）
・「音楽の聴き方」岡田暁生著（中央公論新社）
・「アメリカ文化のヒーローたち」本間長世著（新潮選書）
・「日本のジャズ史戦前戦後」内田晃一著（スイングジャーナル社）

・「ニュー・ジャズ・スタディーズ―ジャズ研究の新たな領域へ―」
宮脇俊文、細川周平、マイク・モラスキー編著（アルテスパブリッシング）
・「私家版・ユダヤ文化論」内田樹著（文春新書）
・「あなたの聴き方を変えるジャズ史」村井康司（シンコーミュージック）
・「JAZZ legends　ダウン・ビート・アンソロジー　60 YEARS OF JAZZ」
フランク・アルカイヤー編　廣瀬眞之監訳　田村亜紀訳（シンコーミュージック）
・「巨匠神話　だれがカラヤンを帝王にしたのか」ノーマン・レブレヒト著　河津一哉、横佩道彦訳（文藝春秋）
・「ジャズ・アネクドーツ」ビル・クロウ著　村上春樹訳（新潮社）
・「ミュージカル物語　オッフェンバックから『キャッツ』まで」
アラン・ジェイ・ラーナー著　千葉文夫、星優子、梅本淳子訳（筑摩書房）
・「アメリカン・ポップス」チャールズ・ベックマン著　浜野サトル訳（音楽之友社）
・「グレン・ミラー　アメリカズ・ミュージカル・ヒーロー」ＤＶＤ（日本コロムビア）

〔人名索引〕

## あ



## い



## う

## え

す



せ

そ



た



ち



て

## ひ

ふ

## わ

著者
小針俊郎（こばり　としお）
ジャズ評論家、プロデューサー
１９４８年横浜市生まれ。１９７０年開局の年に株式会社エフエム東京入社。主として番組編成・番組制作セクションに勤務。２００７年退社。ジャズのイベント制作、ＣＤ制作、ラジオ番組制作、新聞、雑誌等へのジャズ関連の記事の執筆を行う会社を設立。
現在「ジャズジャパン」「ジャズ批評」「日本経済新聞」他に寄稿中。ラジオ番組「Jazz in Applause」（Musicbird）、「はま☆キラ！」（ＮＨＫ横浜放送局）出演中。
一般社団法人横浜ジャズ協会副理事長、横濱ジャズ・プロムナード実行委員会プログラム部会長、一般社団法人日本ジャズ音楽協会副理事長を務めている。

ベニー・グッドマンとグレン・ミラーの時代
人種差別と闘ったスウィングの巨人たち

二〇二二年　三月五日　初版発行

著　者　小針　俊郎
発行者　井上　弘治
発行所　**駒草出版**　株式会社ダンク　出版事業部
〒一一〇－〇〇一六
東京都台東区台東一－七－一　邦洋秋葉原ビル二階
ＴＥＬ　〇三（三八三四）九〇八七
ＦＡＸ　〇三（三八三四）四五〇八
https://www.komakusa-pub.jp/

編集協力　株式会社ひとま舎
ブックデザイン　東京一〇〇ミリバールスタジオ（松田　剛、前田師秀）
印刷・製本　シナノ印刷株式会社

落丁・乱丁本はお取り替えいたします。
定価はカバーに表示してあります。


ISBN978-4-909646-52-1 C0073